これからの公共政策学

1 政策と規範

佐野亘・山谷清志 監修

佐野亘・松元雅和・大澤津 著

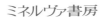ミネルヴァ書房

刊行のことば

　公共政策（public policy）を対象とする研究は，政策科学（Policy Sciences）にその起源を持つ。20世紀半ばのアメリカで行動科学やシステム論の影響を受けて誕生した政策科学は，日本でも1970年代に関心を集め，1980年代から2000年代にかけて各地の大学が政策系の学部・大学院を設置した。その際，さまざまな研究分野から政策を「科学的」かつ「学際的（multi-disciplinary）」に考察する領域であるため，「政策科学」や「総合政策」の名称を選択することが多かった。そうした政策科学，総合政策の研究が制度化され，「学」としての可能性に期待が寄せられた中で，研究は2つの方向に分かれていった。

　1つは長い歴史を持つ，経済政策，金融政策，中小企業政策，教育政策，福祉政策，農業政策，環境政策，外交政策などの個別分野の政策研究を踏襲した方向で，経済学部，商学部，教育学部，社会福祉学部，農学部，法学部などの伝統的な学部の中で成長した。また科学技術政策，政府開発援助（ODA）政策，都市防災政策，IT 政策，観光政策，スポーツ政策など，社会の要請に対応して生まれた政策領域の研究もある。さらにグローバルな喫緊課題として，宇宙政策の構築，自然災害対策，外国人労働者対応，サイバー社会の倫理対策，「働き方改革」の課題など，公共政策研究者が考えるべき対象は増え続けている。

　2つめの研究方向は，政策過程（policy process）とそれを分析する方法に着目した研究である。この研究は政策分野を横断して，政策形成，政策決定，政策実施，政策修正，政策評価，政策終了など，政策の各ステージを見ている。政治学と行政学が主に取り組んできた分野であるが，公共事業分野ではすでに1960年代に政策を費用便益，費用対効果の視点で事前分析する取り組みが行われている。また教育分野では教育政策の形成的評価・総括的評価方式が1970年代より成果を残してきた。さらに，政策の事前分析と予算編成の実務を結合す

る試みも見られ，1960年代から1970年代初めにかけて国際的に流行した。PPBS（Planning Programming Budgeting System）と呼ばれた方式である。2003年の経済財政諮問会議の提言を受けて，これとよく似た事前評価方式を日本では再度採用した。21世紀にはいってからは政策過程をたどる方法として「ロジック・モデル」が政策実務で使用され，このロジックを支えるエビデンスを入手するために科学的な手法ばかりでなく，実務の現場に参加して観察する方法，そしてオーラル・ヒストリーの方法も使われるようになった。以上の研究方向の特徴は，政策の背景にある規範や思想，その規範をめぐる政治，市民や行政機関など政策に関与する者の責任，政策過程で使う情報，政策活動の現場の「地域」などを見てアプローチするところにある。

　ところで，公共政策の研究はアカデミズムの中だけにとどまらず，実務でも行われた。例えば行政改革会議，いわゆる「橋本行革」の最終報告（1997年）を受けた中央省庁等改革基本法（1998年）は，中央省庁に政策評価の導入を求め，それが政策評価の法律「行政機関における政策の評価に関する法律（2001年）」に結実し，評価を通じた政策研究志向が中央省庁内部で高まった。他方，政策に直接には関わらない制度の改変だと思われていた「地方分権推進法（1995年）」は，地方自治体が政策研究に覚醒するきっかけになった。多くの知事や市町村長が「地方自治体は中央省庁の政策の下請機関ではない」「地方自治体は政策の面で自立するべきだ」と主張したからであった。この改革派の首長たちが意識したのが地方自治体の政策責任（policy responsibility）であり，またその責任を果たすツールとして政策評価が注目された。そこで地方自治体の公務員研修では，初任者や課長などさまざまな職位を対象とした政策形成講座，政策評価講座が流行した。研修の講師はシンクタンク研究員や大学教員の他に，市民の目線に立つ NPO・NGO のスタッフが担当する機会も増え，政策ワークショップを通じた協働の場面が多く見られた。これはまさに時代の要請であった。

　アカデミズムの側もこうした改革と同じ時代精神を共有し，それが例えば日本公共政策学会の設立につながった（1996年）。日本公共政策学会は，その設立趣旨において，当時の日本社会が直面していた問題関心をとりあげて，グロー

バルな思考，学際性と相互関連性，新たな哲学や価値を模索する「理念の検証」，過去の経験に学ぶ「歴史の検証」を重視すると謳っている。「パブリックのための学」としての公共政策学なのである。

　さて，新シリーズ「これからの公共政策学」は，こうした日本公共政策学会の理念，そして前回のシリーズ「BASIC 公共政策学」が目指した基本方針を踏襲している。すなわち高度公共人材の養成，その教育プログラムの質保証への配慮，実践の「現場」への視点，理論知・実践知・経験知からなる政策知に通暁した政策専門家の育成などである。ただし，今回はこれらに加えその後の社会の変化を反映した新しいチャレンジを試みた。それが新シリーズ各巻のタイトルであり，例えば，政策と市民，政策と地域，政策と情報などである。とりわけ政策人材の育成は重要なテーマであり，その背景には改正公職選挙法（2016 年 6 月施行）もあった。選挙年齢が18歳に引き下げられて以来，公共政策教育が高校や大学の初年次教育でも必要になると思われるが，これは新シリーズが意識している重要な課題である。

　もっとも，ここに注意すべき点がある。公共政策の研究は1970年代，インターネットやパーソナル・コンピューターが存在しなかったときに始まった。しかし，21世紀の今，政策情報をめぐる環境は劇的に変化した。世界各地の情報が容易に入手できるようになったため，公共政策研究はおおいに発展した。ただその一方でソーシャル・ネットワーキング・サービス（SNS）を通じてフェイク・ニュースが氾濫し，それに踊らされた悪しきポピュリズムが跋扈するようになっている。

　公共政策学の研究と教育によって，人びとに政策の負の側面を示して，回避し克服する手がかりを提供したい，それによって高度公共人材を養成したい。これが「これからの公共政策学」シリーズ執筆者全員の願いである。

2020年 2 月

　　　　　　　　　　　　　　　佐野　亘・山谷清志

はしがき

　本書は，公共政策と価値・規範の関係について，具体的事例をまじえながら，包括的・理論的に扱ったテキストである。公共政策と価値・規範の関係については，日本では足立幸男の『政策と価値』(1991)，また海外ではロバート・グッディンの『政治理論と公共政策』(1983)（未邦訳）が先駆的な研究書だが，近年では関連する文献も増えつつある。また，マイケル・サンデルの「白熱教室」のように，政治哲学・法哲学・倫理学などの分野でも，実際の公共政策に関わる議論が積極的に展開されるようになっている。ただその一方で，従来の研究のなかには，既存の理論の単なる「応用」や，やさしい解説書にとどまるものも少なくなかった。これに対して本書は，「公共政策」という観点から価値や規範の問題をどう扱うべきか正面から論じており，少なくとも日本では類書はなく，画期的なテキストになったと自負している。

　実際に大学の授業などで公共政策に関する講義をおこなっていると，多くの学生は，公共政策の研究を具体的な政策提案や政策ビジョンに関する研究のことだと思っていると感じることが少なくない。もちろんなかには政策形成プロセスや合意形成手法などに関心をもつ学生もいるが，いずれにせよ政策目的とそれを支える価値や規範については意外と忘れられがちである。だが他方で，授業のなかで公共政策をめぐる価値や規範の問題に触れると，少なくない数の学生が強い興味を抱き，その意義と重要性を理解してくれる印象も持っている。ただ残念ながら，公共政策と価値・規範の関係を体系的に，かつわかりやすく説明したテキストは少なく，学生を含めひろく社会一般にこのテーマの意義を理解してもらうことの難しさを感じていたところであった。本書をきっかけとして，学生に限らず，公共政策に関心のある多くの方々がこのテーマに関心を寄せるようになることを執筆者一同強く願っている。

本書は「これからの公共政策学」シリーズの1冊として執筆されたものである。そもそもこのシリーズは，公共政策学という「ディシプリン」の全体像を示すチャレンジングな試みであり，本書はその第1巻として位置づけられている。もちろん「第1巻」であることに特に意味はなく，いずれの巻も同じように重要なのだが，それでもシリーズ全体のイメージを左右する可能性もあり，いくらかプレッシャーを感じつつ執筆がすすめられた。最終的な判断は読者にゆだねられるが，最低限の責任は果たすことができたと考えている。

　本シリーズは当初，かつての「BASIC公共政策学」シリーズのように，ひとりの執筆者が1冊担当するという想定で始まったが，すぐに，テキストとしての性格も考慮し，積極的に複数の執筆者に参加してもらうことになった。そこでもともと執筆予定者だった佐野がすぐに思い浮かべたのが松元雅和と大澤津のふたりであった。ここであらためて紹介するまでもないが，松元は『応用政治哲学』などの著作で著名な気鋭の研究者であり，規範理論とその応用のあり方についてすでに独自の考察をおこなっていた。また，大澤はロールズらの正義論に関する研究をすすめながら同時にそれを労働や仕事という具体的な社会問題に関連づけた研究をおこなってきた。また，一般読者のあいだでも話題になったジョナサン・ウルフ『「正しい政策」がないならどうすべきか——政策のための哲学』の翻訳者のひとりでもあった。すぐにおふたりに執筆をお願いしたところ，ご快諾いただくことができ，無事本書が完成したわけである。執筆にあたっては何度も直接会って全体の構成や執筆内容について打ち合わせをおこなった。また内容についても相互に調整し，全体としてのまとまりにも気を配った。この「はじめに」は佐野が書いているが，本全体はまさに3人の共同作業によって成ったものである。

　なお，本書の完成に当たっては，ミネルヴァ書房の島崎真佐利氏にたいへんお世話になった。あらためて記して感謝したい。

2021年3月1日

執筆者を代表して　佐野　亘

政策と規範

目　次

第Ⅱ部　規範の内実

第Ⅲ部　規範の衝突とその対応

序　章
社会をよくするにはどうすればよいか

1　なぜ規範的議論は避けられてきたのか

社会をよくするには？

　およそ公共政策に関心がある人ならだれであれ，社会をよくするにはどうすればよいか，真剣に思い悩んだことがあるだろう。「世の中にはなぜこれほど不公平なことが多いのか」とか「なぜ豊かになってもいまだに悲惨な事件がなくならいのか」とか考えたことのない人はいないのではないだろうか。そもそもわたしたちが社会に関心をもつ原点には，多くの場合このような理不尽さに対する「憤り」がある。

　ではこのような問いにわたしたちはどのように答えればよいだろうか。いうまでもなく答えはひとつではない。宗教や信仰に答えを求める人もいるだろうし，教育こそが鍵であると考え教師になる人もいるだろう。あるいは，ボランティアをおこなったり起業を志したりする人もいるかもしれない。そしてなかには政府の力によって，すなわち公共政策によって社会をよくしたい，と考える人もいるわけである。確かに政府は，社会問題を解決するうえで，他の組織や主体とはくらべものにならない強力な手段を有している。法律によって人々の行動を強制的に変えられるうえ，莫大な予算を使えるからである。もちろん限界があるとはいえ，公共政策によって社会をよくしたいと考えるのはごく自然なことであるともいえる。

　では，具体的に，公共政策によって世の中のさまざまな問題を解決し，社会を改善するにはどうすればよいのだろうか。ごく単純化していえば従来は次の３つの観点から解決策が構想されてきたように思われる。すなわち，①経済成

長，②権利保障，③科学技術の進展，である。後に述べるように，これらはいずれも価値や利害の深刻な対立に正面から向き合わずに済ませるためのものであった。だが，こうした考え方は，いまなお重要であるとしても，徐々に行き詰まりつつあり，だからこそ価値や規範について正面から考えることが求められているのである。以下，順に説明しよう（佐野，2011）。

経済成長主義

　少なくとも明治維新以降，日本にとって最重要の政策目標は経済成長であった。とにかく国を豊かにしなければ，国民の幸福も権利保障もインフラの整備もできないと考えられたのである。実のところ，鉄道も道路も水道も電気も学校も，予算がなければ整備することはできない。そしてこうしたインフラが十分に供給されない状況では，前近代的な生活を続けるのでなければ，ふつうの生活を送ることすら難しい。こうした圧倒的な「現実」の前では，民主主義や人権保障さえもが後回しにされてきたのである。

　このような発想はおおむね高度経済成長のころまでは主流であったといってよい。ただしもちろん近代成立当初から，こうした発想に対する反感や反発は少なくなかった。たとえば，「いまの状態でも貧しいなりに生活できているのだから無理に経済成長など求めず，むしろ安心して暮らせるようにしてほしい」とか「貧しくとも落ち着いた美しいコミュニティで暮らしたい」といった声もなかったわけではない。このような発想から，すでに20世紀初頭には，多くの国でさまざまな運動がなされ，たとえば日本では武者小路実篤の「新しき村」などがうまれてくるし，アメリカでも同時期に自給自足型型のコミュニティをつくることが流行している。だが，こうした動きが社会全体にひろがることはなく，大恐慌と第二次世界大戦をはさんで，基本的にどこの国も経済成長を追い求めてきたのである。むろん，公害問題などを受けて，高度経済成長が終わるころからようやく経済成長主義への批判や反省の声が大きくなるが，それでもなお「アベノミクス」にみられるように，経済成長への強い期待が語られてきたし，政府もそれにこたえようとしてきたのである。

　このような発想はある意味でわたしたちにとってごくなじみ深いものであり，あらためて説明するほどのことではないように思われるかもしれない。その意味で，冒頭に示した問い，すなわちどのようにして社会をよくするか，という問いに対するもっとも簡便な答えは経済成長だと考えられてきたといえる。だがここで立ち止まって考えたいことは，なぜそれほどまでに経済成長が優先されてきたのか，ということである。もしほんとうに経済成長ですべての社会問題が解決できるのであれば，あえて価値や規範の問題について考える必要はない。そして公共政策学は基本的に経済成長を実現する方策に関する学問ということになるし，実際そのように考えている人も少なくないものと思われる。

　そもそも，このような「公共政策の目標＝経済成長」という考え方の根底には，経済的豊かさ＝幸福という発想があったと考えられる。個人のレベルでも社会全体のレベルでも，豊かになれば幸せになれると考えられてきたわけである。くわえて，経済的な豊かさだけが，他のあらゆる価値を実現するための資源であると単純に信じられてきたことも指摘できるだろう。豊かさや幸福以外にも，個人の権利や文化・芸術など，さまざまな価値がありうるが，そうしたものも結局は金銭がなければ実現できないとされてきたわけである。また仮に経済成長によって犠牲になる人がいるとしても，豊かであれば彼らに補償することもできるとされた。さらにまた経済的に豊かであれば，多様な価値観にもとづく多様な要求にもこたえられると考えられてきたことも大きいだろう。自分のまちに図書館が欲しい人もいれば，スポーツ施設が欲しい人もいるだろう。なかには自然と触れ合える公園が欲しい人もいるかもしれない。このような多様な要望がうまれるのはまさに人々の価値観が多様だからだが，経済的に豊かであれば，こうした声に幅広くこたえることができるというわけである。

　しかしながら，ここで詳しく論じることはできないが，こうした発想はいくつかの点で行き詰ってきたといえる。第一に，経済成長は，公害や地球温暖化問題に代表されるような環境問題の制約を受けるようになった。第二に，特に先進国ではかつてのような経済成長は見込めず，それでもなお成長を実現するにはグローバル化の波に乗らざるを得ず，場合によっては移民の受入れなども

避けられないことが明らかになってきた。第三に，これ以上豊かさを求めたところで必ずしも人は幸せになることはできず，別の目標を掲げるべきと考える人が増えてきたこともある。第四に，社会全体が仮に豊かになったとしても格差や貧困の問題はなくならないことが明らかになってきたことも指摘できよう。こうした状況のもと，かつてのよう単純な経済成長主義は受け入れられなくなってきたといえるだろう。

権利保障

　こうした状況のもとで注目されるようになったのが権利の保障である。人々に対して広範な権利を認めることによって，たとえば経済成長の犠牲になる人々を救済できるようになるとともに，格差の問題にも対処できると考えられた。また，LGBTQ のように，経済成長の陰で忘れさられ，苦しんできた人々についても，支援が可能になると考えられたのである。くわえて，そもそもこうした問題が生じないよう，国民・市民に対していままで以上に意思決定に参加する権利を保障したり，訴訟を起こしやすくしたりすることが重要であると考えられるようになったのである。

　こうしたかたちで権利保障が進むことはむろん基本的には好ましいことであり，とりわけ経済成長が一種の「国是」となっているような状況のもとでは，権利によってそれに対して歯止めをかけることが期待されたのは当然であるともいえる。大多数の人々が経済成長を支持している状況のもとでは，基本的には少数派の声は裁判所によってしか拾い上げられることはなく，そのためには積極的に権利の範囲を拡大していくしかなかったわけである。ハラスメントの問題にせよブラック企業の問題にせよ，被害者に明確な権利が認められなければ，単なる苦情で終わってしまう。こうした状況を変えるには権利を幅広く認めていくしかなかったのである。

　そして，こうした発想の延長線上に，たとえば子どもの権利，LGBTQ の権利，障がい者の権利，外国人労働者の権利，景観に対する権利，などが主張されようになってきた。くわえて近年では，発展途上国に住む人々の権利，将来

世代の権利，動物の権利なども構想されるようになっている。ここで冒頭の問いに戻れば，社会をよくするには，困っている人々の権利を保障していくことが重要だ，ということになるだろう。実のところ，たとえば弁護士になって困っている人々の権利を保護・実現したいと考える人々は，いまなお少なくないものと思われる。

　いうまでもなく，このような権利の拡張・拡大の議論はいまなお続けられているし，そのための運動もなされている。少しずつではあるが訴訟などを通じて着実に権利が認められつつあるといってよいだろう。また政府も少しずつではあるが，さまざまな権利を認め，それにもとづく政策を実施しているようにみえる。だがはたして，単に人々の権利を積極的に拡大していけばそれだけで社会をよくすることができるだろうか。権利を認めることはむろん重要であるとしても，それだけでは不十分ではないだろうか。

　詳しく論じることはできないが，その理由はおおむね以下のとおりである。第一に，権利が広範に認められるようになった結果，権利同士の衝突が問題となりつつあるが，そうした権利の衝突の問題をすべて司法によって解決することは必ずしも適切でない，ということがある。司法はあくまで法律上の権利を扱うにすぎず，法律では認めにくい権利や利害をうまく扱うことができないからである。訴訟においてはしばしば「門前払い」が問題となるが，このことはあらゆる重要な価値や利害が権利として認められるわけではないことを示唆している。たとえば景観や環境，動物などについては，重要な利害であることが認められても，法的権利が認められることは難しいのである。第二に，権利の実現にはコストがかかるため，実際にはどの程度権利を実現するかという「程度の問題」を考えざるを得ないことが多いが，そうした問題を解決する場として司法は必ずしもふさわしくない，ということがある。場合によっては権利と社会全体の利益の調整が必要になるが，司法がおこなう調整だけが正解なわけではないことに注意する必要がある。また政府が権利を保護するための政策を実施する際にもコストの観点を無視することは難しい。第三に，当然のことではあるが，裁判はすでに起こってしまった事件を扱うものであって，たとえば

国全体の方針のようなものを直接に扱うことはできない。環境に配慮して再生エネルギーを拡大すべきか否か，というのはやはり司法が決めるべきことではないだろう。最後に，手続的権利（意思決定への参加など）はもちろん重要だが，あくまで手続に関わる権利であって，中身に関しては実際の議論で決めることになることに注意する必要がある。当然のことながら，手続きに参加する人々のあいだで十分な議論がなされなければ適切な結果もともなわない。そして十分な議論をおこなうには，価値や規範に関する議論も避けられないはずなのである。

科学技術の発達

　以上の考え方に並んで，陰に陽に支持されてきたのは，科学技術によって社会問題を解決するという発想である。エネルギー問題や環境問題はいうまでもなく，パンデミックや地震・津波，ときには少子化問題や治安の問題についても，科学技術による解決が期待されてきた。最近の「文系の学問は役に立たない」という議論も，背景にはこのような発想があると思われる。新たな技術をうみだせば，環境破壊を防ぎつつ経済を発展させることも，人権制限をおこなわずにパンデミックに対処することもできる，というわけである。科学技術によって win-win が可能となり，難しい判断をおこなわなくてすむことが期待されているといえる。日本は，科学技術立国を標榜しているわりには実は政府の科学技術予算はそれほど多くないが，それでもなお社会には強い期待が存在するように思われる。

　もちろん科学技術によって思いがけない画期的な解決が可能になることは少なくなく，その意義を否定するのはナンセンスだろう。また，公共政策によって一定の範囲で科学技術の進展をはかることには合理性があると考えられる。ただ他方で，科学技術だけでは解決できない問題は数多く存在するし，第6章でも述べるように，そもそも科学技術それ自体が問題の原因になることもありうる。また，科学技術の成果が期待されるとしても，どのような科学技術を優先するか，という優先順位づけの問題もある。たとえば，同じ医療分野に関わ

る予算でも，がん撲滅のためにその予算を使うべきか，あるいは，生まれながらの難病の治療法の開発のために予算を使うべきか，という問題がどうしても生じてくるのである。

なぜ価値や規範の問題は避けられるのか？

ごく簡単ではあるが，社会をよくするための基本的な発想として，経済成長・権利保障・科学技術という3つの観点が存在したことを説明した。そして，なぜそれだけでは不十分と考えられるかも簡単に触れた。いずれの考え方においても，公共政策を策定するにあたって，どのような価値や規範を重視するか，また複数の価値や規範が衝突した場合にどのように優先順位をつけるか，という問題を避けてきたのである。

とはいえ，もちろん価値や規範の衝突が避けられてきたことには，それなりの理由がある。そもそも価値や規範の問題はときに宗教やイデオロギーなども関わってくる厄介な問題で，政策立案者の多くはできるだけそうしたややこしい問題に関わりたくないと思っている。価値や規範の問題は感情的な対立を招きやすく，手に負えない紛争になってしまう危険がある。アメリカにおける人工妊娠中絶問題などが典型だが，冷静で合理的な政策立案が不可能になってしまうというのである。だが実際には，後に述べるように，価値や規範の問題についても，冷静かつ合理的に議論することができないわけではない。にもかかわらず，多くの場合，そうした問題は感情的で非合理的なものになりやすいと考えられ，避けられてきた。とりわけ行政や専門家たちは，できるだけ技術的な問題として問題を定義することで，めんどうな価値や規範にまつわる議論を避けようとしてきた。たとえばエネルギー問題を，単純に費用の観点から考えることで，安全保障に関わる側面や環境問題に関わる側面を捨象し，純粋な計算によってのみ答えを出せるかのように見せかけてきたのである（Thacher and Rein, 2004）。

第二に，この点とも関連するが，価値や規範に関わる問題には「正解」がないと考えられてきた。それゆえにこそ，経済成長や科学技術の進展によって

win-win の実現を目指してきたという面もある。あるいは，正解がない以上，そのときどきの世論や社会の雰囲気に応じて，その場しのぎで対処してきた，ということかもしれない。しかしながら，こうした対応策では，結局，専門家支配に陥ってしまい，専門家特有の価値観にもとづいた政策立案になってしまうか，あるいは，そのときどきの政治的力関係によって物事が決まってしまうか，そのいずれかであろう。こうした状況に陥らないようにするには，そもそも公共政策を何のためにおこなうのか，実現したい価値はなんなのか，どのような規範にもとづいて政策を考えたいのか，についてあらためて考え直す必要がある。

2　本書の構成と意義

「第Ⅰ部　政策規範論の課題」について

　本書は以上のような問題意識にもとづき，公共政策と規範・価値の関係について正面から扱うものである。具体的な構成と内容は以下のとおりである。

　まず本書は全12章で，4部構成となっている。第Ⅰ部では「政策規範論の課題」をまず明らかにし，そのうえで，実際の政策規範の中身について，第Ⅱ部「規範の内実」で説明をおこなう。続く第Ⅲ部では，さまざまな規範が実際の政策立案・評価において衝突する可能性があること，また衝突した場合にどうすべきかについて，その対処戦略を説明する。最後に第Ⅳ部「規範適用の現場」において，実際に政策規範を応用・適用する現場において，どのような規範が特に求められることになるのか，どのような課題に直面することになるかを論じている。以下，各章について簡単に説明しておきたい。

　まず第1章では，そもそも公共政策規範とは何か，またそれはどのようなかたちで実際の政策立案や評価において活用されるのか，そもそもそれはどのような意味において役に立つか，について詳しく紹介している。理念や哲学に関心がある人はともすると現実から遊離した「机上の空論」に陥りがちだが，その一方で現場の人々は目の前の問題解決に手いっぱいで「そもそも論」に戻っ

て考えることを忘れがちである。本書はこの両者を架橋し，実際の政策策定に有用な規範について考えることを目指している。

　続く第2章では，こうした関心のもと，ではどのようにしてそうした規範や価値を見つけ出せばよいのか，その方法について説明している。しばしば価値や規範に関する主張については，事実に関する主張とは異なり，合理的な議論が不可能と考えられているが，決してそうではなく，実証的な研究と同様，一定の方法論にもとづいて真偽を判断することができることが指摘されている。また同時に，実証研究との協働の可能性と意義についてもあわせて説明がなされる。

　第3章は「非理想理論」についてである。一般に道徳哲学や規範理論は，単に理想を提示するだけのものと思われがちだが，そうした理想を現実社会のなかで実現していくことはそう簡単ではない。非理想理論とは，理想を実際に実現していく際に考慮すべきポイントに関する議論を指す。一挙に理想の社会を実現することができないとすれば，わたしたちは，どこから手を付けるべきか，優先順位をつけながら判断していかざるをえない。公共政策はまさにそうした理想と現実の距離を近づけるためのものであり，理想理論とともに非理想理論をも必要とする。

「第Ⅱ部　規範の内実」について

　続く第Ⅱ部は，規範・価値の具体的な中身に関する説明である。

　まず第4章では，社会全体の利益について説明する。いうまでもなく，公共政策の目的として一般に想定されているのは社会全体の利益である。一部の人々にとって利益になるのではなく，あくまで社会全体の利益を実現することが公共政策の目的と考えられている。本章では，こうした発想をベンサムの功利主義の議論にさかのぼって整理し，現在どのように理解されているか，またどのような問題がありうるかについて，紹介している。

　第5章は，こうした社会全体の利益だけでは捉えきれない個人の権利の重要性・意義について，特に分配的正義の観点から解説する。公共政策にとって社

会全体の利益が重要であることは言うまでもないが，その一方で，そうした利益が社会のメンバーにどのように分配されているかという視点も重要である。本章では，そうした分配に関しても，いくつかの視点がありうることが示される。

　第6章は，第4章・第5章とは異なり，個人の利益や権利には必ずしも基礎づけられない価値について紹介する。近代社会は個人を重視する社会であり，だからこそ社会全体の利益はあくまで個人の利益を足し合わせたものと捉えられるし，権利や正義も一人ひとりの個人に注目して実現される。それに対して，そうした個人に基礎づけられない非個人主義的価値が存在する。本章では，卓越主義をはじめ，自然や文化など，そのような価値としてどのようなものがあるか説明する。

「第Ⅲ部　規範の衝突とその対応」について

　しかしながら問題は，このようなさまざまな規範や価値が存在するとして，それらが衝突した場合にどうすればよいか，ということである。第Ⅲ部では，このような規範の衝突の可能性とその対応について論ずる。

　まず第7章では，そもそも公共政策を考える際に規範にどのような役割を期待するかという点についてすら意見の違いが存在することが指摘される。規範の中身が違うがゆえに意見が対立するというよりも，そもそも規範に対する期待の水準が異なるために意見が異なることもある，ということである。現実を踏まえてどの程度高い理想を掲げるかをめぐる違い，ということもできるかもしれない。

　続く第8章では，こうした考え方の違いや，規範の衝突が存在する場合に，どのようなタイプの合意を目指すべきかが考察される。そもそも合意を目指す必要があるのか，あるとすればそれはなぜかについて説明がなされたのち，合意とひとことでいっても，複数のタイプの合意があることが紹介される。

　第9章は，そうした合意を形成するうえで必要となる実際的な分析方法，すなわち規範的政策分析について紹介する。ある政策に関してどのような規範や

価値がどのように関わってくるのか，またそれらをどのように比較し，優先順位をつければよいか，またそれを具体的な政策のレベルにどのように落とし込めばよいかについて，解説している。

「第Ⅳ部　規範適用の現場」について

　最後に第Ⅳ部では，実際に公共政策を立案し実施する現場に注目し，そこで重要となる視点について考察する。

　第10章では，実際に理想を実現しようとするとどのような困難や問題が生じうるかについて考察している。実のところ，フランス革命に対するバークの批判以来，高い理想を掲げることがそのままよい社会の実現につながるわけではないことが，繰り返し指摘されてきた。本章では，理想を追求することそれ自体に内在する困難性について紹介する。

　これに対して第11章，第12章では，実際に政策を立案・実施する人々，とりわけ政治家や官僚・公務員に注目する。第11章では，政策決定者，具体的には政治家と官僚が直面する特有の規範的課題について考える。政治家はその地位と役割により，特別の行為規範が課されることになる。場合によっては，「汚れた手」の問題に関わらざるを得ないこともありえよう。また官僚については，政治家との関係において，また組織の一員として，どのような行動が要請されることになるか論じている。

　第12章は，特に政策実施を担当する公務員に焦点を当てている。民主主義のもとでも行政は必要であり，そこでの公務員の仕事には必ず一定の範囲の裁量の余地が残される。本章では，「権威の担い手としての公務員」と「民主主義の担い手としての公務員」という2つの側面に着目し，そこで期待される役割と規範について論じている。

本書の意義

　本書の全体の流れは以上のとおりだが，最後に本書の意義・役割についても触れておきたい。本書は「これからの公共政策学」シリーズの第1巻として位

置づけられているように，公共政策について学びたい人に向けて書かれている。繰り返し述べてきたように，公共政策にはほとんど常に規範や価値に関わる側面があるが，これまでのところ公共政策の研究は，政策の立案や実施に関わる政治や行政に関するもの，あるいは政策手段に関するもの（規制や補助金など）が多かった。公共政策と規範の関係について正面から扱った研究は少なかったのである。規範や価値については主として倫理学や政治哲学で論じられてきたが，そうした書籍は公共政策を学ぶ人にはやや敷居が高い。あるいは，そうした本を読んだはいいものの，学んだことを実際に政策に活用するにはどうすればいいかわからない，ということになりやすい。本書はできるだけ基本的な論点をていねいに説明したうえで，実際の政策につなげて考えられるように工夫して執筆されている。公共政策の現場に関わりながら，規範や価値についても深く考察できるような人材が育つことを執筆者一同強く願っている。

参考文献

佐野亘（2011）「東日本大震災が公共政策学に問いかけること」『公共政策研究』(11), 35-47。

Thacher, David and Martin Rein, (2004), "Managing Value Conflict in Public Policy," *Governance*, 17, 457-486.

（佐野　亘）

第Ⅰ部
政策規範論の課題

第1章

なぜ公共政策規範か

─── この章で学ぶこと ───

　本章の目的は，公共政策を勉強するにあたって，そもそもなぜ規範や価値について学ぶ必要があるのかを説明するとともに，そうして学んだことを実際にどのような場面でどのように活用すればよいかについて大まかなイメージを提示することである。そのうえで，公共政策のあり方を方向づける規範や価値，すなわち公共政策規範の基本的な性質やあり方について説明する。しばしば価値や規範は単なる好みや直観のようなものとして捉えられるが決してそうではなく，何が正しい規範であるかをめぐって，建設的な議論をおこなうことも可能である。また，実際の政策過程においても，価値や規範は実は一定の役割を果たしている。そして，このような価値や規範に関する議論を学ぶ意義は，政治家や公務員だけでなく，一般市民や専門家にとっても大きい。なお，こうした価値や規範の具体的な内容・中身は，原則として，だれにとっても理解しやすいものであり，かつ，実際に社会に共有されている必要がある。本書では特に，①社会全体の利益，②個人の尊厳（分配的正義），③非個人主義的価値の3つに注目する。

1　公共政策とはなにか

政策の目的と手段

　公共政策規範について説明する前に，まず公共政策について簡単に説明しておこう。公共政策ということばにはさまざまな定義があるが，本書では簡単に「公共的に対応するべき社会問題に対する解決策」を指すと捉えておく。ここで「解決策」ということばは，問題解決の基本的な方針と，それを実現するための具体的手段の両方を意味する。たとえば貧困問題を解決するために，「だ

れもが人間らしい最低限の生活ができるようにする」という方針をたて，その
うえでそのための具体的方策として生活保護制度を整備し，その予算と人員を
確保するといったことである。つまり，公共政策には，理念的な方針（＝目的）
に関わる部分と，具体的な制度やルール，予算，サービス，実施組織など，手
段に関わる部分があるということである。現状では，手段に関する議論が多く，
政策研究は問題解決のための手段や手法の研究と思われがちである。しかし当
然のことながら，そもそもなぜある政策を実施する必要があるのか，という政
策の目的に関わる点も見落とすことはできない。その理由は以下のとおりであ
る。

　第一に，「公共的に対応するべき社会問題」が何かは実は必ずしも自明でな
い，ということがある。たとえば，自殺者の増加が社会問題とされ，政府に
よって対応がなされることがあるが，なかには「自殺はその人個人の私的な問
題であって政府が対応する必要はない」と考える人もいるかもしれない。ある
いは「結婚しない人やできない人」が増えていることも，かつてであれば個人
の問題として捉えられ，公共的に対応すべき問題とは考えられていなかったが，
近年では少子化との関連で「問題」として捉えられるようになっている。つま
り「問題」とひとことでいっても，それが社会全体として取り組むべき公共的
な問題かどうかは人によって大きく捉え方が異なる可能性がある，ということ
である。

　また同様に，公共的に対応すべきであると多くのひとが考えている問題で
あっても，その解決の方向性については，人によって意見が異なることが少な
くない。たとえば，少子化が問題であるとしても，その解決策として，移民を
積極的に受け入れるべきと考える人もいれば，政府が出産を奨励すべきだと考
える人もいるだろう。あるいはなかには少子化を解決することはあきらめ，人
口が減ってもだれも困らない社会を目指すべきと考える人もいるかもしれない。

　つまり，公共政策が対応するべき問題とはそもそも何か，ということすら
はっきりしないうえ，仮に問題が明確になったとしても，数学や算数の問題を
解くようにはその問題を解くことはできないということである。これはたとえ

ば企業にとっての「問題」と対比すると，わかりやすいだろう。売上の低迷や企業イメージの悪化など，企業もさまざまな問題に直面するが，解決の方向性とその方法については原理的に明確な答えがある。というのも，企業にとってもっとも大事なことはなによりもまず（法律を守ったうえで）利益をあげることであり，したがって基本的にはそのことだけを考えて解決策を構想すればよいからである。これに対して，公共的な問題の解決については，そのような単純で明快な方向性や判断基準が存在せず，意見の違いが大きくなりやすい。

政府による政策実施

　第二に，社会問題を解決する主体は必ずしも政府に限定されないものの，政府が政策を実施する場合は，価値や規範に対してより注意を払う必要があることも指摘しておこう。実のところ NPO や地域コミュニティが社会問題の解決にあたっているケースは多いし，東日本大震災などで明らかになったように，政府以外のさまざまな主体が協力しなければ現実には多くの社会問題は解決できない。とはいうものの，政府によって問題の解決がなされる際には，民主主義の手続きを経たうえで，ある問題が社会問題として認知され，その解決策が実行されることになるため，その「公共度」はより高い。一部の NPO が自殺予防の活動をおこなっている段階では，それはあくまでその NPO が考える公共的問題にすぎなかったのに対して，政府によって対策がなされるということは，日本社会全体としてその問題を公共的問題として認知したことになるからである。そして，なにが公共的問題かは，何らかの価値判断なしには決められないのである。

　以上の説明から明らかなとおり，公共政策とそれが取り組むべき問題をめぐって，人々の意見はわかれやすい。それは，景気浮揚策の有効性をめぐって意見がわかれる，というような事実認識や将来予測に関する意見の相違が存在するからだけでなく，そもそも景気をよくすべきか否かについても意見の相違がありうるからである。そして後者のような意見の相違は，価値観の相違に由来する。本書はまさに，公共政策をめぐってしばしば生じる，こうした価値観

の相違をどう扱うか——より建設的な議論をおこなうにはどうすればよい
か——を考えることを目的としている。

2　価値・規範とはなにか

なぜ価値・規範を論じるのか？

　しかしながら，多くの人は，価値観の相違はそもそも解決できない問題であ
ると考えるかもしれない。通常，議論の最中に「価値観の違いだ」という発言
がなされたら，多くの場合，そのことばには「これ以上議論してもムダだ」と
いう含意が込められている。実のところ価値観が異なる人同士のあいだで議論
を続けても，せいぜい水掛け論に留まるか，最悪の場合，罵倒し合って終わる
だけと考える人は少なくないだろう。なかには，ネット上での「罵り合い」や
ヘイトスピーチを想起する人もいるかもしれない。あるいは，かつてのような
イデオロギー対立や，近年のイスラム原理主義者によるテロなどを思い浮かべ
る人もいるかもしれない。

　本書の基本的なねらいは，現代社会におけるこうした価値観の相違を乗り越
えるような唯一正しい価値観を提示することではない。社会が複雑化・多様化
し，グローバル化が進展する現在，だれもが同意できる唯一の正しい価値観を
提示することはほとんど不可能である。ただその一方で，だからといって価値
や規範に関わる問題については議論しても無意味である，とか，建設的な議論
は不可能だとも考えない。第8章で述べるように，価値観が異なる者同士のあ
いだでも，一定程度ではあるが，建設的な議論をおこなうことは可能だからで
ある。実際わたしたちは日々，職場や家庭，地域や趣味の集まりの場など，さ
まざまな場面で価値や規範に関わる難しい問題に直面しているが，多くの場合，
それなりに建設的に議論をおこない，合意を実現しているはずである。

　それでは具体的に公共政策において問題となる価値観の相違とはどのような
ものだろうか。そして建設的な議論はいかにして可能になるのだろうか。それ
はまた適切な公共政策の実現にどのようなかたちで寄与できるのだろうか。

価値・規範の定義

そこでまず公共政策に関わる価値・規範について簡単に説明しておこう。

第一に，本書においては，価値と規範ということばは特に区別せずに用いることにしたい。大まかには，「価値」は「何が正しいか」を議論するに際して考慮されるべき重要な要素を指し，「規範」はある状態や主張の良し悪しの判断基準に関わるものとして区別することもできる。だが，いずれも公共政策の正当性や適切さについて議論したり，どのような問題を公共的な問題とするかをめぐって議論したりする際に持ち出される観点である点は共通している。

第二に，本書において価値や規範は，宗教やイデオロギー，また趣味や嗜好とは別のものとして扱う。実のところ，一方で，しばしば価値観は単なる好みのようなものとして捉えられている。だが他方で，宗教やイデオロギーのような特定の世界観に根ざしたものとされることもある。確かにいずれの見方にも一理あるのだが，本書では，単なる好みではないが，かといって「世界観そのもの」でもないものと捉えておきたい。というのは，まず，価値や規範は単なる好みとは異なり，ある種の「重み」を有しているとともに，その「重み」は社会のなかで広く共有されているからである。たとえば「ラーメンよりカレーが好き」というのと「図書館を整備するより防犯対策を優先すべき」というのでは，一般的にはやはり意味合いが異なると考えられるだろう。他方で，たとえば図書館整備より防犯対策を優先すべきと主張する際に，特定のイデオロギーや世界観を持ち出す必要は必ずしもないのである。

最後に，価値・規範と道徳・倫理との関係についても簡単に触れておきたい。以上のような価値や規範に関する議論は多くの場合，道徳や倫理の問題として理解することもできる。一般に道徳や倫理は，個人の行動を律するものとしてのみ考えられやすいが（「嘘をついてはいけない」など），実は公共政策を支える価値や規範とも結びついている。「何が好きか」ではなく「何が善いことか」を問題にする以上，個人の行動に関わることであっても政府の活動に関わることであっても，道徳や倫理の問題として捉えることができる。ただし，個人レベルの道徳や倫理と，公共政策におけるそれとのあいだでは大きなズレがあり

うることに注意しておく必要がある。たとえば，家族をつくることは道徳的に好ましいと考える人であっても，政府が結婚を推奨することには反対かもしれない。また第6章で述べるように，道徳や倫理とは関係ないが，公共政策においては重視されるべき価値がありうることにも注意する必要がある。たとえば，芸術や文化，学問などの価値は道徳や倫理とは無関係かもしれない。

3　なぜ価値や規範について学ぶのか

正確な定義の必要

　それではなぜ価値や規範について議論することがより適切な公共政策の実現に寄与しうるのだろうか。

　第一に，先に述べたとおり，公共政策の適切さは，単に手段としての有効性からだけでは判断できない，ということがある。どうすれば自殺を減らすことができるのか，というのはむろん重要な問いではあるが，そもそも政府が自殺対策をすべきか，ということはそれとは別に議論すべき重要なテーマである。近年，エビデンスにもとづく政策立案が重視され，実際にさまざまな取組みがなされているが，そもそもどのようなエビデンスが必要であるかは，わたしたちが何を大事にしたいと考えているか（何を価値として認めているか）による。わたしたちは往々にして政策目的を所与のものと考え，その結果，政策の有効性や費用にばかり注目しがちである。だが，それだけでは不十分である。価値や規範を学ぶことで，政策の必要性について根本から問い直したり，そもそもどのような理念にもとづいているかをあらためて考え直したりする手がかりを得られることが期待できる。

　第二に，政策立案や評価において使われる「ことば」の意味を正確に把握することの大切さも指摘できる。たとえば，公共政策をめぐる議論においては，自由や平等，公平性や権利といったことばがよく使われるが，それがなにを意味しているかは実ははっきりしないうえ，人によって異なった意味で使われることが少なくない。また，同じ人が同じことばを別の意味で使うこともある。

───── コラム①　「右」と「左」の議論の限界 ─────

　本文でも触れたように，政治における規範や価値というと，なかにはイデオロギー
対立を思い浮かべる人もいるかもしれない。いわゆる「右」と「左」の対立である。
よく知られているとおり，もともと「右／左」の区別は，革命以降のフランス議会に
おける座席の位置に由来している。時期によって変化するが，大まかにいえば，王党
派・保守派は右側に座り，革命派・平等派は左側に座っていたのである。この区別は
その後，あらゆる国で用いられるようになり，いまや，政治における理念の対立とい
えば，右／左の区別のことを指すと考えられることが多い。現在でも「X党は右寄り
なので夫婦別姓には反対」といった表現はよく用いられる。では，こうした右か左か
の議論と，本書で扱う公共政策規範とはどのような関係にあるのだろうか。

　まず確認しておく必要があるのは，そもそも何をもって右／左とするかは，国や時
代によってかなり異なるということである。当然のことではあるが，アメリカにおけ
る右とヨーロッパにおける右と日本における右は必ずしもぴったり重ならない。また
国内でも，右または左に位置づけられる論者同士で主張内容がまったく異なることも
めずらしくない。たとえば，自己責任原理を重視し，小さな政府を主張する右派もい
れば，日本の伝統を重視し，市場をできるだけ制限すべきとする右派もいるのである。
同様に左派のなかでも，たとえば徴兵制に肯定的な論者と否定的な論者が存在する。

　政治学では一般に，自由市場に肯定的か否かという軸（経済的自由の軸）と，
LGBTQ の権利や表現の自由に肯定的か否かという軸（文化的自由の軸）と，ふたつ
の軸を使って分類することが多い。たとえば，アメリカの共和党や日本の自由民主党
の多数派は，自由市場には肯定的だが，文化的自由には否定的で，右寄りである，と
いった具合である。ただ 4 つの象限のうち，どこが右でどこが左なのかというと，意
外とあいまいである。自由市場には否定的で，文化的自由に肯定的なのが「左」で，
あとはすべて「右」とみることもできるが，それでは右の範囲が広すぎるようでもあ
る。また，ほんとうにこのふたつの軸ですべてなのか，たとえば外交についての軸を
さらに付け加えるべきではないか，という指摘もある。

　そうはいってももちろん現実の政治状況を捉える際には，右／左の区別はいまなお
有用だろう。ただ，右／左にとらわれると，公共政策をどのような規範によって根拠
づけるかを十分に考えないまま，レッテルを貼って議論を終わりにしてしまう恐れが
ある。具体的に個々の政策の良し悪しを考える際には，いったん右／左の区別は脇に
置いてそもそもなぜその政策が好ましいあるいは好ましくないといえるのかを，根本
の価値や規範に立ち戻って考えてみる必要がある。

たとえば，「人間はうまれながらに能力差があり，したがって平等ではない」というときには能力上の平等のことを指すのに対し，「人間は本来うまれながらに平等である」というときには，権利ないし尊厳の平等，つまり，だれであれ人間として尊重されるべき，という意味での平等のことを指している。ところが，こうした異なった意味をもつ「平等」ということばが，議論の場において混同して用いられると，結果的に議論がかみあわず，「価値観は人それぞれだから話しても仕方がない」という印象だけが残ることになりやすい。それゆえ，公共政策に関わる価値や規範に関して，どのような「ことば」があり，それがどういう意味をもつのかを確認し，少なくとも関係者のあいだでそれを共有しておく必要がある。

思考の制約を外し自由な発想を可能にする

　第三に，価値や規範についての原理的な検討をおこなうことで，既存の法律や憲法，制度からいったん離れて，自由な発想が可能になることも指摘したい。現実の状況を考えるとやむを得ない面もあるが，しばしば政策をめぐる議論は，既存の法律や憲法を前提におこなわれる。たとえば，すでに生活保護法があることを前提にしたうえでその改善策を考えたり，憲法25条を前提にして権利保障のあり方を考えたり，といったことである。これは現実的な対応策を考えるうえではやむを得ないことだが，その結果どのような価値を実現し，どのような社会をつくりたいのか，というもっとも重要な点がかえってあいまいになることがある。価値や規範に関する基本的な考え方を知ることで，そもそもどのような社会を実現したいのか，とか，どのような状況を理想と考えるのかという根本的な問いについて，既存の法律や憲法のあり方からいったん離れて構想することができる。言うまでもなく，法律も憲法も変えることができるものであり，とりわけ社会の変革期においては，既存のルールからあえて距離をとり，ゼロから考え直してみる必要がある。なお，この点に関連して付け加えておくと，価値や規範に関わる問題については裁判で決着をつければよいと考えられることもあるが，現実にはすべての社会問題が訴訟になるわけではない。裁判

は基本的に既存の法律や憲法を前提としており，新たな政策をつくるためのものではないのである。

　最後に，価値や規範について学ぶことで，さまざまな「思い込み」から自由になれる可能性も指摘しておきたい。人によっては価値や規範ということばに対して「説教臭い」印象をもつ人もいるかもしれない。あるいは，何か特定の考え方や主張を押し付けられるような「うっとうしさ」を感じるかもしれない。だがこれから述べていくように，価値や規範をめぐる議論はかなり複雑で，どのような考え方や主張にも，さまざまな観点から批判や反論，疑問が提起されており，本書は決して特定の価値観を押し付けるようなものではない。本書は「答え」を提示するものではなく，むしろ自分なりの「答え」を導き出すための手がかりやツールを提供するものにすぎない。本書を通じて価値や規範に関するさまざまな議論に接することにより，たとえば「もやもやした違和感」のようなものをうまく意識化・言語化できるようになったり，自分の考え方を客観視したり相対化したりすることができるようになるかもしれない。あるいは，暗黙の前提に気がつくことで，ある問題についての自分の考えと，別の問題についての自分の考えに整合性がないことに気がつく，といったことも期待できる。確かに公共政策をめぐる議論は価値や規範の問題に踏み込んだ途端に厄介な対立を引き起こしがちである。だが，価値や規範に関するさまざまな議論に触れておくことは，自らの主張と他者の主張を俯瞰的に眺めることを可能にしてくれるし，それによって建設的な議論が可能になるかもしれない。

4　価値や規範に関する議論は無意味か

レトリックとしての有効性

　だが，以上の議論を認めたうえでなお，現実の政治過程や政策過程において，こうした価値や規範に関する議論がどれほどの意味をもつのか，疑問に感じる人もいるだろう。実のところ，実際の政策過程は，既得権を守ろうとする業界団体，再選のことしか考えない政治家，天下りや利権の確保を優先する官僚と

いった利己的なアクターたちによって牛耳られており，そこでは私利の追求や密室の取引といったものしか存在しないのではないだろうか。

　ここでこうした現実の政策過程のあり方について詳しく説明することはできないが，少なくとも，以下の点は指摘できるだろう。

　第一に，近年，政策過程における言説やレトリックの重要性が議論されており，そこでは規範的な議論も一定の役割を果たしうることが指摘されている。確かに，政策過程に登場する多くの主体はなりふり構わず自己利益を追求するとともに，負担や費用を社会や他人におしつけようとしがちである。だが，他方で，こうした露骨な利益追求は批判されやすく，多くの人々の支持を得ることはできず，その結果，民主主義のもとでは容易に実現しない。当然のことながら，多くの人の支持を得ようとすれば，自らの主張が，社会的に望ましいとされている価値を実現することを説明する必要がある。社会全体の利益を増大させる，とか，不公平を是正するといったようなことである。このように少なくとも民主主義のもとでは（実は民主主義のもとでなくても），公共政策は常に必ず何らかの正当化のレトリックをともなっており，そこではたいてい何らかの価値や規範が持ち出されるのである。

　しかし，これに対して，そうした正当化の言説は結局レトリックにすぎず，いわば「目くらまし」でしかないと考える人もいるかもしれない。そしてむしろそうしたレトリックや言説の背後に隠された動機，すなわち私的利益を暴き出すことこそが重要であると考える人もいるかもしれない。

　こうした議論にももちろん一理あるのだが，ここでは次の点を確認しておこう。まず，たとえレトリックであっても社会的な価値に言及することで，提案される政策の内容はかなり限定されることになるはずである。また，たとえば，ある政策提案が社会的不公平の是正を謳っている場合，そこで言われている「不公平」ということばがほんとうに適切な意味で用いられているのかについて検討・批判することも可能である。「別の観点からすると必ずしも不公平とは言えないのではないか」とか「より深刻な不公平が存在するのでそちらを優先すべきではないか」といった議論が可能になるのである。当初はたとえ単な

るレトリックであったとしても，価値や規範が持ち出されることで，それをめぐって議論が生じ，より多くの人が納得できるような結論が探求される契機になりうるのである。

動機としての価値・規範

　第二に，政治に参加するすべてのアクターが狭隘な私的利益ばかりを追求しているわけではないことも指摘しておきたい。たとえば，環境保護やLGBTQの権利擁護を主張している人々は，少なくとも純粋な私的利益のみを追求しているわけではない。もちろん，こうした主張の背後には，自然が好き，とか，自分自身がLGBTだからその権利が保障されるようにしたい，という「好み」や「自己利益」が存在することもある。だが，こうした主張を展開する人の多くは，単なる「見せかけ」として社会的価値に言及するわけではない。言うまでもなく，環境保護やLGBTの権利保障のような問題においてはフリーライダーが生じやすく，純粋に自分の利益のみを考えるのであれば，政治活動をおこなうことは「割に合わない」ことがほとんどである。そうした状況のもとで政治に参加することは，単なる私的利益の追求としては説明できないことが多い。そして，彼らにとっては価値や規範は政治に参加する動機そのものであり，きわめて重要な意味をもつと考えられる。価値や規範に関する議論は，彼らの政治活動のあり方に影響を与えるかもしれないし，より多くの人が政治に参加する動機づけとして機能するかもしれない。

利他的動機の存在

　第三に，以上の点にも関わるが，近年さまざまな研究によって明らかにされてきたとおり，多くの人は一般に想像されている以上に利他的・道徳的に行動するものである。道徳心理学や実験経済学，社会心理学などによって，人はどのような条件のもとでどのような行動をとるのか，また，そこでどのような道徳的動機がはたらいているのかが研究されている。こうした研究はもちろん直ちに価値や規範が実際の政策過程で大きな影響力をもつことを意味するもので

はないが，少なくとも人々の行動を左右する可能性を示唆するものではあるといえる（グリーン，2013＝2017）。

　この点に関連して，政治学では，政治過程において感情が果たす役割の重要性も指摘されるようになっているが，これもまた価値や規範をめぐる議論が政策過程において一定の役割を果たす可能性を示唆している（吉田，2014）。というのも，感情はたいてい何らかの価値や規範と結びついているからである（清水，2014）。たとえば「卑怯で許せない」とか「ああいうやり方はずるい」とか「いちいち干渉しないでほしい」いった感情的な発言は，明らかに公平性や権利の観念を前提としている。それゆえ，なにをもって「卑怯」とするか，「ずるい」とみるかについて議論することには少なからぬ意義があるだろう。

　第四に，以上のことからも推察されるとおり，とりわけ一般市民が政策過程に参加する場においては，価値や規範に関する議論が大きな役割を果たす可能性がある。近年，討論型世論調査やコンセンサス会議などのかたちで市民同士が議論をおこない，そこでの結論を実際の政策立案や評価に活用する試みがなされているが，こうした議論の場では露骨な自己利益の主張は避けられ，規範的な議論がなされやすい（cf. フィシュキン，2009＝2011；篠藤，2006；村田，2018）。というのも，議論の参加者は，原則として，企業や団体，政党や役所といった組織の代表としてではなく，個人の立場で参加するのが一般的だからである。今後，こうした市民参加型の政策策定が増えていくとすれば，ますます価値や規範に関する議論は意味をもつことになると考えられよう。

5　価値や規範をどう使うか

市民にとっての使い方

　以上，現実の政策・政治過程において，価値や規範に関する議論が意味をもちうることを説明してきた。ただ，とはいえ，具体的にどのような場面でどのように役立つのか，まだ十分なイメージが持てない読者もいるかもしれない。本書を読むことで価値や規範について詳しくなったとして，それを具体的にど

のような場面でどのように利用すればよいのだろうか。以下，例示的に，いくつか想定される場面を考えてみよう。

第一に，ひとりの市民として，自分自身の考えや意見，価値観や主張について振り返って反省し，よりよいものにするとともに，それによって，他の市民や政治家，あるいは団体や行政などの主張をより深く理解し，評価できるようになることが期待される。わたしたちは多くの場合，さまざまな社会問題やそれに対する解決策について，直観的に何らかの意見や考えをもつものである。しかしそれだけでは単なる直観にとどまり，他の人々を説得することは難しい。また，ある問題に対する直観と別の問題に対する直観が齟齬をきたし，自分自身の思い込みや偏見に気づくきっかけにもなるかもしれない。先に見たとおり，政策に関わる言説にはたいてい価値や規範に関する言明や（暗黙の）前提が含まれている。政策に関するある特定の主張について，どのような価値にもとづいて議論が展開されているのか，論理的整合性はあるか，またそもそも議論の出発点になっている価値判断は適切なのか，といったことについて検討することができるだろう。またこれにより悪質なレトリックにだまされることも少なくなるかもしれない。言い換えれば，価値や規範について学ぶことで，すべての市民が，周囲の雰囲気に流されず，わかりやすい単純化やありきたりの思考フレームから離れて，自分の頭で考え，自分なりの正解を見つけられるようになることが期待される。

なお，この点に関連して，規範理論を学ぶことは一種のエンパワーメントにもなりうることを指摘しておこう。現実には，理不尽な目に遭っていながら，それをうまく言語化できないために不当にその利害が軽視されている人が数多く存在する。こうした人々が規範に関する議論を知ることで，自らの置かれている状況の不当さを社会に対して説明し，説得する手がかりを得られる可能性がある。そもそも政治の世界では「強者」は多くの権力資源を有し，自らの主張を容易に実現できる。それに対して「弱者」にとって「武器」はコトバしかない。規範理論はまさにそうした武器を提供するものである。

第二に，そのうえで，自分自身の考えと他者の考えのあいだにズレや隔たり

があった場合に，なぜそのような「隔たり」が生じているか，冷静に判断できるようになることも期待できる。さらにいえば，これにより建設的な議論をおこなったり，適切な合意形成につなげたりすることもできるかもしれない。関係者全員にとってプラスになる win-win の解決策が容易に見つからないような困難な状況においては，そもそもいかなる価値を重視するかについて対立が存在し，何らかの倫理的ジレンマ状況にあることが少なくない。詳しくは第8章で述べるが，こうした場面においても多くの場合一定の範囲で合意を形成することは可能である。価値観に関わる対立はともすると感情的になりがちで，合意形成が難しくなりやすいが，こうした状況においても，価値や規範について学んでおくことで，よりよい議論をおこなうことが可能になるかもしれない。

政治家・官僚・専門家にとっての使い方

　第三に，一般市民とは別に，政治家や官僚にとっても，価値や規範について学ぶことは，難しい判断が必要とされる際に答えを見つけ出す手がかりになるとともに，自分たちの主張や決定の正当性を市民に対して説明するうえでも役に立ちうる。さらにまた，自分たちがやろうとしていることの「正しさ」をあらためて問い直すきっかけとしても有用かもしれない。とりわけ行政は従来のやり方にとらわれがちで，思い切ってゼロから考え直すことが苦手である。これは行政が組織として行動している以上やむを得ない面もあるが，社会状況が変化していくなかで，それだけでは必ず問題が生じてくる。ときに根本に立ち戻って，そもそもなぜこの政策をおこなっているのか，ほんとうに必要な政策なのかを考え直すことも必要だろう。価値や規範に関する議論は，そうした問い直しの作業に大きく貢献するものであると期待できる。

　第四に，今後，政策研究が充実するにつれて政策過程に政策分析の専門家が関与することが増えると予想されるが，彼らにとっても価値や規範に関する知識は重要だと考えられる。先に見たとおり，公共政策は目的と手段から成り立っているが，当然のことながら不適切な目的のために適切な手段を考案しても意味がない。それゆえ，政策分析をおこなううえで，どのような目的を設定

するかはきわめて重要であり，そこでは何らかの価値判断がともなう。具体的な手法の説明は第9章でおこなうが，より合理的で説得力のある価値判断をおこなうには，価値や規範を含んだ分析もあわせておこなう必要があるだろう。

　最後に，やや「付け足し」ではあるが，本書が政治哲学や倫理学の研究者にも参考になることを期待している。近年，政治哲学や倫理学の研究者のなかには，現実の社会問題に対して理論的な研究成果を応用することに真剣に取り組む者があらわれている。第8章でも紹介するように，たとえば環境倫理や生命倫理の分野では，「応用分野」としてのアイデンティティを積極的に主張する議論もなされている（ライト／カッツ，1996＝2019；ビーチャム／チルドレス，1989＝1997）。また政治哲学においても，従来のような思想史研究ではなく，かといって純粋な哲学研究でもない，現実の社会問題に答えられるような議論の必要性が唱えられるようになっている（伊藤，2017；松元，2015；宇野・井上・山崎，2012）。本書は特に公共政策に焦点を当て，従来の規範理論研究を現実に活用する，あるいは，公共政策の観点から規範理論を捉えなおす，ひとつの試みとして理解することもできる。

6　求められる規範のあり方

わかりやすさ・使いやすさ

　以上で大まかなイメージは伝わったものと思われるが，以下ではさらに具体的に，どのような価値や規範に関する議論が求められるのか，いくつかポイントをしぼって説明することにしよう。

　第一に，そもそも公共政策に関わる価値や規範は，具体的にどのようなものなのだろうか。本書では大きく，次の3つにわけて考えることにしたい。①社会全体の利益を実現すること，②個人の尊厳を保護し，正義を実現すること，③スポーツや芸術，自然や文化など，個人に還元できない社会的な価値を実現すること，である。詳しくは第Ⅱ部で説明するが，公共政策において問題となる価値や規範のほとんどすべてはこの3つのカテゴリーのいずれかに当てはま

る。たとえば，読者のなかには，自由や平等といった価値は含まれないのか疑問に感じる人もいるかもしれないが，そうした価値は基本的に②のカテゴリーに含まれる。各個人の尊厳を保護する手段として，自由や平等が必要になると考えられるからである。自己責任とかニーズの充足，権利保障といったものも同様である。

　一見して明らかなとおり，公共政策を構想するうえで，これらの価値が重要であることにほとんどの人は同意するだろう。この段階では，だれもが理解できるものであり，特別に難しい議論が必要とされるわけではない。もちろん，実際の政策を考えるうえでは，これらの価値が相互に衝突し，いかにしてそれを調整するかという問題が生じてくるし，そうした問題をうまく調整しようとすると難しい議論が必要になってくることが多い。とはいえ，出発点はごく当たり前の，だれもが理解できるところにあることがきわめて重要である。

　したがって第二に，公共政策に関わる価値や規範は，実際の議論に用いられることが想定される以上，あまり難解なものでは困る，ということである。限られた人にしか理解できない「深遠な思想」にもとづいて政策を展開することは，民主主義に反するものになりかねないし，そもそも多くの人は支持しないだろう。また無理に実現しようとすれば，一部の人の信念を他の人々に押し付けるだけに終わってしまう。その意味では，公共政策規範は，一般の人々が有する価値観や道徳観ともまったく無縁なわけにはいかないだろう。また，近年，道徳心理学や実験心理学などが明らかにしているような，人間特有の道徳的性向に関する議論に対しても注意を払う必要があるかもしれない（本書第2章参照）。

　ただし他方で，急いで付け加えておくと，個人の尊厳の保護にせよ，社会全体の利益の実現にせよ，だれもが直観的に理解できる内容ではあるものの，同時に，政治哲学，法哲学，経済哲学，倫理学などにおいて，これまで多くの研究者たちが膨大な議論を積み重ねてきたテーマでもある。だれであれ，そうした議論のすべてに精通することはできないとしても，公共政策における価値や規範を学ぼうと思えば，まずはそうした従来の議論の概要について知っておく

必要がある。多くの人が漠然と感じる違和感や直観の多くは，すでにだれかが言語化し，議論されている可能性が高い。自分の頭で考えることはもちろん重要だが，同時に，これまでにどういう議論がなされてきたかを知っておくことも必要である。そして実際，多くの公共政策は，そうした過去の議論の蓄積からうまれてきたものでもある。本書では，紙幅の都合もあり，そうした過去のすべての議論を紹介することはできないが，重要なポイントにしぼってできるかぎりわかりやすく紹介したい。

政策への応用可能性

　第三に，当然のことではあるが，公共政策に関する価値や規範は具体的な政策に関連づけられる内容であることが求められる。たとえば，「人間は人類普遍の真理を体現する使命を帯びており，日本政府はそうした使命を果たすべく政策を展開すべきである」と考えている人がいたとしても，それが具体的になにを意味しているかわからなければ，少なくとも政策の立案においては役に立たない。やや特殊な事例だが，たとえば日本の宇宙基本法第5条では，宇宙開発利用は「人類の宇宙への夢の実現」に資するように行われなければならないとされているが，そもそも何が「人類の宇宙への夢の実現」なのか，また，なぜ宇宙開発利用が「夢の実現」なのか，その根拠は何か，少なくとも法律の条文からだけではよくわからない。むろん，多くの人が納得できる合理的な根拠が示されるならば，こうした「夢の実現」が目指されても構わないが，これだけではあまりに不十分ということになるだろう。

　また，こうした「具体性」に関連していえば，価値や規範の「階層性」，および「程度」についても注意しておく必要がある。まず，価値や規範の階層性とは，さまざまな価値や規範は抽象度／具体度に応じて階層的になっているということである。たとえば，環境保護が唱えられる際，一般には「環境」がひとつの価値として捉えられている。だがそもそもなぜ環境が大事なのかといえば，それによって社会の繁栄が維持できるから，とか，人類が存続できるから，とか，自然と人間の共生が実現できるから，といった理由があげられることが

多い。つまり，環境それ自体に価値があるというよりも，「社会の繁栄」や「人類の存続」，「自然と人間の共生」に価値があり，それを実現するために環境を保護する必要がある，という論理構造になっているのである。もちろん，さらに，なぜたとえば「社会の繁栄」に価値があるのか，と問うことで，その上位の価値が見つけられるかもしれない。

　もう一点，実際の政策においては，イチかゼロか，という極端な決定がなされることは少なく，程度の問題であることがほとんどであることを指摘しておきたい。具体的には，「ある程度提供する」とか「ある程度制限する」といった結論になることが多い。たとえば，バリアフリーの一環として駅や公共の施設にエレベーターを設置することの意義は一般に認められているが，だからといって，いますぐ日本全国のすべての公共施設にエレベーターを設置する，というのは現実的ではないかもしれない。もちろん，だからといって，まったく設置する必要がないとも多くの人は考えないだろう。こうした状況では，現実問題として，どれくらいの期間でどれくらい設置していくか，という程度の問題こそが重要になる。一般論としてバリアフリーに反対する人はいないとしても，具体的にどこまでおこなうべきか，という問いに対しては意見が分かれるかもしれないのである。こうした難しい問いにどのように答えていくか，ということにも何らかの寄与ができるような議論が求められよう。

　第四に，「程度」の問題にも関連するが，公共政策規範は単に理想の社会のあり方を示すにとどまらず，そうした理想の社会に近づくプロセスにおいても役立つものである必要がある。仮に理想の社会ビジョンが人々のあいだで広く共有されたとしても，それを実現するためには多くの資源やさまざまな条件が必要である。実のところ，政策の現場においては，予算も権限も不足し，十分な対応ができないことのほうが一般的である。第3章で非理想理論について紹介するが，それはまさにこうした理想的な条件が存在しない状況のもとで，どのように適切な政策を構想すればよいかを考えるためのものである。

参考文献

伊藤恭彦（2017）『タックス・ジャスティス——税の政治哲学』風行社。

宇野重規・井上彰・山崎望編（2012）『実践する政治哲学』ナカニシヤ出版。

グリーン，ジョシュア（2015［2013］）『モラル・トライブズ——共存の道徳哲学へ』（上・下）竹田円訳，岩波書店。

篠藤明徳（2009）『まちづくりと新しい市民参加——ドイツのプラーヌンクスツェレの手法』イマジン出版。

清水真木（2014）『感情とは何か——プラトンからアーレントまで』筑摩書房。

ビーチャム，トム・L.／チルドレス，ジェイムズ・F.（1997［1989］）『生命医学倫理』永安幸正・立木教夫監訳，成文堂。

フィシュキン，ジェイムズ・S.（2011［2009］）『人々の声が響き合うとき——熟議空間と民主主義』曽根泰教監修，岩木貴子訳，早川書房。

松元雅和（2015）『応用政治哲学——方法論の探究』風行社。

村田和代編（2018）『話し合い研究の多様性を考える』ひつじ書房。

吉田徹（2014）『感情の政治学』講談社。

ライト，アンドリュー／エリック，カッツ（2019［1996］）『哲学は環境問題に使えるのか——環境プラグマティズムの挑戦』岡本裕一朗・田中朋弘監訳，慶応義塾大学出版会。

■　　■　　■

読書案内

G・マヨーネ（1998）『政策過程論の視座——政策分析と議論』今村都南雄訳，三嶺書房

　政策過程においてどのような意味で規範的議論が重要であるかを説得的に論じている。政策分析は，専門家による客観的で価値中立的なものというよりも，一種の「立論」として理解すべきであると主張する。

ジョナサン・ウルフ（2016）『「正しい政策」がないならどうすべきか——政策のための哲学』大澤津・原田健二朗訳，勁草書房

　哲学の単なる応用問題として政策について考えるのではなく，実際に世の中に生じている問題を解決しようとしたとき，政治哲学はどのようなかたちで貢献できるかに

ついて考察する。具体的な事例が豊富で，読み物としてもおもしろい。

足立幸男（1991）『政策と価値——現代の政治哲学』ミネルヴァ書房

　公共政策と価値・規範に関わる基本的な論点をほぼ網羅している。このテーマに関する著作としては日本ではもっとも初期のものだが，重要な指摘が多くなされており，いまなお新鮮に読める。

練習問題

①　現在話題となっている社会問題について，どのような規範や価値が背後に存在するか考えてみよう。

②　日常生活において重要な規範や価値と，政策において重要な規範や価値とをくらべて，重なっているものと，そうでないものを挙げてみよう。

（佐野　亘）

第2章

規範のつかまえ方

―― この章で学ぶこと ――

　本章では，政策規範も含めた価値一般を，どのように学問的に取り扱うかという方法的側面を論じる。社会科学研究は一般に，事実を扱う実証研究と価値を扱う規範研究の二部門に区別することができる。前者とは異なり，後者には学問的客観性が欠けていると考えられがちであるが，こうした相対主義的懐疑論はわたしたちの価値観の実態を必ずしも反映していない。具体的に，倫理学や政治哲学といった規範研究の諸分野では，客観的知識を得るための実証研究とは似て非なる方法論が広く普及している。とはいえ，そもそも規範研究は実証研究と無縁であるわけではない。一方で，規範研究を進めるうえで実証的成果を参照することが必要となるし，他方で，規範研究が解明する価値判断に関するさまざまな知見は，実証研究を進めるうえでも参照することが有益である。他の社会科学分野と同様，政策学においても両者は車の両輪であり，相互に関連しながら補完的に進められるのが適切である。

1　実証研究と規範研究

政策規範研究の課題

　政策学を含めた社会科学の諸研究は，実証研究と規範研究に大別することができる。実証研究とは「である（事実）」に関する客観的知識を獲得することを目指すのに対して，規範研究とは「べき（価値）」に関するそれを獲得することを目指す。政策の一例として，カジノを含む統合型リゾート（IR）を推進することを考えてみよう。この政策によってどの程度経済効果があるかとか，どの程度犯罪率が高まるかとかを，各種のデータや各国の事例などを通じて明らかにするのが実証研究である。それに対して，社会的効用や住民の安全など

の価値判断基準の妥当性を吟味したり，それに照らし合わせて政策を採用すべきかを評価したりするのが規範研究である。

　もちろん，実証研究者もまた，公共政策に対して大なり小なり規範的関心を抱いているものである。しかしながら，そこで目指されるのはあくまでも事実の解明であり，価値の解明ではない。素朴な価値自由を標榜するわけではないが，事実と価値の相互浸透を率直に認識するがゆえに，実証研究者は一層注意深く，仕事の範囲を世界内の「べき」の側面ではなく「である」の側面に限定しようとする。定量的・定性的手法といった方法上の違いを横断して，そこでは事実に関する客観的知識への接近が，その真偽をはかるための共通尺度となっている。

　逆に規範研究者にとっては，価値の解明こそ取り組むべき主要課題である。そこで彼らは，実証研究者と同様に，その研究関心を学問的に展開するための方法やアプローチを備えなければならない。ともすれば，ディシプリンなき規範的提言は根拠の薄い印象論・独断論に陥ってしまう。他のいかなる学問分野にもまして，政策学には喫緊の政策課題に対する提言が期待されているからこそ，はじめにそのディシプリンを確立し，共有することが不可欠である。そこで本章では，具体的に政策規範研究を進めるための学問的方法論を取りあげる。

規範研究としての政治哲学

　規範研究のためにどのようなツールがあるだろうか。たとえば，倫理学にはカント主義と功利主義にくわえ，近年では徳倫理学を柱とする長大な研究の蓄積があるし，経済学には厚生経済学・新厚生経済学をルーツとする独自の社会的規範理論がある。政策学においても，何らかの規範研究を実施する際には，徒手空拳ではなくそれに特化した学問的ツールを手元に置くことが必要だろう。本章では，こうした問題意識のもと，政治学の下位分野である政治哲学の方法論的考察を通じて，政策規範研究の概略を示したい。

　なぜ政治哲学なのか。第一の理由は，それが政策学に隣接する社会科学諸分野のなかで，現在おそらくもっとも明確に規範研究を担っているからである。

英語圏を中心として，ジョン・ロールズ（John Rawls）の『正義論』（ロールズ，1971 = 2010）を契機とする「政治哲学の復権」は，その後豊富な研究成果へと接続され，コミュニティ，文化的差異，グローバル正義，熟議民主主義など，新たな規範的テーマを次々と掘り起こしている。わが国でも，2010年代初頭に海外の政治哲学講義がメディアや出版界において注目を集め，一種の正義論ブームが到来したことは記憶に新しい（サンデル，2009 = 2011）。

　第二の理由は，政治哲学において昨今，個別具体的な政策立案・制度設計において，政治哲学の知見を積極的に生かそうとする機運が高まっていることである。たとえば，教育政策，課税政策，社会保障政策，医療・保険政策など，喫緊の政策課題に対して，政治哲学者自身が活発に取り組んでいる。こうした研究動向は，倫理学分野で規範倫理学と並行して発展してきた応用倫理学の呼称に倣えば，「応用政治哲学」とも呼ばれうる（松元，2015）。だとすれば逆に，政策学者が規範研究に着手する際にも，それを得意としてきた政治哲学から何事かを学ぶことができるはずである。

2　規範研究の懐疑論

価値相対主義

　その具体的な方法論に入るに先立ち，規範研究一般の意義について多くの人が抱きがちな疑問に対して答えておこう――はたして「べき」論が，人々の主観的好みを超えて，学問として共有可能な客観的知識になりうるのか。一見すると，ここに実証研究と規範研究の決定的な差異があるように思われる。すなわち，前者が学問対象とする観察事実は現実に目に見えるかたちで実在し，それゆえ客観的であるのに対して，後者が学問対象とする価値判断は個々の人間の頭のなかにしか存在せず，それゆえ主観的だというのである。

　実際，「政治哲学の復権」以前に一時優勢であったのが，規範研究そのものからの哲学の撤退を企てる論理実証主義であった。その考えによれば，有意味な命題にはトートロジー（恒真命題）としての分析命題と，経験的に検証可能

な総合命題の２つがある。ひるがえって，実証科学の主題に翻訳することのできない純粋な価値の問題は，真偽を問えない，それゆえ無意味な命題である。そこでこの際研究者は，価値の問題からきっぱりと手を引くべきである。この考えが政治哲学にも及ぶとともに，1950年代には「政治哲学の死」が宣告されるようになった（松元，2015：第２章２節）。

　もっとも，政治哲学における論理実証主義の全盛期は，それほど長続きしたわけではない。1960年代に入ると，政治哲学の内外で規範研究からの撤退に対する根本的見直しが進んでいた。当時人々の現前にあったのは，公民権運動，女性解放運動（ウーマンリブ），ベトナム反戦運動，都市暴動など，社会全体を揺るがす重大な政治課題であった。こうした課題に対して，何らかの学問的回答を示すことが，当時の倫理学者・法哲学者・政治哲学者に共有された喫緊の問題意識であったのだ（松元，2015：第２章３節）。

　規範研究者が解明しようとする価値は，単なる好き嫌いではない。事実（である）に関する知識とともに価値（べき）に関する知識もまた，客観的な証拠を提示することを通じてその真偽を試される。前者とは異なり後者の探求が困難あるいは不可能であると思われがちな理由は，証明に成功することと説得に成功することが混同される——したがって，後者に失敗すれば前者も失敗であると誤解される——ことにあるかもしれない。逆に言えば，より多くの人々を説得できるような知識を探求することが，規範研究の第一義的な目的である必要はないということだ。

　知識の検証可能性という点で，やはり２つの研究分野は異なると批判されるかもしれない。確かに観察事実の捕捉と比べて，価値判断の捕捉が難しい場面は多々あるし，その理由の一端は後者の特性それ自体に由来する。しかしだからといって，規範研究が意味をなさなくなるわけではない。なぜなら，次節以降で詳しく述べるように，事実と同様に価値に関する知識についても，その客観性を獲得するための一連の手続きが考案されているからである。要するに，知識の客観性の度合いは検証の技術的精度に関わる問題であり，必ずしも検証の対象に依存するものではないということだ。

　実証研究は世界内の事実的側面を対象とするのに対して，規範研究は世界内の価値的側面を対象とする。適切なことば遣いや行列の並び方から始まり，公共政策の選択や人生目的に至るまで，わたしたちは人生の一部を，事実判断ではなく価値判断がものを言う世界のなかで生きている。それゆえわたしたちは，世界内の「である」の側面と「べき」の側面の双方に関する知識を同時並行的に高めていく必要があるのだ。もちろん，その厳密性の水準は異なるが，わたしたちが住む世界についてのデータを集め，それらのあいだの関係性を体系的に整理し，客観的知識を増加させようとしている点で，規範研究者の営みは実証研究者の営みと異なるものではない。

文化相対主義

　以上のように，「べき」論に関する規範研究が原理的に可能だとしても，さらなる懐疑論がありうる。すなわち，結局のところわたしたちにとって価値の中身は社会的・歴史的背景に左右されるので，得られる知識も普遍的・一般的ではありえないという文化相対主義である。価値の意味や概念は，机や椅子のように物理的に存在するわけではなく，人々の思考や実践に備わるので，地域や時代が異なれば異なりうる。もしそうだとすれば，規範研究は実証研究とは異なり，せいぜいのところ特定の地域や時代でしか通用しない，守備範囲のごく狭い知識を提供するにすぎないことになる。

　確かに，個々の価値観が地域や時代によって異なるのは事実である。今日では批判されるべき奴隷制や植民地主義や制限選挙も，かつては当然のこととして受けとめられていた。今日でも，特定の慣習をどのように評価するかは国や文化によってまちまちである。たとえば，非人道的だとして死刑を廃止する国もあれば，鞭打ちや石打ちの刑が残存する国もある。個人主義的観点から家族間の扶養義務を限定的に捉える国もあれば，上司や両親への忠孝を重視する国もある。多文化・多民族国家であれば，こうした価値観の多様性が一国内で併存するだろう。

　しかしだからといって，以下3つの理由から，規範研究の意義についてそれ

ほど悲観的になる必要はない。第一に，一見して文化間の価値対立と見えるものが，より詳細に検討すればひとつの共通の価値観を根にもっていることも考えられる。たとえば，意見や主張を相手に率直に伝えることは，国や文化によって望まれる場合もあれば，避けられる場合もあるだろう。しかし，このように相反する価値観は，実は相手の立場や気持ちを思いやるという共通の配慮から生じているのかもしれない。わたしたちは，表面的な齟齬の奥底にある共通点を見出すことで，相互理解を推し進めることができる。

　第二に，たとえ文化間で真正の価値対立が生じうるとしても，個々の政治文化の内部では，一定の価値観は相当程度安定して共有されうる。そうでなければ，わたしたちは他人とまともな社会生活を築くことさえできないだろう。それはちょうど，科学の世界におけるパラダイムのようなものだ。事実の認識と同様に，価値の認識についても，わたしたちはある種の確定された認識枠組みやものの見方を前提にしている。確かにその守備範囲は実証研究に比べれば狭いかもしれないが，だからといって規範研究が対象とする価値そのものが不確かであるわけではない。

　第三に，たとえば基本的人権思想や武力不行使原則のように，価値観は地域や時代を超えて共有されうる。価値が人々の思考や実践に依存するということは，逆にそれが，厳然たる事実とは異なり，ある種の柔軟性を備えているということだ。世界中の価値観が，科学法則のような一定の法則性をもって，ひとつの内実に収斂しているとまではいえないが，それでも長い目で見れば，漸次的にその守備範囲を広げてきているとはいえる。独善的な普遍主義は懐疑的な相対主義と同様に警戒されるべきだが，戦後の国際機構や国際法の累積的な発展と受容はそのことを制度的にも裏打ちしている。

　大事なことは，規範研究が既存の価値観とその構造を明るみに出し，有意義な文化間対話に寄与できるということである。それは少なくとも相手を理解することに役立つし，場合によっては相手を説得したり，同時に自分の立場を反省したりすることにも役立つ。とりわけ，グローバル化の進展によって一国内の文化的多様性が増している現在，価値対立を和らげるこうした営みは一層不

可欠である。本書はあくまでも政策分野に特化しているものの，政策規範の内実の分析（第Ⅱ部）や，規範の衝突とその対応の分析（第Ⅲ部）などは，普遍性と相対性の問題に，あれかこれかではなくどう生産的に向き合うかを考えるための示唆を与えるだろう。

3　規範研究の方法

政治哲学の方法

　話を元に戻そう。規範研究は，何らかの方法を用いて価値に関する客観的知識を獲得することを目指す。実証研究では一般に他の研究者による追試性が重視されるが，規範研究でも事態は同様である。研究の結論は研究の過程に応じて千差万別であるとしても，研究の手引きそれ自体は，追試に参加する論者の全員によって共有されていなければ意味がない。それでは，こうした知識は具体的にどのような方法で獲得することができるのか。本節では，現代英米圏の政治哲学で標準的に用いられている規範研究の研究プログラムを概観しておきたい（より詳しくは，松元，2015：第1，3章）。

　規範研究が得ようとする知識は，実証研究と同様に客観的であることを目標とする。すなわち，その知識はただの本人の主観的好みであってはならない。その知識が第三者に向けて説得的であるためには，ある価値判断を主張するだけでなく，それを支える理由を提示しなければならない。今日の政治哲学研究の中心課題は，この理由（r）・判断（s）の関係を一般的規範原理（$r{\rightarrow}s$）として定式化・正当化することである。ここで，規範研究の推論形式には，実証研究における科学的説明と同形の説明構造がある。すなわちそれは，ひとつ以上の規範原理（大前提）を含み，その原理から価値判断（結論）を演繹的に導出する推論形式をとる。

　政治哲学者は自らの営みについて，次のように描写している。

　　われわれはみな道徳的信条を有しており，これらの信条は正しいかもしく

は誤っているかのいずれかである。われわれは，それらが正邪のいずれか
であると考えるさまざまな理由を有しており，これらの理由や信条が系統
化されて，体系的な道徳原理および正義の理論へと組織化されうる。（キ
ムリッカ，2002＝2005：10-11）

われわれはまず，正しい行ないに関する一つの意見，あるいは一つの確信
から出発する。……続いてそう思う理由を考え，その根底にある原理を探
し出す。……それからその原理にそぐわない状況に直面して，混乱状態に
陥る。……こうした混乱の力と，その混乱の分析を迫る圧力を感じること
が，哲学への衝動なのだ。（サンデル，2009＝2011：52）

　政治哲学者の役割のひとつは，個々の価値判断とそれを支える理由の関係を，
一般的規範原理として定式化することである。わたしたちがこの世界で発見す
る「道徳的信条」あるいは「意見や確信」は，価値に関する基礎的データであ
り，それらのあいだの規則性やパターンを見出すことで，より体系的な知識の
なかに組み込まれる。ロールズのことばを借りれば，「ここでは，次のような
一組の原理を定式化することが求められている。すなわち，……当該の諸原理
を良心的かつ知性的に適用したならば，これらの判断を支持する理由をも挙げ
ることができるような，そうした諸原理である」（ロールズ，1971＝2010：66）。
　しかしながら，個々の価値判断から一般的規範原理を定式化するだけでは，
その原理が真であることの十分な正当化にはならない。なぜなら，規則性やパ
ターンの見出し方は一通りではないからである。そこで「正当化は，構想全体
に基づいており，そしてこの構想が反照的均衡における私たちの熟考された諸
判断とどのように適合し，かつそれらをどのように組織化しているのか，とい
うことに左右される」（ロールズ，1971＝2010：762）。具体的に，規則的パターン
として定式化された規範原理が正当かどうかは，新たな基礎的データとの一致
具合によって試されなければならない。それが価値に関する既存の知識の「混
乱状態」を取り除き，代わりにその「組織化」に寄与すれば成功である。

　一例を挙げよう。高価なワインを楽しむために毎週100ドルを費やす人と，生まれつきの病気を抑えるために高価な薬に毎週100ドルを費やす人に対して，わたしたちは異なった感じを抱く。なぜだろうか。ひとつの説明はこうである。一方で前者は本人が統制可能な選択に基づく費用である（r_1）のに対し，後者は本人が統制不可能な運命に基づく費用である（r_2）。わたしたちは直観的に，前者には公的助成があるべきではないが（s_1），後者には公的助成があるべきだ（s_2）と感じる。これらの価値判断とそれを支える理由の関係を一般化すると，責任平等原理（$r→s$）が得られる。ひるがえって，この原理はわたしたちが直面する新たな価値判断の場面で，その説明力を試される。

　このように，規範研究には実証研究と同様の「仮説演繹法」の形式がみられる。実証研究においては，まず帰納的推論を用いて個々の観察事実から一般的経験法則を仮説として定式化し（発見の文脈），次に演繹的推論を用いて別の観察事実を説明・予測するなかで当該法則を検証する（正当化の文脈）。規範研究においては，まず帰納的推論を用いて個々の価値判断から一般的規範原理を仮説として定式化し（発見の文脈），次に演繹的推論を用いて別の価値判断を説明・予測するなかで当該原理を検証する（正当化の文脈）。実証研究における原因と法則の探求は，規範研究における理由と原理の探求と，構造的には類似している。

ロールズの反照的均衡

　こうした方法を現代政治哲学に普及させたのが，ロールズが『正義論』で提案した「反照的均衡」の方法だと考えられる（ロールズ，1971＝2010：第4，9節）。それは，判断→原理→判断……といったように，個別的知識と一般的知識のあいだを反射的に行き来する推論の過程を示している。周知のように，ロールズはこうした方法に則って「正義の二原理」を定式化・正当化した（本書第5章1節参照）。「政治哲学の復権」に向けてロールズが果たした新規性は，それを規範研究の方法論として確立したことにもあった。

　同様の方法を政策学に転用すると，公共政策に関する個々の価値判断を基礎

的データとして，その系統化・組織化に寄与するような規範原理を確立することが，政策規範研究者の第一の課題となる。とはいえ，ロールズ以降の政治哲学の発展を踏まえれば，この課題を政策学者が丸ごと引き受ける必要はない。これまでの豊穣な規範研究を通じて，わたしたちの手元にはすでに多くの有益な規範理論が揃っている。むしろ，政策規範研究者にとって優先的な課題は，政治哲学でこれまで確立されてきた規範原理を応用して，それが具体的な公共政策にどこまで適用可能かを確かめてみることだろう。

　ジョナサン・ウルフ（Jonathan Wolff）の政策規範研究は，このよい事例となっている。たとえば，安全規制とそれによる経済的損失をどう考量するかについて考えてみよう。一般的に，生命の価値を最優先して安全規制水準を高めれば，それによって助かる生命は増えるが，代わりに規制対策にかかる費用も増える。費用便益を最優先して安全規制を緩めれば，その逆が生じる。これは規範理論的には，絶対主義と功利主義のあいだの対立であると分析できる。鉄道安全規制に関する幾つかの実例に照らした後にウルフが到達する結論は，特定の責任が生じる場合には絶対主義的規制方針が重視され，そうでない場合には功利主義的規制方針が重視されるというものだ（ウルフ，2011＝2016：第4章）。

　ちなみにロールズ以降，反照的均衡には「狭い」均衡と「広い」均衡の区別も導入されている。「広い」の意味とは，価値判断と規範原理にくわえて，人格や社会に関するさまざまな想定からなる背景理論という第三の要素も均衡化の構成要素に含めるということである。一方で狭い反照的均衡は，規範原理を価値判断との均衡化に付すが，他方で広い反照的均衡は，規範原理をより広い自然的・社会的事実との均衡化に付す。判断→原理→判断……という均衡化の二項モデルは，背景理論も含めたネットワーク型の多項モデルとして描きなおされるのだ（Daniels, 1996：pt. 1）。

　すると，政策規範研究によって得られる個々の知見は，反照的均衡のさらなる材料として，政治哲学一般にフィードバックされることが期待できる。たとえば，ロールズの高弟ノーマン・ダニエルズによる生命医療倫理の分析は，正義原理のさらなる均衡化の試みとして捉えることもできる（Daniels, 1996：pt.

─ コラム②　規範研究とメタ倫理学 ─

　規範研究の一大拠点である倫理学では，その下位区分として，メタ倫理学／規範倫理学／応用倫理学が知られている。

　規範倫理学とは，カント主義や功利主義など，行為の具体的指針やその評価基準を明らかにする部門であり，応用倫理学とは，こうして得られた規範理論を，環境・情報・生命医療・ビジネスといった諸実践の現場に適用し，そこから規範的含意を導く部門である。それに対してメタ倫理学は，こうした広義の規範研究から一歩引いて，その営みそれ自体がそもそも可能かどうか，また妥当かどうかを議論する部門である（佐藤，2017；蝶名林，2019）。

　20世紀の倫理学は，G・E・ムア（George Edward Moore）から始まった。ムアはイギリス観念論や功利主義を標的として，倫理学において難問の解決や意見の一致が見られないのは，「善い」のような価値命題を事実命題に還元しようとする傾向にあると主張した（ムア，1903＝2010）。ムアの批判を起点として，倫理学者がこれまで比較的無自覚に用いていた概念や言語の反省的再考を迫るというメタ倫理学的課題が始まることになった。その後の直観主義者や情緒主義者も一様に，個別の価値判断の妥当性を問う以前の問題として，いかにすれば価値判断の妥当性を示せるかを中心的に考察している。

　政治哲学において規範研究の先鞭をつけたと言われるロールズも，戦後初期はこうしたメタ倫理学上の論点と格闘することから研究を始めており，その特定の立場から無縁ではない。たとえばその正義論のなかには，意味論的には理由の共有可能性に基づく道徳的客観性の擁護，認識論的には反照的均衡に反映された整合主義の擁護，存在論的には正／善を区別したうえでの構成主義の擁護，道徳心理学的にはカント的人格構想を通じた内在主義の擁護といったメタ倫理学上の特徴がみられる（福間，2007：第2部）。

　倫理学内部のこうした論争は，政策的関心から規範研究に着手する者にとっては無縁あるいは余計であると思われるかもしれない。しかし，ロールズのそれであれ何であれ，一定の研究方針を採用せざるをえない以上，政策規範研究者もまた何らかの議論の土俵を前提にしているはずである。メタ倫理学の成り立ちが示しているように，もし政策規範研究それ自体が，現在あるいは今後ある種の分野的行き詰まりを見せることになれば，いったん議論の土俵から降りて，メタ倫理学を手がかりにそれ自体の妥当性を見直すことも有益かもしれない。

　本論では主として政治学の下位分野である政治哲学に焦点を当てたが，こうした幅広い知見を活かすことで，政策規範研究もより実り豊かなものになるだろう。

2）。現代政治哲学の規範部門と応用部門は，1970年代の「政治哲学の復権」以降，当初からこうした相互補完的な関係として発展してきた。政策学分野における規範研究の充実は，その発展をさらに後押しする原動力ともなるはずである。

4　実証研究と規範研究の交錯

実証研究の役立て方Ⅰ——定式化の段階

　以上概観したように，規範研究は実証研究と似て非なる研究方針に従って進められている。ところで，これら2つの研究分野のあいだの関係はどうなっているだろうか。近年政治哲学では，比較・実験・統計などさまざまな観点から，実証研究と協働的に実施される規範研究の研究プログラムが提案されている（井上，2020；松元，2017a；2017b）。本節では，規範研究において個別的価値判断を特定する帰納的段階と，こうして定式化された一般的規範原理を用いて，別の個別的価値判断を導く演繹的段階のそれぞれにおいて，実証研究が果たしうる役割について検討しよう。

　はじめに，個別的価値判断（s_1, s_2, s_3……）を特定し，そのなかから一般的規範原理（$r \to s$）を定式化する帰納的段階について。不思議なことに，この段階で政治哲学者は，あたかも自分こそが常識に一番精通しているかのように，思考実験を幾つか例示するだけで，一意的な価値判断が導かれるだろうと想定しがちである。しかしながら，彼らの常識感覚が特異でない保証はどこにもない。もし論証の出発点となる基礎的データの客観的信頼性が揺らいでしまえば，規範原理や規範理論全体の客観的信頼性もまた揺らいでしまうのではないか。

　この段階で規範研究者は，多くの実証研究の成果を参照することができる。そのひとつが世界価値観調査である（池田，2016）。1981年に開始された国際比較であり，すでに世界レベルで計6回実施され，延べ108カ国の参加国・地域を数える（直近の調査では60参加国・地域）。調査項目は，個人・生活観，社会観，政治観，国家・国際社会観と多岐に及んでいる。たとえば，経済成長優先か環

境保護優先かという質問（問い26）や，望ましい富の分配形式は何かという質問（問い32），民主主義に必須な要素は何かという質問（問い38）などは，政治哲学においても頻出のテーマであり，規範研究を進めるうえで益するところが大きい。

　同様に，今世紀以降の幸福の経済学に関する学問的進展も示唆的である（グラハム，2011＝2013；フライ，2008＝2012）。これは，経済的豊かさが必ずしも人々の主観的幸福に直結しないという現象など，わたしたちにとっての幸福のあり方を実証的に調査し，解明する研究分野である。2012年からは国連関連団体により世界幸福度報告が定期刊行され，それを受けて国内外でも同様の調査が蓄積されている。そもそも，人生の意味に関する幸福論にはじまり，幸福というテーマは哲学・倫理学の主要問題であり続けてきた。これもまた，実証研究を通じて規範研究が新たな知見を獲得し，その成果に取り入れうる分野の一例といえるだろう。

　ちなみに倫理学では，脳科学や心理学における実証的知見を規範研究に生かそうという動向も盛んである（児玉，2010：第10章）。たとえば，特定個人の人命を救うことの寄付額と統計的人命を救うことの寄付額のあいだには，乖離が生じることが知られている。その説明として，思考の二重プロセスという心理学的知見が参照されたり，fMRIを用いた脳科学的手法が用いられたりしている。こうした研究はトロリー問題のような個人的意思決定に関わる思考実験に依拠しているが，時を刻む時限爆弾のような政治的意思決定に関わる思考実験でも同様の実証的成果が得られれば面白い。

実証研究の役立て方II──正当化の段階

　このように，個別的価値判断から一般的規範原理を導く帰納的段階においては，実証研究を参照することで，その確実性を高めることができる。同じことは，こうして定式化された一般的規範原理（$r{\rightarrow}s$）を用いて，別の個別的価値判断（s_i）を導く演繹的段階においても生じている。なぜなら，規範原理から特定の価値判断を導くために，常に何らかの理由づけ（r_i）を前提にしなけれ

ばならないからだ。規範研究者が扱う価値判断と同様にその理由づけも，しばしば実証研究によって裏づけられなければならない。

　一例として，カジノ・宿泊施設・テーマパーク・商業施設等を一体的に整備するIR推進法の政策的是非を取りあげよう。はじめに，政策規範の内実として，「最大多数の最大幸福」を掲げる功利主義（本書第4章参照）が正当化された政策目標であると仮定する（大前提）。ところで，IR推進法は国内外から多数の観光客を呼び込み，地域の活性化や雇用の創出，税収の増加につながり，その結果最大多数の最大幸福に資することが見込まれるだろう（小前提）。ゆえに，IR推進法は望ましい（結論）。前提のすべてが真であり，論証が妥当であれば，結論の真理も演繹的に保証される。

　この議論を推論形式で表現すると以下のようになる。

　　大前提　政策xが最大多数の最大幸福に資するならば，xは望ましい（$r \rightarrow s$）
　　小前提　IR推進法は最大多数の最大幸福に資する（r）
　　ゆえに，
　　結論　IR推進法は望ましい（s）

　ここでは，大前提に置かれた功利主義それ自体の真偽は措いておこう。むしろここで問いたいことは，小前提に置かれた事実命題の真偽である。たとえば，IRの推進は観光客の呼び込みにどれほど効果的だろうか。地域の治安や環境に対する正負の影響はどうだろうか。カジノが個人にとって中毒的・依存症的性質をもちうることの否定的影響はどうだろうか。IR推進法が実際に最大多数の最大幸福に資すると言えるためには，他国の事例を調査したり，経済波及効果を算出したり，人間の心理的影響を診断したりしなければならない。

　ここに，何らかの実践的な政策方針を示そうとするなら，規範研究がそれだけでは自足できない事情がある。たとえ規範研究者が，本書第Ⅱ部で考察するような何らかの一般的規範原理の妥当性を示しえたとしても，同時に個別的事実命題の真偽も示せないかぎり，たどり着く結論の真偽を示したことにはなら

ない。それゆえ規範研究者は，政策学のなかで具体的な政策課題に取り組むためには，自ら実証研究を実施するかどうかはともかく，さまざまな実証的成果を必要としている。

5　実証研究と規範研究の協働

規範研究の役立て方

　前節では，規範研究における実証研究の役立て方について検討した。ところで，その議論を敷衍すれば，逆に実証研究における規範研究の役立て方を示唆することもできるだろう。実証研究者が，自覚的であれ無自覚的であれ，ある種の規範的関心をしばしば抱いていることは確かである。実証研究者は，規範研究者とは異なり，価値ではなく事実を分析対象とするが，だからといってその学問的関心が常に価値中立的であるわけではない——それはとりわけ社会科学諸分野に当てはまる。そして，実証研究を導く価値の正確な意味や構造を明らかにすることこそ，規範研究者がもっとも得意とするところなのだ。

　たとえば，社会調査の結果，人々は貧困層への所得再分配に批判的であることが分かったとする。この結果をどのように解釈すべきか。人々の見解は，各人の努力・実績が反映されるべきだという功績の観念に依拠しているのかもしれないし，取得と移転の正当性が分配の正否を決定するという権原の観念に依拠しているのかもしれない。両者は同じく歴史的経緯を重視する分配原理であるため混同されがちであるが，哲学的にはまったく異なる（ノージック，1974＝2002：第7章）。質問表の作成から調査結果の分析まで，実証研究の実施にはしばしば，規範研究が提供する一定の解釈枠組みが欠かせない。

　実証研究と規範研究の実りある協働関係は，わが国でもたとえば社会学において先駆的に取り組まれている（土場・盛山，2006；米村・数土，2012）。しかしながら，これらは概して実証研究者が規範研究のフィールドにも踏み込むという方向性であり，その逆ではない。たとえ，規範研究者が自身の研究の完遂のために，特定の実証的知見を必要とすることを声高に訴えるだけでも，実証研

究者にとっては「そこに解明すべき事実が埋もれている」ことを知らせるレレバンス・シグナルになる。こうした相補的な協働関係を目指して，実証研究者と規範研究者のあいだの対話が一層促進されることが望ましい。

規範研究の独自性

　最後に，以上述べてきたことすべてにもかかわらず，規範研究が実証研究に還元されるわけではないことも再確認しておこう。規範研究の基礎的データは観察事実それ自体ではなくあくまでも価値判断であり，両者の認識的地位は同じではない。たとえば，調査や実験により，大半の人が「無辜の人を拷問するのは間違っている」と思っていることが分かったとする。しかしその事実は，「無辜の人を拷問するのは間違っている」ことの証拠になるのか。前者の証明に実証的に成功することは，後者の規範的証明にとってどれほど決定的だろうか。このように，規範研究を実証研究と何らかの仕方で接合する試みには，事実命題から価値命題を引き出せるかといういわゆる is-ought 問題が絶えず付きまとうのである。

　このように，規範研究の役割は実証研究とはやはり原理的に異なる。思うに，そのひとつの明白な理由は，両者の研究対象がもつ性質の違いに由来する。すなわち，世界内にすでに存在し，発見されることを待っている観察事実とは異なり，価値判断は多かれ少なかれ修正に開かれているということだ。それゆえ，規範研究が価値判断を基礎的データとして扱う仕方は，実証研究が観察事実をそれとして扱う仕方とはどこまでも一致しない。政策学分野でも，両アプローチのあいだで補完関係を目指すならば，まずはお互いの研究分野の特徴や役割に関して理解を深めることが，その最初の出発点となるはずである。

参考文献

池田謙一編（2016）『日本人の考え方・世界の人の考え方——世界価値観調査から見えるもの』勁草書房。

井上彰（2020）「正義を実験する——実験政治哲学入門」東京大学教養学部編『知の

フィールドガイド──異なる声に耳を澄ませる』白水社，51-64。

ウルフ，ジョナサン（2016［2011］）『「正しい政策」がないならどうすべきか──政策のための哲学』大澤津・原田健二朗訳，勁草書房。

キムリッカ，ウィル（2005［2002］）『新版　現代政治理論』千葉眞・岡﨑晴輝他訳，日本経済評論社。

グラハム，キャロル（2013［2011］）『幸福の経済学──人々を豊かにするものは何か』多田洋介訳，日本経済新聞出版社。

児玉聡（2010）『功利と直観──英米倫理思想史入門』勁草書房。

佐藤岳詩（2017）『メタ倫理学入門──道徳のそもそもを考える』勁草書房。

サンデル，マイケル（2011［2009］）『これからの「正義」の話をしよう──いまを生き延びるための哲学』鬼澤忍訳，早川書房。

蝶名林亮編（2019）『メタ倫理学の最前線』勁草書房。

土場学・盛山和夫編（2006）『正義の論理──公共的価値の規範的社会理論』勁草書房。

ノージック，ロバート（2002［1974］）『アナーキー・国家・ユートピア──国家の正当性とその限界』嶋津格訳，木鐸社。

福間聡（2007）『ロールズのカント的構成主義──理由の倫理学』勁草書房。

フライ，ブルーノ・S.（2012［2008］）『幸福度をはかる経済学』白石小百合訳，NTT出版。

松元雅和（2015）『応用政治哲学──方法論の探究』風行社。

松元雅和（2017a）「規範研究における実証研究の役立て方──反照的均衡を中心に」『政治思想研究』（17），98-123。

松元雅和（2017b）「分析系政治哲学における親科学的傾向？──反照的均衡とその行方」『ニュクス』（4），208-219。

ムア，ジョージ・E.（2010［1903］）『倫理学原理──付録：内在的価値の概念／自由意志』泉谷周三郎・寺中平治・星野勉訳，三和書籍。

米村千代・数土直紀編（2012）『社会学を問う──規範・理論・実証の緊張関係』勁草書房。

ロールズ，ジョン（2010［1971］）『正義論　改訂版』川本隆史・福間聡・神島裕子訳，紀伊國屋書店。

Daniels, N., (1996), *Justice and Justification : Reflective Equilibrium in Theory and Practice*, Cambridge, Cambridge University Press.

■　　■　　■

読書案内

松元雅和（2015）『応用政治哲学——方法論の探究』風行社

　本章で扱った規範研究の方法論について，さらに詳しく知りたい人向けの内容。第
１部では現代英米圏の政治哲学の方法論について，第３部ではその応用的展開につい
て概観している。

土場学・盛山和夫編（2006）『正義の論理——公共的価値の規範的社会理論』勁草書
　房

　正義論に関する解説書・専門書は幾多あるが，本書は自由・効用・平等・公平と
いった正義論の諸トピックを社会学者が規範的に分析するユニークな論集となってい
る。

田中愛治編（2018）『熟議の効用，熟慮の効果——政治哲学を実証する』勁草書房

　サブタイトルのとおり，熟議民主主義を世論調査を通じた実証研究のなかで多面的
に検証し，規範と実証を架橋する学際的知見を示している。

練習問題

① 　わたしたちの価値判断はどこまで普遍的で，どこまで相対的だと言えるだろうか。
　具体例を挙げつつ考察してみよう。
② 　政治哲学の方法を，価値判断，理由，規範原理のあいだの関係として，具体例と
　ともに図式化してみよう。

（松元雅和）

第3章

非理想理論

───── **この章で学ぶこと** ─────

　本章では，規範研究の下位区分として「理想理論」と「非理想理論」の区別を紹介する。ロールズに由来するこの区別は，その後政治哲学の方法論が注目されるなかでさまざまな角度から検討されてきた。第一に，非理想理論は不利な条件のなかで理想的正義を調整するために必要とされる。第二に，非理想理論は正義原理の部分的遵守という事態に対処するための次善策として必要とされる。ただし，諸々の現実的諸前提を念頭に置くことによって，規範研究者が描き出す理想が切り詰められてよいかどうかについては，規範研究の学問的・社会的役割に照らして批判もある。最後に，政策規範研究については，非理想理論を展開すること，および理想理論を参照すること双方の必要性が擁護される。社会を，そして世界をより望ましいものにするための経路はしばしば複雑に入り組んでおり，研究者のみならず実践者にとっても，自分が今何をしているのかを自覚するための目安として，理想理論と非理想理論の区別は有益である。

1　理想理論と非理想理論

規範研究の重層性

　前章で見たように，規範研究は，今現在とは異なる何かを「べき」論として指し示す。そうである以上，理想と現実のあいだに一定の乖離が生じるのは，政策規範研究も含めた規範研究一般の分野的性質としてむしろ当然である。次の課題は，このように半ば必然的に生まれる理想と現実の乖離をどのように埋めるかについて，規範研究の方法論に取り組むことである。本章ではこの課題を，現代の政治哲学の復権に先鞭をつけたジョン・ロールズ（John Rawls）の

所説を手がかりに考察してみたい。

　ロールズによると，規範研究は大別して，理想状態における正義原理を案出する試みと，非理想状態における正義原理を案出する試みに分けられる（ロールズ，1971＝2010：第 2 節）。第一の試みは，現実世界の到達目標となるような，完全に正しい社会の輪郭を描き，またなぜそれが正義に適っているのかを説明することである（終局状態の理論）。第二の試みは，現実世界に存在する不正に対処するための方策を提示することである（過渡期の理論）。これらをそれぞれ，彼に倣って「理想理論」「非理想理論」と呼んでおこう。

　ロールズは，はじめに理想理論に取りかかり，ついで非理想理論に進むという手順を踏む。なぜなら，非理想理論が対象とする現実世界の不正は，はじめに理想理論における完全に正しい社会の輪郭が示されないかぎり，正確に捉えることができないからである。「理想理論からはじめる理由とは，その理論がより喫緊の諸問題を体系的に把握するための唯一の基盤を（私見によれば）提供してくれるからというものである。……理想理論からはじめる以外のやり方だと，より深い理解を得ることはできない」（ロールズ，1971＝2010：13）。それゆえ，規範研究者は現実世界の不正からいったん離れて，自由に正しい社会の設計を目指すべきなのだ。

　一例を挙げよう。アメリカでは，公民権法の制定までジム・クロウ法のような公共施設の人種隔離政策が公然と行われていた。この政策の不正は異なった仕方で理解できる。一方で，黒人専用の病院の質は白人専用の病院の質に比べて劣っているとして，前者の質を改善する方策が，非理想理論の一種として推奨されるかもしれない。しかしこれは的外れである。なぜなら他方で，人種別に病院を分けることが根本的に間違っているとも考えられるからである。この場合，非理想理論が問うべきなのは，人種隔離を所与として人種平等をはかる第一の方策ではなく，人種隔離それ自体を廃止する第二の方策である。そしてこの問いは，「そもそも人種平等社会とはどのような社会か」という理想理論の答えを待たなければ始まらないのである。

区分の意味

　とはいえ，「理想状態を設定すれば理論はうまくいくに違いない」と現実を突き放してしまうだけでは，規範研究の実践性という点で不満が残る。なぜなら，現実は必ずしも理想どおりに進まないからである。理想の次元では，人種問題も，貧困問題も，紛争問題も，解決されるべきであることは自明である。にもかかわらず，現実世界でこれらの理想は繰り返し挫折してきたし，現在も完全には実現していない。どこかの時点で，この不都合な真実に向き合おうとすれば，規範研究者はただ理想の次元に留まっていることはできず，非理想的現実に再び目を向ける必要があるのだ。

　次のように考えると分かりやすいかもしれない――他の事情が等しければ，〇〇が存在することは，存在しないことよりも世界をより理想的なものにするだろうか。たとえば，努力や実績のような功績に基づいて取り分が左右される世界は，責任の観念を重視する人にとっては，そうでない世界よりも一層望ましいかもしれない（本書第5章2節参照）。その一方で，干ばつによって飢饉が生じたり，犯罪によって死傷者が生じたりする世界を，そうでない世界よりも一層望ましいと判断する人はまずいないだろう。〇〇を積極的な理想として描くか，それとも消極的な現実として描くかによって，理想理論と非理想理論が取り扱う問題は異なってくる。

　それでは，理想理論と非理想理論は，具体的に何がどう異なるのか。ロールズは，非理想理論の副次的区分として，第一に自然本性的限界および社会経済的偶然性に対応するための原理，第二に不正義に対処するための原理を挙げている（ロールズ，1971＝2010：第39節）。理想的正義が現実世界で完全に実現されない理由は，第一に何らかの条件の不備により，遵守したくてもできないからであり，第二に意識的にそれを破るからである。本章では以下2節で，これらの非理想状態を概観しつつ，それぞれどのような非理想理論が要請されるかをみてみよう。

2　非理想状態 I──不利な条件

わたしたちの暮らしの条件

　ここで問題にする非理想状態は，正義原理を導出するにあたり，ロールズが所与の前提にする「私たちが知っているままの暮らしの条件」とは区別すべきである（ロールズ，1971＝2010：595）。たとえば，人々は自らの生活様式について互いに還元不可能な多様性を有している。正義原理の及ぶ範囲はさしあたり現今の国民国家に該当する自足的な連合体に限定される。一夫一婦制の家族制度，子どもの個別的養育，何らかの市場経済の存在，人生に資する汎用的手段としての基本財が存在していること，等々が前提とされる。なかんずく，ロールズの基本的前提となっているのは，資源の希少性と利他心の限定性，いわゆる「正義の情況」という現実である（ロールズ，1971＝2010：第2，22節）。

　これらの諸条件は，理想理論の構成要素としてその本体に織り込まれる。もちろん，こうした現実をすべて取り払って，一層自由に正義原理を追求することもできる。しかしこうした試みは，規範研究として必要でもないし有益でもない。なぜなら，結局のところ，それは「道徳哲学を世界創造の倫理の研究へと変えてしまう」ものであり，「すべての可能世界の中で最善の世界はどれであるのか」を問うてみたところで，その答えは「人間の理解力の範囲を超えているように思われてしまう」からである（ロールズ，1971＝2010：215）。それゆえ，規範研究者が理想理論を展開するにあたり，一定の現実を所与とすることに躊躇する必要はない。

不利な条件

　非理想理論が念頭に置く不利な条件とは，こうした条件下で導出された理想的正義が，何らかの理由で十分に実現されない状況を指す。第一に，未発達な子どもや障がいをもった市民の存在など，人間の暮らしの自然本性的限界として，理想的正義が十分に実現されないことがある。たとえば，自由かつ平等な

人格として他者の意思決定を尊重するという理想は，後見人制度が示すように，すべての人間に対して貫徹できるとは限らない。ただし実のところ，こうした不利な条件と先に挙げた「わたしたちの暮らしの条件」のあいだの一線は，ロールズ自身の説明からは必ずしも明確ではない（Stemplowska and Swift, 2014：112-116）。

　第二に，社会経済的偶然性により，当座の社会状況として理想的正義が十分に実現されないことがある。たとえば戦後世界では，開発途上国が急速な経済発展を進めるために，少なくとも一時的に強権的で反民主主義的な統治を採用する必要があるという開発独裁が各国で見られた。社会状況は地域によっても時代によっても千差万別であり，各々の事情に応じて，自由主義や民主主義のような大文字の理想が遍く通用するとは限らない。こうした不利な条件下で，理想的正義にどのような修正がくわえられるべきかを考察するのが非理想理論の役割である。

自由の優先性

　具体的に，ロールズが正義の二原理に付した「自由の優先性」を手がかりにみてみよう。彼は自由の優先性を以下のように定義している。

　　自由の優先性ということばで私が意味しているのは，平等な自由の原理が正義の第二原理に優位するということである。二つの原理はレキシカル・オーダーに並んでいるため，自由の権利要求が最初に充たされるべきことになる。このことが達成されるまで他の原理の出番はない。（ロールズ，1971＝2010：329）

　ロールズの正義の二原理は，基本的諸自由（第一原理）と経済的有利性（第二原理）からなる（本書第5章1節参照）。自由の優先性によって，正義の二原理は，第一原理＞第二原理という辞書的な優先順位をもつことになる。基本的諸自由の実現が十全に完了した後に，もし依然として可能性が残されていれば，その

ときはじめて経済的有利性の改善が着手される。可能性が尽きれば，基本的諸自由の時点で終わりである。基本的諸自由と引き換えに経済的有利性を改善する選択肢は絶対的に除外される。

　しかしながら，実は自由の優先性もそこまで絶対的ではない。第一に，自然本性的限界として，思想・信条の自由や信教の自由を含む良心の自由をある程度制約する必要があるかもしれない。人々は自分の良心の正しさを確信しがちであるが，そうであるがゆえに，他の人々もまた良心の自由をもち，またそれらがしばしば自分の良心と相容れないことに思い至らない。そこで，もしある人の良心の自由が，良心の自由それ自体を可能にするところの，公共の秩序という共通の利益に対して有害な悪影響をもたらすならば，それは例外的に制限されうる（ロールズ，1971＝2010：第34節）。

　第二に，社会経済的偶然性に鑑みて，基本的諸自由が制限されることもある。たとえば歴史を振り返れば，かつての制限選挙時代には身分や性別に応じて選挙権が不平等に分配されていた。確かにこれは，現在の男女普通選挙の原則に照らし合わせれば不正である。しかしたとえば，社会全体の福祉水準が十分でないとか，国民全員の教育機会の保障が十分でないとかといった当時の社会状況を踏まえれば，現在の基準でただ断罪するわけにはいかない。あくまでも最終目的は基本的諸自由の十全な保障であるが，いずれは全廃されるべき過渡的措置として，理想の一部を一時的に手放すこともありうるということだ（ロールズ，1971＝2010：第39節）。

3　非理想状態Ⅱ——部分的遵守

部分的遵守

　非理想理論の第二の状況は，社会的制度編成あるいは個人の振舞いのなかにすでに実在している不正義，すなわち部分的遵守の事態である。ロールズによれば，理想理論における理想化の要点は，人々が正義原理を遵守する姿勢をもっていることである。理想状態とは彼が言うところの「秩序だった社会」で

あり，そこでは「全員が正義に則った振る舞いをなし，正義にかなった諸制度を維持するうえでの役割を果たすものと推定されている」（ロールズ，1971＝2010：13）。それゆえ，人々はいったん正義原理が案出されるなら，それを自発的に受け入れ，維持するだろう（厳格な遵守の条件）。

　逆に非理想理論の問いとは，人々のあいだで正義原理の厳格な遵守が期待できない非理想状態下で，正しい社会を目指してどのような矯正的措置をとることができるかということである。わたしたちが住む社会の構成員は，実際には聖人君子ばかりではないため，同意されたはずの正義原理がしばしば破られる。それゆえ，こうした事態に対処するための二次的規範が，正義論の副次的部分として必要になる。前節の不利な条件とは異なり，ここで念頭に置かれるのは，人為的・意識的に引き起こされた不遵守の事態である（部分的遵守の条件）。

刑罰

　こうした事態の一例として，個人は不正と知りつつも法を破って犯罪を犯すことがある。その場合，予防あるいは応報として，刑罰が科せられる。犯罪と同様に，刑罰もまたその対象に対して損害や苦痛を与える措置である。にもかかわらず，それが必要になる理由は，不正を匡し，秩序を回復するためである。その意味で，刑罰の存在は社会にとっての必要悪である。本来的には，「刑法で禁止された行為が決して為されないことが何よりであろう」（ロールズ，1971＝2010：418）。刑罰の理論は，理想状態を構成する一部というよりも，現実世界における非理想状態の改善策として要請されるのだ。

　刑罰は，ときに，前節で述べた自由の優先性をも制限しうる（ロールズ，1971＝2010：第38節）。通常，刑罰の対象となる犯罪が成立するためには，構成要素として犯罪行為（actus reus）および犯罪意思（mens rea）が必要である。しかしたとえば，対立する宗派の信徒が内戦に備えて武装組織を結成するような場合，たとえ武器の保持それ自体に違法性がなかったとしても，内戦の脅威を未然に防ぐような法律が制定されるかもしれない。こうした場合，「市民たちは，無実の罪を問われる可能性はあるけれども，……二つの禍（イーヴル）のうち法律

のほうが少ない禍であるとして，その法律を是認するだろう」（ロールズ，1971
＝2010：326-327）。

市民的不服従

　理想的正義からの逸脱は，場合によっては体制側からも生じうる。ロールズ
は，正義原理を一社会内で現実化するにあたり，①正義原理を導出する段階，
②正義に適う憲法を制定する段階，③憲法のもとで個々の法律を制定する段階，
④行政官や裁判官が法律を実施・適用する段階の四段階を想定する（ロールズ，
1971＝2010：第31節）。ところで，③立法段階は多数決ルールによって進められ，
しばしば利害対立によって左右される。それゆえ，たとえ②立憲段階で憲法上
に正義の原理が反映されたとしても，③立法段階で「正義にかなった法が制定
されるという保証はどこにもない」（ロールズ，1971＝2010：470）。

　こうした事態に対する対抗措置として，法に反しつつ，公然と，かつ非暴力
的におこなわれる市民的不服従の存在意義がある。それは本来の正義原理に照
らして許容しがたい法律に対して，否を突きつけることで，むしろ正義を回復
しようとする試みなのだ。しかしながら，これが形式的には違法行為である以
上，社会の秩序に混乱をもたらさないとも限らない。そこで，不法行為が非暴
力の枠内に留まることによって，またその結果としての罰則を甘んじて受け入
れることによって，不服従者がそれでも遵法義務の枠内に留まろうとしている
ことが示される（ロールズ，1971＝2010：55）。

戦争

　最後に，理想的正義からの逸脱は，国際紛争や戦争によってもっとも劇的に
示される。たとえ国際正義としての万民の法が合意されたとしても，国際社会
においてはそれを遵守させる強制力が不在である。国内社会と国際社会を隔て
る最大の構造的差異とは，後者が無政府状態であるということだ。この点で，
国際社会の国家が置かれた条件は，国内社会の個人が置かれた条件とは決定的
に異なる。わたしたちが国内社会で身の安全を保証された暮らしを送ることが

できるのは，暴漢に対して警察を呼び，司法の裁きを下すことができるという政府の後ろ盾があるからだ。それとは対照的に，国際社会に世界政府は存在しないし，その見込みもない。

　正戦論は，こうした状況下で国家行動を規律するために要請される。正戦論とは，戦争においても正不正の道徳判断をおこなうことができるという前提のもと，現実の戦争をより正しいものとより不正なものとに選り分ける一連の基準を示すことで，戦争そのものの強度と範囲に制約を設けようとする理論である。もちろん，どのような戦争であっても，自国や他国において深刻な人的・物的被害を引き起こすものである以上，あるよりはない方がましなのは当然である。その意味で正戦論も，刑罰の理論や市民的不服従論と同様に，部分的遵守の事態に対処する非理想理論の典型例である（ロールズ，1999＝2006：第13，14節）。

4　実行可能性問題

理想化の2つの水準

　以上のように，規範研究はその目的に応じて，理想理論の構築と非理想理論の構築に区別される。規範研究者はその関心や役割に応じて——ロールズのように，どちらにも携わる場合もあるが——各々理想理論に携わったり，非理想理論に携わったりしている。時代的趨勢から言えば，ロールズ自身がそうであったように，従来は理想理論を展開する方に重心が置かれていた。ただし最近では，政治哲学の政策的応用という新たな問題関心（本書第2章1節参照）に併せて，明示的に非理想理論を掲げる者も増えている（ウルフ，2011＝2016；セン，2009＝2011）。

　こうしたなか，個別の規範研究から得られる含意の実行可能性をめぐり，近年論争が生じている（Weber and Vallier, 2017）。一方のユートピア主義者は，理想理論であれ非理想理論であれ，規範研究にあたり，念頭に置かれる現実的諸前提をできるだけ取り払うべきだと考える。他方の現実主義者は，これらの

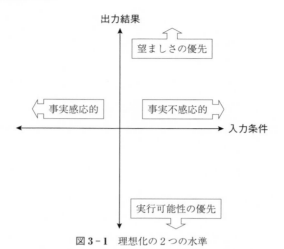

図 3‑1　理想化の 2 つの水準
出典：Southwood, 2018: 8-9; Volacu, 2018: 891-894 をもとに筆
者作成。

諸前提をできるだけ考慮に入れるべきだと考える。両者の論争と並行して，近年政治哲学分野では，政治的リアリズムと呼ばれる一大勢力が形成されつつあることも付言しておこう（乙部，2015；松元，2016；山岡，2019）。

　次のように図式化してみよう（図3‑1）。規範理論を構成する論証は，正義原理を含む諸前提と，そこから演繹的に導かれる結論からなる（本書第2章3節参照）。論証に付される諸前提を，横軸の入力条件と見なそう。前節までに確認した理想理論／非理想理論の区別は，入力条件がどれほど理想化されているか，それとも現実に則しているかを示している。論証から得られる結論を，縦軸の出力結果と見なそう。本節で論じる実行可能性の有無は，出力結果がどれほど理想化されているか，それとも現実に則しているかを示している。

　論証の諸前提（入力条件）と結論（出力結果）の両面にわたる理想化の水準は密接に関連している。一方で，諸々の事実的諸制約をあらかじめ排除した事実不感応的理論であれば，得られる結論の望ましさの度合いは上がる代わりに実行可能性は下がる。他方で，諸々の事実的諸制約をあらかじめ織り込んだ事実感応的理論であれば，得られる結論の望ましさの度合いは下がる代わりに実行

可能性は上がる。はたして，到底満たすことのできない状況を想像するだけなら，結局机上の空論や夢物語に終わってしまわないだろうか。逆に，現実世界の現状を踏まえるだけなら，結局その追認的肯定に終わってしまわないだろうか。

ユートピア主義と現実主義

　G・A・コーエン（Gerald Allan Cohen）のようなユートピア主義者は，既存の規範研究の多くが，理想を目指すことに対して忌避的態度を示していると批判する。その弊害は，規範研究の本来の射程を切り詰め，過度に保守的・現状肯定的になってしまうことである。もっとも現実に即した変革とは，何も変革しないことであるが，そもそもそれは規範研究としての役割を放棄しているに等しい。達成不可能な正義は，たとえ非現実的であっても長期的指針を示し，世界を変革するための導きの糸になる。現実との妥協はときに必要かもしれないが，そもそも妥協的正義は非妥協的正義を前提にし，それを必要としているのである。

　ユートピア主義者は，それが実行可能であるかどうかはさておき，まずもって完全に正義に適った状態の社会を自由に描き出そうとする。それでは，実行可能性を考慮しない正義原理とは一体どのようなものか。ひとつのヒントは，「根本原理」と「統制ルール」の区別にある（Cohen, 2008：ch. 6 sec. 19, ch. 7）。前者の根本原理は，ある正当化の作業を続けていった際に，最終的に論証全体を支える規範原理のことである。それに対して，後者の統制ルールは，特定の社会的・歴史的条件下で正義原理がわたしたちに命じることであり，ロールズが「わたしたちの暮らしの条件」として意味していたことにおおむね対応する（Cohen, 2008：ch. 6 sec. 3）。

　ひとたび根本原理と統制ルールを区別するなら，実行可能性に関する論点は霧消する。なぜなら，後者とは異なって前者の妥当性は，実行可能であるとかないとかといった点に依存するものではないからだ。たとえば，仮に運の平等主義（本書第5章2節参照）において唱えられる責任平等原理が根本原理である

とすれば，そこから得られる結論が実践的に不可能であるとしても，それは変わらずに真であり続ける（Cohen, 2008 : 271-272）。規範研究は机上の空論や夢物語であって一向に構わない。ロールズとコーエンは，同じ理想理論の次元でさえ，この点で意見を異にする。

　他方で現実主義者は，実行可能性に大きなウェイトを置く。現実世界で実行に移すことが不可能な正義原理を案出することは，せいぜい無益であるか，悪い場合には有害でさえある。その理由は，正義原理が評価的機能とともに，行為の推奨や禁止といった指令的機能を含んでいるからである。たとえば，「貴方は寄付をおこなうべきだ」という提案は有意味であるが，「貴方は空を飛ぶべきだ」という提案は有意味ではない。正義原理が指令的であるかぎり，「ought implies can」を満たさない正義原理はその名に値しないのだ。

　アマルティア・セン（Amartya Sen）によれば，たとえユートピア的理想を言い当てたとしても，それは現実に苦しんでいる人々の状況の改善には役立たない。なぜなら，理想世界において最適な選択肢（にもっとも近似する選択肢）が，現実世界においても最適なままであるとは限らないからである。当座の問題を改善するにあたり，手持ちの選択肢 p, q, r のうちどれが満足かを考えるうえで，最適の選択肢 x を知っている必要は必ずしもない。その場合，正義論の課題は，x の中身に頭を悩ませるよりも，p, q, r の良し悪しを相対的に比較することである（セン, 2009＝2011 : 第 4 章）。

　確かに，手持ちの選択肢の相対的比較に終始することは，規範理論の射程を縮減させる。しかしながら，規範研究者に真に求められていることは，手に届かない最適の選択肢を夢想するよりも，現実世界にはびこる非理想状態を少しでも改善するためのアイデアを提示することである。「正義の課題は，単に完璧に公正な社会を達成する（あるいは達成することを夢見る）ことではなく，……明らかにひどい不正義を防ぐことにある」（セン, 2009＝2011 : 58）。たとえばわたしたちは，人種隔離政策の不正性を証明するために，完全な人種平等社会が何であるかを証明できるまで待つ必要はない。

── コラム③　公共政策と実行可能性 ──

　ある公共政策を決定・実施する際には，もちろんさまざまな人的・物的資源が必要となる。こうした諸々の実践的制約は，規範原理の機械的適用に一定の歯止めを課す。原理と応用，理論と実践のあいだのギャップはいかなる応用研究にとっても避けて通れない。in の知識と of の知識の区別にあるように，当初から実践知としての側面をもっていた政策学においては，そのギャップを埋めることが持続的課題となってきた。その結果，逆に他分野の規範研究者が参照すべき理論的知見が，政策学分野ではすでに数多く蓄積されている。

　第一に，予算的制約がある。公共政策は何であれ，普通その実施のために相応の予算を必要とする。政府の政策課題が無数にあり，かつ政府予算が限られたものである以上，わたしたちは望ましいとされる複数の選択肢のあいだで，現段階でどれを優先し，どれを後回しにするのかを決定しなければならない。要するに，ある政策の実施には相応の機会費用がともなうのである。その費用対効果に応じて，政策目標は固定的ではなく流動的でありうる。こうした観点から，政策学分野では費用便益分析の理論が重視されてきた（長峯，2014）。

　第二に，制度的制約がある。公共政策はその実施にあたり，公式的なものも非公式的なものも含めて無数の制度的前提を必要とするため，新たに政策決定をおこなう場合であってもその存在を無視するわけにはいかない。個人と区別される制度は，個人に影響を与え，その選択や行動に対して一定の制約を課す。このように，制度それ自体が独立変数として個人の政治行動にいかに影響し，また従属変数としていかに生成されるかという研究関心は，新制度論という新たな方法論へと発展していった（マーチ／オルセン，1989＝1994）。

　第三に，政治的制約がある。公共政策に対して世論が支持するかどうかという点を無視するわけにもいかない。政策規範研究者は，自身の観点からみてもっとも望ましいと思われた政策でさえ，現実世界で必ずしも有権者の支持を得ることがないという事実を受け入れる必要がある。いわゆる「政策の窓」モデルが示しているように，社会の時流に乗るかどうかという偶然的要素によって，同じ政策案が支持されたりされなかったりするかもしれない。現実の公共政策は，こうした無数の流れのなかで彫琢されていくのである（キングダン，2011＝2017）。

　実行可能性問題の研究は，政治哲学分野で大きな広がりを見せている。現場の知識や実証的知見に関して優位性のある政策学は，この点での魅力をより積極的に発信していくことが有益だろう。

5　政策規範における理想と現実

公共政策と非理想理論

　以上本章では，規範理論における理想理論／非理想理論の区別，およびそれと実行可能性との関係を整理した。理想理論の目的は理想社会の輪郭を描き，それを統制するような理想的正義を探求することであり，非理想理論の目的は理想的正義が実現しがたい現実世界において，不正義の状況を改善するための非理想的正義を探求することである。ユートピア主義者（コーエンなど）は高度な理想的諸前提を踏まえた望ましい規範を探求し，現実主義的ユートピア主義者（ロールズなど）は中程度の理想的諸前提を踏まえた望ましい規範を探求し，現実主義者（センなど）は現実的諸前提を踏まえた実行可能な規範を探求する。

　以上を踏まえて，政策規範研究者にとって，理想理論／非理想理論の区別がもつ含意を振り返ってみよう。現実の公共政策に関する実践的ガイドを期待して規範研究を始める者は，戸惑いや失望を感じることになるかもしれない。理想的正義を探求する政治哲学の主流派の所説は，あまりにも抽象的で現実離れしているように見える。たとえば，ロールズの正義の二原理を学んだところで，喫緊の政策課題に対する実践的処方箋が直ちに見つかるわけではない。すると，公共政策の理論と実践に携わる者が差し当たり関心をもつべきなのは，非理想理論の方だということになりそうだ（本書コラム③参照）。

　実際，政策学分野でよく知られた規範理論は，明に暗に非理想理論の特徴をもつことが多い。一例として，チャールズ・E・リンドブロム（Charles Edward Lindblom）が提唱した漸進主義（インクリメンタリズム）をみてみよう。これは，「現存の現実を一つの対案とし，この現存の現実に比較的小さな調節をくわえて密接に関連する第二の対案として，両対案の可能な利益と損失とを比較する方法」である（ダール／リンドブロム，1953＝1961：22）。戦後のアメリカ行動科学分野で，意思決定過程における従来の完全合理性モデルが批判され，代わって限定合理性モ

デルが提唱されたことなどを背景として，政策学分野でも注目された（本書第10章5節参照）。

　政策決定方式として漸進主義が望ましいとされる理由は以下のとおりである。

①　現実とかけ離れた対案の結果を予測するのは困難であること

②　現実とかけ離れた対案を合理的に評価するのは困難であること

③　人々の目標は多元的でありしばしば衝突すること

④　「他の事情が等しければ」原則に沿うこと

⑤　コントロールを保証すること

⑥　可逆的であること

⑦　現行組織の生存と継続を可能にすること

⑧　西欧民主主義諸国で採用されていること

　一見して分かるように，漸進主義は明らかに非理想理論の方を向いている。それは現実を基準とし，遠大な理想を避け，実行可能な政策提案をおこなうことを意味している。漸進主義がそれ自体，政策現場の実態を示す実証的知見なのか，それとも政策現場の理想を示す規範的知見なのかは若干分かりにくい。ともあれ，政策現場が何らかの非理想状態に常に直面していることについては，その後決定研究（アリソン，1971＝1977）や実施研究（Pressman and Wildavsky, 1973）など，政策学分野の多様な実証的成果によっても裏打ちされている。

公共政策と理想理論

　だからといって，公共政策の規範的側面に関心をもつ者が，理想理論にまったく無関心であってよいとは思われない。その理由は，非現実的な正義原理でさえ，現実世界が近似的に接近すべき，一種の統制的理念としての役割を果たせるからである。理想理論は，わたしたちにとって，現実を長期的にどの方向に改善させていくかという「道徳の羅針盤（コンパス）」としての役割を果たす（伊藤，2013；スウィフト／ホワイト，2008＝2011）。そこで，今ここで必要とされる非理

想理論の比重が高いのは仕方ないとしても，以下2点の理由から，政策規範研究者は理想理論にも目を配る必要がある。

第一に，理想理論に目を配ることは公共政策に一貫性を与える。それは公共政策が暗に依拠する根本的な価値判断を明るみに出し，目下の政策論争が依拠する布置関係を明確にする。こうしたベクトル感覚をもつことで，個々の公共政策は場当たり性を克服することができる。だからといって，すべての公共政策が単一の規範原理に根差すべきだというわけではない。ただし，選挙のマニフェストなど，公共政策はしばしば，個々よりも一揃えのパッケージとして提示される。それゆえ有権者にとっても，個々の公共政策はより大きな理想の一部として位置づけられることが望ましい。

第二に，理想理論に目を配ることは公共政策に推進力を与える。日常場面でもよく目にするように，「○○は実行できない」との言明は，単に「○○を実行したくない」の言い換えにすぎないことが多い。その結果，相応の意志さえあれば実現可能であるはずの理想が，意図的・非意図的に視野から排除されてしまう（Goodin, 1982 : ch. 7）。理想理論はわたしたちに，是が非でも到達すべき社会の確固たる長期的ビジョンを与える。歴史的にも，政治思想家の抽象的議論が人々のインスピレーションとなり，社会変革の原動力となった事例は数知れない。

非理想理論は構造的に，いずれ理想理論に取って代わられる運命にあるし，非理想状態を改善することで，そのような運命になることをむしろ望んでさえいる。言い換えれば，非理想理論は理想理論を補完する役割としてのみ，存在意義をもっている——とはいえ，人間関係と同様に，先導者の役割が形式的であり，補佐者の役割が実質的であるということも往々にしてあるのだが。いずれにしても重要なことは，両理論の位相を区別することで，政策規範研究者として，自分が今何に取り組んでいるのかという自己理解を見失わないことである。

参考文献

アリソン，グレアム・T.（1977［1971］）『決定の本質——キューバ・ミサイル危機の分析』宮里政玄訳，中央公論社。

伊藤恭彦（2013）「政策過程と規範的思考——政策過程における『道徳の羅針盤』」『公共政策研究』(13)，20-31。

ウルフ，ジョナサン（2016［2011］）『「正しい政策」がないならどうすべきか——政策のための哲学』大澤津・原田健二朗訳，勁草書房。

乙部延剛（2015）「政治理論にとって現実とはなにか——政治的リアリズムをめぐって」『年報政治学』2015-Ⅱ，236-256。

キングダン，ジョン（2017［2011］）『アジェンダ・選択肢・公共政策——政策はどのように決まるのか』笠京子訳，勁草書房。

スウィフト，アダム／ホワイト，スチュアート（2011［2008］）「政治理論，社会科学，そして現実政治」（大澤津訳），レオポルド，デイヴィッド／スティアーズ，マーク編『政治理論入門——方法とアプローチ』山岡龍一・松元雅和監訳，慶應義塾大学出版会，69-98。

セン，アマルティア（2011［2009］）『正義のアイデア』池本幸生訳，明石書店。

ダール，ロバート・A.／リンドブロム，チャールズ・E.（1961［1953］）『政治・経済・厚生』磯部浩一訳，東洋経済新報社。

長峯純一（2014）『費用対効果』ミネルヴァ書房。

マーチ，ジェームス・G.／オルセン，ヨハン・P.（1994［1989］）『やわらかな制度——あいまい理論からの提言』遠田雄志訳，日刊工業新聞社。

松元雅和（2016）「政治的悪の規範理論的分析——政治的リアリズムを中心に」『関西大学法学論集』(66)，98-119。

山岡龍一（2019）「方法論かエートスか？——政治理論におけるリアリズムとは何か」『政治研究』(66)，1-31。

ロールズ，ジョン（2006［1999］）『万民の法』中山竜一訳，岩波書店。

ロールズ，ジョン（2010［1971］）『正義論　改訂版』川本隆史・福間聡・神島裕子訳，紀伊國屋書店。

Cohen, G. A., (2008), *Rescuing Justice and Equality*, Cambridge, M. A., Harvard University Press.

Goodin, R. E., (1982), *Political Theory and Public Policy*, Chicago, University of Chicago Press.

Pressman, J. L. and Wildavsky, A. B., (1973), *Implementation : How Great Expectations in Washington Are Dashed in Oakland*, Berkeley, University of California Press.

Southwood, N., (2018), "The Feasibility Issue," *Philosophy Compass*, 13(8), 1-13.

Stemplowska, Z. and Swift, A., (2014), "Rawls on Ideal and Nonideal Theory," in *A Companion to Rawls*, eds. Jon Mandle and David A. Reidy, Malden, Wiley Blackwell, 112-127.

Volacu, A., (2018), "Bridging Ideal and Non-Ideal Theory," *Political Studies*, 66(4), 887-902.

Weber, M. and Vallier, K. eds., (2017), *Political Utopias : Contemporary Debates*, New York, Oxford University Press.

■　■　■

読書案内

ジョン・ロールズ（2010）『正義論　改訂版』川本隆史・福間聡・神島裕子訳，紀伊國屋書店

　原初状態や反照的均衡といった道具立てにくわえて，理想理論／非理想理論の区別もここから始まった。現在の規範研究の動向に，本書がいかに決定的な影響を与えているかが分かるだろう。

ジェラルド・A・コーエン（2006）『あなたが平等主義者なら，どうしてそんなにお金持ちなのですか』渡辺雅男・佐山圭司訳，こぶし書房

　ロールズの好敵手でありマルクス主義者である著者が，理想の探求や現実との折り合いなどについて論じる。本章では詳しく扱えなかったが，ロールズの格差原理批判も読みどころのひとつ。

アマルティア・セン（2011）『正義のアイデア』池本幸生訳，明石書店

　世界的なノーベル賞経済学者が，ロールズとの対峙を通じて現実主義に立脚する正義論を提示する。自身の専門である社会的選択理論を方法論の観点から再解釈する第4章は特に興味深い。

練習問題

① わたしたちは，国家間の紛争や対立が支配する現在の国際社会をどのように改善することができるだろうか。理想理論と非理想理論の2つの次元からそれぞれ考察してみよう。

② 政策規範研究に取り組むうえで，ユートピア主義者と現実主義者の言い分のどちらがより説得的だと考えられるだろうか。

（松元雅和）

第Ⅱ部
規範の内実

第4章

社会全体の利益

─ この章で学ぶこと ─

　本章では，社会全体の利益の追求を重視する政策規範として，ベンサムを創始者と
する功利主義思想を紹介する。政策規範として今日も影響力の大きな功利主義は，既
存の道徳や立法を合理化する社会改革の思想として，産業革命期のイギリスで生まれ
た。その特徴は，個人の心理状態を善悪の尺度とする厚生主義，および幸福の社会的
総和の増減を正不正の指標とする総和主義である。功利主義思想は，その後限界革命
を経た経済学分野で，理論的前提の一部として修正をくわえられながら発展継承させ
られていった。しかしながら，はたして最大幸福社会の実現を唯一の政策規範とすべ
きかどうかについては，権利論者から根本的に疑問に付されている。功利主義は政策
規範研究者にとって最重要の思想のひとつであるが，内部に相当の多様性をもってい
るし，その是非についてはいまなお論争の只中にある。

1　政策規範としての功利主義

「全体の奉仕者」としての政策決定者

　政策規範として，社会全体の利益を考慮に入れることはほとんど自明である。
政治家や官僚といった広義の政策決定者が，主権者である国民の代表として公
共政策を決定・実施する政治権力を預かっている以上（本書第11章2節参照），
彼らはその第一の責務として，自分あるいは少数の私的利益のためでなく，広
く社会的利益のために奉仕すべきである。たとえば日本国憲法には，「すべて
公務員は，全体の奉仕者であつて，一部の奉仕者ではない」との規定がある
（第15条）。同様の文言は，政治倫理綱領，国家公務員法第96条，地方公務員法
第30条にも共通してみられる。

　問題は，はたして政策決定者が何をどうすれば，「全体」に奉仕したことになるのかである。たとえば，年金や医療などの社会保障費の増大を支えるために消費税を増税することは，社会全体の利益に適うのか。受動喫煙を防止するために飲食店を含む公共空間を禁煙化することは，誰のどのような利益に資するのか。カジノを含む統合型リゾート（IR）を推進することは，はたして国民のためになっているのか。政策決定者が決定・実施する公共政策が，実際に社会的利益に貢献していると判断できるための，使い勝手のよい基準はないものだろうか。

　こうした課題に答えうる有力な政策規範が，ジェレミー・ベンサム（Jeremy Bentham）を始祖とする功利主義である。彼の主著『道徳および立法の諸原理序説』（ベンサム，1789＝1979）の書名が示すように，功利主義はそもそも，個人道徳と並んで，統治や立法の学として，すなわち政策決定者のための規範理論として発達してきた。実際，費用便益分析など，政策学的知見の多くは，実はこの思想に明示的あるいは黙示的に依拠している。そこで本章では，その歴史的発展を踏まえながら，功利主義思想についてみていこう。

功利主義の起源

　ベンサムが生きた18世紀から19世紀のイギリスは，ちょうど産業革命の時期にあたる。名誉革命体制の確立後，国内の安定とともに海外への拡張が本格化し，原材料および市場が確保されたことで，同国では農業経済から工業経済へと，急速な産業構造の変化が生じていた。しかしその一方で，旧来の体制や制度，ものの考え方が至るところで残存しており，時代変容に即した新たな政治社会を築くうえでの足かせともなっていた。当初法律家を目指していたベンサムは，こうした現状に直面して，根本的に新しい政策規範を開発し，社会の非合理性にメスを入れることを生涯の課題とした。

　ベンサムは『序説』の冒頭で，以下の根本原理を掲げた。

　　功利性の原理とは，その利益が問題になっている人々の幸福を，増大させ

るように見えるか，それとも減少させるように見えるかの傾向によって，
……すべての行為を是認し，または否認する原理を意味する。（ベンサム，
1789 = 1979：82）

　この原理は──もともとは彼以前にも，たとえばスコットランド啓蒙思想家
のフランシス・ハチスン（Francis Hutcheson）がすでに用いているが（ハチスン，
1725 = 1983：160）──「最大多数の最大幸福」という標語で知られている。ベ
ンサムは道徳と立法の原理をこのように明示することで，自然法則にも匹敵す
る一貫性を人間社会に与えようとした。実際，彼とその周辺に集まった「哲学
的急進派」は，この単純明快な原理を掲げて，刑法改革・社会改革・政治改革
など，当時の旧体制を刷新すべく数々な改革を提案していった。
　ちなみに「功利主義」との呼び名は，あらゆる行為主体は私的利益の最大化
を目的として合理的な手段を用いるとの仮定，いわゆる合理性仮定の意味で用
いられることがある（パーソンズ，1937 = 1976：第2章2節）。おそらくそこから
転じて，利己主義や実利主義といった印象で語られることも多い。確かにベン
サムの人間観が，のちの経済学で標準となる「経済人」モデルを連想させるこ
とは事実であるが，そこから最大多数の最大幸福が一足飛びに出てくるとは限
らない（実際，ハチスンはそれを仁愛という利他主義的原理のなかに位置づける）。こ
の点についてはのちにあらためて言及する。

2　功利主義の特徴

厚生主義

　それでは，功利主義の特徴とはどこにあるのか。その出発点は，人間は快楽
が大きく苦痛の少ない状態を追求するものだという人間観にある。「われわれ
が何をしなければならないかということを指示し，またわれわれが何をするで
あろうかということを決定するのは，ただ苦痛と快楽だけである」（ベンサム，
1789 = 1979：81）。誰もが実体験として知っているように，快楽は善く，苦痛は

悪い。幸福はこの快苦の多寡として測られる。「幸福（ハピネス）」が満足する人間に備わる感覚であるのに対して、「効用（ユーティリティ）」は満足する対象に備わる性質である。ただし両者は、「厚生（ウェルフェア）」などとともに、のちの経済学では必ずしも厳密に区別されていないため、本章でもこれらを重なり合う概念として用いる。

このように、個人の心理状態を善悪の尺度とする考え方は厚生主義と呼ばれる。功利主義者は、この共通通貨を武器として、あらゆる価値の置換可能性を主張する。効用一元論の観点からは、たとえば、自由であることも効用の一種であるし、平等であることも効用の一種である。社会に対して価値を付与するのは人間であるため、社会の評価基準もこの心理状態に従う。「社会を構成する個々人の幸福、すなわち彼らの幸福と安全が、立法者が考慮しなければならない目的、それも唯一の目的である」（ベンサム、1789＝1979：108）。

厚生主義の特徴は内容の無差別性である。その中身が高尚であるとか低俗であるとかの客観的評価にかかわらず、人々が抱く心理状態は中立公平に評価される。極論を言えば、サディストが相手を痛めつけて喜ぶとき、サディストが感じる快楽と被害者が感じる苦痛に質的差異はない。「問題は、犯罪人の快楽がけっして孤立しているのではなく、それと比べれば快楽などは問題にならないほど多量の苦痛が……、必然的にその快楽にともなうということであり、このことが、その犯罪行為を処罰するための、真実で唯一の、しかしまったく十分な根拠なのである」（ベンサム、1789＝1979：90）。

特筆すべきは、厚生主義の単純性である。確かに、その内実については多大な議論の余地があるが、それでも快苦や幸福のような善悪の基準は、公平や美徳といった他の基準に比べれば、はるかに理解しやすく、またはるかに合意しやすい。これは、他の政策規範にはない功利主義の大きな強みである。公共政策の決定・実施に際して、わたしたちは社会全体の利益を斉一的にウェイトづけする物差しをもたねばならない（本書第9章3節参照）。幸福という尺度は、ある政策判断の是非を下す際の明確で公共的な論拠となる。

快楽と苦痛をあらゆる行動の基礎とするベンサムの人間観は心理的快楽主義と呼ばれる。これは必ずしも、いつ何時も自己利益の最大化だけを求める利己

表4-1　基数と序数の違い

基　数	98点	95点	88点	80点	……
序　数	第1位	第2位	第3位	第4位	……

主義と同じではない。なぜなら，快苦のなかに他者への配慮が含まれることは否定しえないからである——もし含まれないなら，なぜわたしたちは家族をつくったり，見ず知らずの人を助けたりするだろうか。ただし，自己への配慮と他者への配慮が衝突する場合には，前者を優先しがちなのが人間の常である。それゆえ，最大多数の最大幸福という究極目的に向けては，自己への配慮を立法措置により規制する必要が出てくるだろう。

　幸福の増減を社会的状態の善悪の基準とするためには，それが何らかのかたちで測定可能でなければならない——たとえば，政策xは個人aの幸福を○○増やすが，逆に個人bの幸福を□□減らす，といったように。この点についてベンサム自身の心理的快楽主義は，それを本人が感じる感覚の大小に還元しようとする。ただしこの方法には，人々が感じる感覚の大小をその都度どのように正確に測定しうるか（効用の可測性），ならびに自分と他人のあいだでどこまで正確に比較しうるか（効用の個人間比較可能性）という根本的な技術的問題が残っている。

　別の功利主義者は，それを本人が実際に欲し，選択する際の序列の高さ，すなわち「選好（プリファレンス）」として定式化する。特に実際に本人が選択した行動から観察する顕示選好であれば，その内実を客観的に把握しやすい。たとえば，もし個人aが政策xよりも政策yを実際に選好するならば，それはaにとってyがxよりも効用が大きいからだと推測できる。その一方で，個人の心理状態をこのように顕示選好を通じて理解した場合，客観的観察によって明らかになるのは基数効用ではなく序数効用に留まるため，それだけ情報量は制約されることになる（表4-1）。

　おそらく，測定基準としてもっとも汎用性が高いのは貨幣だろう。これは，今日の費用便益分析における評価基準として，支払意思額（WTP）が標準的に

用いられることにも反映されている（本書第9章5節参照）。ある事物や結果を得るために各人がどの程度の金銭を負担する意思があるかによって，個人がその時々に抱く心理状態を測る指標とすることができる。とはいえ，近年の幸福の経済学に関する諸々の研究結果が明らかにしているように（本書第2章4節参照），この代理指標も測定基準として常に適切というわけではない。

総和主義

功利主義の第二の特徴は総和主義である。ベンサムが想定する「社会」は，現実に快苦を経験する個人に還元される。そこで統治者の仕事は，社会の個々の構成員の快楽の総量を増やし，苦痛の総量を減らすことで，社会全体の幸福を最大化させることである。「社会とは，いわばその成員を構成すると考えられる個々の人々から形成される，擬制的な団体である。それでは，社会の利益とはなんであろうか。それは社会を構成している個々の成員の利益の総計にほかならない」（ベンサム，1789＝1979：83）。あらゆる政策目標は，社会を構成する個々人の幸福を足し合わせたところの総幸福（$U = u_1 + u_2 + u_3 + u_4 + u_5 + \cdots + u_n$）の最大化に向けられる。

これは，社会全体の利益を目指すうえで，とりわけ使い勝手がよい。本章冒頭で挙げた消費税増税，健康増進法，IR 推進法など，個々の政策の影響はいずれも社会の構成員に幅広く及ぶ。だからこそ，公共政策の決定・実施に際しては部分的利益ではなく，全体的利益を目指さなければならない。総和主義を通じて，社会の個々の部分が有する私的利益は，社会全体にとっての公共の利益に転換される。社会全体をひとつの擬制的団体と捉えることで，政策決定者が「奉仕」すべき「全体」像がはじめて明るみになるのだ。

こうした観点に従って，ベンサムはさまざまな急進的社会改革を提案していった。その一例として民主化の推進がある。当時のイギリスでは，名誉革命後の議会主権が定着しつつも，肝心の選挙権は人口の数パーセントにすぎない特権階級層に限定されていた。ベンサムは議員による邪悪な利益の追求を抑え，普遍的利益の推進をはかるために，投票の普遍性・平等性・秘密性が有効であ

—— コラム④ 社会全体における「全体」の範囲 ——

　功利主義は社会全体の幸福の最大化を目指す。実は，ここで等閑視されてはならないのは，この「全体」の範囲をどこに設定するかという問題である。それは隣近所なのか，地方や国なのか，世界全体なのか，はたまた宇宙全体なのか。あるいは，それはかつて生きていた人々，これから生まれてくる人々も含むのか。動植物はどうか。これらの範囲をどこに設定するかによって，「最大多数の最大幸福」というスローガンはまったく異なった政策的含意を示すことになる。

　第一に，空間的範囲をめぐっては，既存の国境でその範囲を区切るのは恣意的であり，幸福への配慮は世界大に及ぶものであるとの考えがある。たとえば功利主義者のピーター・シンガー（Peter Singer）は，富裕国が一定の支援金さえ拠出すれば，世界で生じている人道的危機の相当部分を解決することができるとき，そうしないのは不正であると主張する（シンガー，1972＝2018）。これに対して，同じく功利主義者のロバート・グッディン（Robert E. Goodin）は割当責任論を唱える。本来一般的であるところの援助義務は，個々の国家に個別に割り当てた方が便宜上望ましい結果をもたらしうる（Goodin, 1995：ch. 16）。

　第二に，時間的範囲をめぐっては，本論中でも触れたとおり，将来世代の幸福の算入において，社会的割引率を使用すべきかどうかが問題となる。ただ時間が経過するだけで，将来世代が得るだろう厚生の価値が現在世代のそれよりも目減りすると考えるのは，根拠が不十分である（パーフィット，1984＝1998：補論F）。あるいは，たとえ金銭的価値が目減りすることを認めたとしても，同様に人々が経験する厚生の価値まで目減りすると考えることはできない（Broome, 1994）。こうした問題群は，人口価値論や人口倫理学と呼ばれて近年多大な発展を遂げている。

　最後に，人間と動植物の一線を再考する必要もあるだろう。人間と同様，一定の神経系を備えた動物は，快楽や苦痛の感覚をもつことができると考えるのが自然である。シンガーはこうした観点から，人間の幸福と動物の幸福に垣根を設けることは，性別や人種に基づく差別と同様の種差別主義にすぎないとして反対し，一種の動物解放論を展開している（シンガー，2009＝2011）。たとえば，食肉に充てられる畜産業，所有欲を満たすためだけの毛皮製品，見世物に供されるサーカスや動物園などは，いずれも功利主義に照らして疑問符が付けられてもおかしくない。

　本論で言及する「全体」は，政策規範に関するかぎり，基本的には国や自治体のレベルとなるだろう。しかし政策領域によっては，視野を拡大することが全体の奉仕者に求められているのである。

ると主張した（スコフィールド，2006＝2020：第6章）。実際イギリスでは，資本家階級に選挙権を拡大する第一次選挙法改正が，ベンサムの死の直前の1832年に実現している。

　ただし，その総幸福が増大するかぎり，それが個々人にどのように分配されているかは，総和主義にとって一義的な重要性をもたない。仮に社会の一部が幸福になることで最大幸福社会が実現されるなら，それは功利主義者にとって許容されるどころか，望ましい結果と見なされる。問題は，「最大幸福」が常に「最大多数」を含意するかどうかである。もし経験的に，両者が必ずしも両立しない場合，功利主義者にとっての優先順位は前者であって後者ではない。そもそもベンサムは，「最大多数」の条件を功利主義原理に含めるかどうかについて，著作間でかなり逡巡している。

3　経済学への展開

限界革命

　以上のように，17世紀から18世紀に立法思想として始まった功利主義は，19世紀以降，産業革命のもとで急速に発展しつつあったイギリス経済学のなかに根づいていった。ジョン・スチュアート・ミル（John Stuart Mill），ウィリアム・S・ジェヴォンズ（William Stanley Jevons），ヘンリー・シジウィック（Henry Sidgwick），フランシス・エッジワース（Francis Edgeworth）といった当時の経済学者の多くは，同時に功利主義者であることを自認してもいる。そうしたなか，1870年代に，経済学分野で大きな転機が訪れる。「限界効用逓減の法則」の提唱・理論化に始まるいわゆる限界革命である。

　この法則によると，消費される財の数量が増加するにつれて，限界効用（＝1単位分の追加が新たにもたらす効用）は減少する。たとえば，ワインを1口目，1杯目に飲むことで人々が感じる満足は，2杯目，3杯目には続かない——簡単に言えば，飽きるからである。このように，限界革命の先導者のひとりジェヴォンズによれば，「効用度は貨物の量と共に変動し，究極的にはその量の増

加すると共に減少する」（ジェヴォンズ，1871＝1981：41）。この法則が広範に受容されるにつれて，商品価値の源泉を供給側の投下労働量にみる労働価値説は，それを需要側の主観的心理にみる効用価値説へと転換していった。

　ところでベンサムは，快楽と苦痛の価値を構成する基本要素として，①強さ，②持続性，③確実性，④遠近性を挙げていた（ベンサム，1789＝1979：113）。ある事物の効用が一定ではなく，受け手の心理状態によって柔軟に変化するという彼の見解は，のちの限界効用逓減の法則の発想を先取りするものであった。そう考えると，限界革命は，財産論や所有論を基礎づけたジョン・ロック（John Locke）の労働価値説からの決別ともいえる。このように，当時の経済学説はロックであれベンサムであれ，何らかの政治思想に接ぎ木されることで，価値を直截に論じる規範の学として発展しえたのである（ミュルダール，1953＝1983：第1章）。

厚生経済学

　限界革命以降，経済学のさらなる刷新をはかったのが，アルフレッド・マーシャル（Alfred Marshall）の後任として30才でケンブリッジ大学教授に抜擢されたアーサー・C・ピグー（Arthur Cecil Pigou）である。ピグーは，マーシャルおよびシジウィックの学説を統合し，「厚生経済学」という独自の領域を開拓した。当時のイギリスは，産業革命が一段落し，階級格差や貧困問題，都市環境問題などの社会問題が深刻化していた。そこでピグーは，経済政策による社会問題の解決を自身の経済学の主要課題としたのである。ちなみに，厚生経済学の「厚生」は厚生労働省のそれと同じで，日本語では同時に「福祉」とも訳される。

　厚生経済学の背景には，個人レベルの心理的快楽主義と社会レベルの一般幸福をいかに調和させるかという問題がある。ベンサムは立法措置によって両者を結びつけようとした。ミルは快楽の質的差異を導入することで，人間性の発展により両者はいずれ調和するだろうと考えた。逆にシジウィックは，経済人の仮定に含まれる利己主義と，社会の一般幸福を求める功利主義が，究極的に

は一致しない可能性もあることを認めざるをえなかった。こうした学説内部の変遷を経て，政府介入によって人為的に最大幸福社会を実現するための理論を構築することが，経済学者でもあり功利主義者でもあるピグーにとっての関心事となったのである。

　具体的にピグーは，最大多数の最大幸福という功利主義の教義と，限界効用逓減の法則という経済学の知見を結びつけるなかで，功利主義それ自体に再分配の契機が含まれていることを明らかにした。善悪の基準としての幸福あるいは厚生を経済的側面に限定したうえで，どのような経済政策であれば最大幸福社会に資するかを考えてみよう。第一に，分配率を一定とすれば，パイが増大すると経済的厚生も増大する（生産命題）。すなわち，「貧者に帰する分配分が減少しないとすれば，総国民分配分の大きさの増加は，それが他のいかなるできごととも関係なしに起るかぎり，経済的厚生の増加を意味するにちがいないことは明かである」（ピグウ，1920＝1953：103）。

　第二に，パイを一定とすれば，分配が均等になれば経済的厚生が増大する（分配命題）。なぜなら，限界効用逓減の法則により，たとえば同じ1万円がもたらす限界効用は，すでに多くを所有する富者と貧者のあいだで大きく異なるからである。それゆえ，「比較的裕福な人々から，同じような性格の比較的貧乏な人々に所得のなんらかの移転が行われるならば，比較的緊切でない欲望を犠牲にして，一層緊切な欲望をみたすことが可能となるわけであるから，明かに満足の総和は増大するに違いない」（ピグウ，1920＝1953：111）。こうして，最大幸福社会は通常，資源を集中させるのではなく分散させることで実現されるのである。

　ピグーはベンサム以来の功利主義を継承しているが，そこに一点大きな修正をくわえた。前述のとおり，ベンサムは快楽と苦痛の価値を構成する基本要素として④遠近性を挙げ，人間の快苦は現在に近ければ近いほど大きくなると考えていた。わたしたちは一般に，現在の満足と将来の満足を比較した場合，前者を選好する自然的傾向がある。これは時間選好と呼ばれ，当時の経済学説においても標準的に受け入れられていた。ちなみにこれは，今日の費用便益分析

において，長期間にわたる事業評価の際に社会的割引率が用いられることの理論的根拠となっている。

　しかしながら，ピグーはシジウィックとともに，こうした時間軸に沿った厚生の重みづけを否定する（ピグウ，1920＝1953：第1部2章）。人間の心理状態に関するベンサムの分析が仮に事実だとしても，それはせいぜいのところ，人々の望遠能力の欠陥を示すにすぎず，将来の厚生よりも現在の厚生の方が規範的により重大であることを証明しているわけではない。現在に対して資源を過大に投じ，将来に対して過少に投じるのが人々の自然的傾向であるとすれば，必要な政府政策は，この傾向を打ち消すために逆に資源を貯蓄・保全することである（本書コラム④参照）。

新厚生経済学

　以上概観したように，厚生経済学はその道具立ての多くを功利主義から受け継いでいる。しかしこうした道具立てに対しては，次第に当の経済学内部で鋭い批判が向けられるようになった。第一に，効用の可測性の問題がある。主観的にしか存在しない人々の心理状態を，どのように正確に測定しうるだろうか。確かに「人は，3杯目のワインの方が2杯目のワインより満足が小さいことを知っている。しかし，2杯目のワインによって得た満足と同じ満足を得るために，その後，どのくらいの量のワインを飲まねばならないかを知る方法はない」（パレート，1906＝2012：142）。ヴィルフレド・パレート（Vilfredo Pareto）はこのように言って基数効用を放逐し，無差別曲線を経済分析の基礎に据えた。

　第二に，効用の個人間比較可能性の問題がある。限界効用逓減の法則は厚生を個人間で比較できることを前提にしているが，はたして○○に対する貧者の満足は富者の満足よりも上だ，などと別人の心理状態を同じ物差しで測れるものだろうか。ライオネル・ロビンズ（Lionel Robbins）は，こうした想定の非実証性を真正面から断罪し，経済学が真の科学たりうるためには，はじめに経済学から，功利主義に由来する規範めいた残滓を一掃しなければならないと主張した。社会的効用などといった概念は「単に，イギリス経済学と功利主義とが

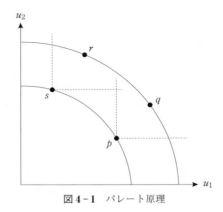

図4-1　パレート原理

歴史的に結合した偶然の沈殿物なのである」（ロビンズ，1932＝2016：126）。

　新厚生経済学は，効用の可測性と個人間比較可能性を否定することから始まる。代わりに用いられた道具立てがパレート原理である（図4-1）。二人の個人からなる社会で，現在のそれぞれの厚生水準が p にあるとしよう。事態 p から事態 q への変化が，誰の状況も悪化させることなく，少なくとも一人の厚生を改善することができるとき，q はパレート改善であり，q からの変化が，必ず誰かの状況を悪化させてしまうとき，q はパレート最適である。パレート原理は，個人の厚生水準を基数的に測定したり，集計したりせずに社会全体の利益を表現することができるため，旧厚生経済学を悩ませた諸々の問題を回避することができる（ただしこの場合，最大多数の最大幸福を唯一の社会的最適状態とする功利主義とは異なり，パレート最適状態は複数存在する）。

　厚生経済学の第一基本定理によれば，完全競争市場において均衡する資源配分はパレート最適である。なぜなら，市場取引においては需要側も供給側ともに，自己利益を目指して行動するからである。市場取引によって損失が生じるなら，その人は市場から自由に退出できるし，その結果取引は成立しない。取引後の状態は，取引前の状態と比較して誰も損させないはずなので，それは同時に社会的利益に適うと見なせる。古典的にアダム・スミス（Adam Smith）が言っていたように，「自分自身の利益を追求することによって，彼はしばし

ば，実際に社会の利益を推進しようとするばあいよりも効果的に，それを推進する」のである（スミス，1776＝2000：304）。

とはいえ，ある公共政策が全員の厚生を増加させる，あるいは少なくとも悪化させないことを保証するのはほとんど無理難題である。本章冒頭で挙げた消費税増税であれ健康増進法であれ IR 推進法であれ，それらを決定・実施すれば，それにより便益を受ける人も損失を受ける人も必ず生じてしまう（たとえば，$p \rightarrow r$）。一人でも純損失者が生じるなら——もし基数的に測定しうるならば，たとえ総厚生が増加するとしても——パレート原理の定義上，現状から一歩も動かないことがパレート最適にならざるをえない。大体，ある公共政策がパレート改善に資するのであれば，それが公共財の性質をもつものでないかぎり，自発的な市場取引を通じても提供しうるだろう。

こうした状況下で，わたしたちはどのような事態を最善と考えればよいだろうか。ひとつの考え方は，便益によって損失を補填する補償原理を導入することだ（カルドア＝ヒックス基準）。ニコラス・カルドア（Nicholas Kaldor）は，変化後の事態 r から再分配を行った結果 q が変化前の事態 p よりもパレート優位であれば，r は p よりも社会的に望ましいと考える。ジョン・ヒックス（John Hicks）は，変化前の事態 p から再分配を行った結果 s が変化後の事態 r よりもパレート劣位であれば，r は p よりも社会的に望ましいと考える（水谷，2012：5-8）。とはいえ，実際に補償をおこなうべきかは政策の問題であり，経済学の範疇ではないとも付言されるのであるが。

ちなみに，補償というアイデアは，実際の公共政策のなかにもみることができる。たとえば日本国憲法には，「財産権の内容は，公共の福祉に適合するやうに，法律でこれを定める。／私有財産は，正当な補償の下に，これを公共のために用ひることができる」とあり（第29条），この趣旨に基づいて，具体的に公共事業のために特定人の財産権を強制的に取得する土地収用法が定められている。次節でみるように，ここでは，人権制約原理としての「公共の福祉」が，土地計画の具体的な政策目標となっていることに注意したい。

4　効用と権利

大げさなナンセンス？

　以上，功利主義が歴史的にどのように経済学に取り入れられ，政策規範としての支配的地位を築くに至ったか，足早にその経済学史上の趨勢をみていった。しかしながら，そもそも功利主義については，その理論的特徴に関して，多少の修正では埒が明かないほどの根本的な批判が提起されている。実際，現代政治哲学の概説書は，功利主義の限界から話が始まるのが通例であるほどだ（キムリッカ，2002＝2005：第2章；サンデル，2009＝2011：第2章）。一体政治哲学者にとって，功利主義の何が根本的に問題なのだろうか。もう一度ベンサムの時代に時計の針を巻き戻してみよう。

　ベンサムが『序説』を刊行したのと同じ1789年，対岸のフランスでは歴史的な出来事が生じていた。国民議会の設立に端を発するフランス革命である。国民議会は，フランス人権宣言を発布して旧体制の特権を廃止し，人民主権を徹底させようとした。ベンサムは当初，社会を合理的に再構築する試みとして革命を支持し，さまざまな改革案を提案した功績でフランス名誉市民にも選ばれている（ディンウィディ，1989＝1993：12）。しかし彼は，その後の無政府状態をみるにつけ，革命の行く末に失望するようになり，批判に転じるようになった。

　本章第2節で見たように，ベンサムの功利主義は厚生主義に立脚している。彼にとっては快楽と苦痛の多寡で測られる幸福以外の価値は二次的重要性しかなく，革命で厳かに宣言された基本的人権も同様である。権利は法律によって生まれ，法律は国家によって生まれるため，国家を創設するような自然権など存在しない。「一定の主旨の権利が……当該社会にとって有益であるのに比例して，それは確立され維持されるべきである，またその権利が間違っているのに比例して，それは廃棄されるべきである」（深田，1984：67重引）。こうした主張はともすれば，社会全体のために一部個人を犠牲にすることにも繋がりかねない。

ジョン・ロールズ（John Rawls）に代表される現代リベラルは，この点に功利主義の根本的問題をみる（ドゥウォーキン，1977＝2003：第3章；ノージック，1974＝2002：第3章；ロールズ，1971＝2010：第6節）。功利主義にとって優先課題は，社会全体がどうあるかであって，そこで想定される人間像は，善悪の基準である快楽と苦痛で満たされる単なる容器でしかない。しかしながら，権利論者にとって，個人の犠牲を埋め合わせるような，社会全体なる架空の人格など存在しない。個人の不可侵の権利を認めないことで，「功利主義は諸個人の間の差異を真剣に受け止めていないのである」（ロールズ，1971＝2010：39）。

効用と権利のあいだ

功利主義の人権観を反映する事例として，1968年に自民党がまとめた『都市政策大綱』がある。1960年代後半の日本では，高度経済成長が本格化するなかで，各種の公害訴訟に代表されるように，都市部における環境問題が深刻化していた。その結果，地方政治では相次いで革新自治体が誕生する。また，伝統的に農村部を基盤としてきた自民党は，人口移動に伴い持続的な支持率低下に悩まされてきた。そこで当時党内の都市政策調査会会長にあった田中角栄は，都市生活の改善に取り組むための国土政策をまとめることとした。その中間成果が『大綱』である。

『大綱』は次のように標榜する――「公益優先の基本理念をうちたてる。土地の私権は公共の福祉のために道をゆずらなければならない。／最大多数の最大幸福をはかることは民主政治の原則である」（自由民主党都市政策調査会，1968：10）。具体的には，たとえ土地所有者の私権を制限してでも，住宅難に対処するために高層住宅を建てる，交通事故の危険を減らすために道幅を広げることなどが言及されている。ちなみに，田中自身は『大綱』の内容に必ずしも賛同しておらず，後に公共事業を通じた地方部への手厚い再分配政策を盛り込んだ『日本列島改造論』を独自に提案することになる。

ほかにも，社会全体の利益を追求することと個人の人権を尊重することが齟齬をきたす事例は，具体的な政策課題のなかに事欠かない。たとえば，有名人

だからといって，軽犯罪を見せしめに厳罰に処すことはどうだろうか。感染症が拡大しているなか，感染者の移動の自由を制限して特定施設に強制隔離することはどうだろうか。大規模水害時に，人口過密地帯や都市中核地帯への氾濫を避けるため水門をせき止めて支流域を危険に晒すことはどうだろうか。社会がときに直面する困難な意思決定場面で，ただひたすらに最大多数の最大幸福に邁進するような政策決定者がいたとしたら，わたしたちはそれに対してどう感じるだろうか。

　本章でみてきたように，厚生主義や総和主義を特徴とする功利主義思想は，政策決定者が社会全体の利益を目指すうえで非常に使い勝手のよい政策規範である。それと同時に，固有の論点や難点も抱えている。その幾つかは経済学のなかで洗練されつつ繰り返し主題化され，別の幾つかは現代政治哲学のなかでより根本的に問いなおされてきた。ここまで来ると，そもそも社会全体の利益が唯一の政策目標なのかどうか，あるいはときにそれを犠牲にしてでも目指すべき別の政策目標があるのかが問題となる。次章以下では，こうした別の政策規範の体系について詳しくみていこう。

参考文献

キムリッカ，ウィル（2005［2002］）『新版　現代政治理論』千葉眞・岡﨑晴輝他訳，日本経済評論社。

サンデル，マイケル（2011［2009］）『これからの「正義」の話をしよう──いまを生き延びるための哲学』鬼澤忍訳，早川書房。

ジェヴォンズ，ウィリアム・スタンレー（1981［1871］）『経済学の理論』小泉信三・寺尾琢磨・永田清訳，寺尾琢磨改訳，日本経済評論社。

自由民主党都市政策調査会編（1968）『都市政策大綱──中間報告』自由民主党広報委員会出版局。

シンガー，ピーター（2011［2009］）『動物の解放　改訂版』戸田清訳，人文書院。

シンガー，ピーター（2018［1972］）「飢えと豊かさと道徳」（井保和也訳），『飢えと豊かさと道徳』児玉聡監訳，勁草書房，1-30。

スコフィールド，フィリップ（2020［2006］）『功利とデモクラシー──ジェレミー・

ベンサムの政治思想』川名雄一郎・高島和哉・戒能通弘訳，慶應義塾大学出版会。

スミス，アダム（2000［1776］）『国富論　2』水田洋監訳，杉山忠平訳，岩波書店。

ディンウィディ，J・R.（1993［1989］）『ベンサム』永井義雄・近藤加代子訳，日本経済評論社。

ドゥウォーキン，ロナルド（2003［1977］）『権利論　増補版』木下毅・小林公・野坂泰司訳，木鐸社。

ノージック，ロバート（2002［1974］）『アナーキー・国家・ユートピア——国家の正当性とその限界』嶋津格訳，木鐸社。

パーソンズ，タルコット（1976［1937］）『社会的行為の構造　1』稲上毅・厚東洋輔訳，木鐸社。

ハチスン，フランシス（1983［1725］）『美と徳の観念の起原』山田英彦訳，玉川大学出版部。

パーフィット，デレク（1998［1984］）『理由と人格——非人格性の倫理へ』森村進訳，勁草書房。

パレート，ビルフレッド（2012［1906］）「『経済学提要』——嗜好」（石橋春男・関谷喜三郎訳），『大東文化大学紀要　社会科学』（50），133-151。

ピグウ，アーサー・C.（1953［1920］）『厚生経済学　1』気賀健三他訳，東洋経済新報社。

深田三徳（1984）『法実証主義と功利主義——ベンサムとその周辺』木鐸社。

ベンサム，ジェレミー（1979［1789］）「道徳および立法の諸原理序説」『世界の名著49』山下重一訳，中央公論新社，69-210。

水谷重秋（2012）『厚生経済学と社会的選択の理論——経済政策の基礎理論』日本経済評論社。

ミュルダール，グンナー（1983［1953］）『経済学説と政治的要素　増補改訂版』山田雄三・佐藤隆三訳，春秋社。

ロビンズ，ライオネル（2016［1932］）『経済学の本質と意義』小峯敦・大槻忠史訳，京都大学学術出版会。

ロールズ，ジョン（2010［1971］）『正義論　改訂版』川本隆史・福間聡・神島裕子訳，紀伊國屋書店。

Broome, J., (1994), "Discounting the Future," *Philosophy and Public Affairs*, 23(2), 128-156.

Goodin, R. E., (1995), *Utilitarianism as a Public Philosophy*, Cambridge, Cambridge

University Press.

■　　■　　■

読書案内

児玉聡（2012）『功利主義入門——はじめての倫理学』筑摩書房
　功利主義の検討を中心とした倫理学の入門書。特に第5章「公共政策と功利主義的思考」は本書の読者にとって必読である。

松嶋敦茂（2005）『功利主義は生き残るか——経済倫理学の構築に向けて』勁草書房
　法学者のベンサムに由来する功利主義が，その後経済学の学説史的展開のなかで，どのように批判されつつ継承されていったかを知るのに最適な一冊。

アマルティア・セン／バーナード・ウィリアムズ編（2019）『功利主義をのりこえて——経済学と哲学の倫理』後藤玲子監訳，ミネルヴァ書房
　第一級の倫理学者・経済学者が功利主義の到達点とその限界について多面的に分析しており，規範理論としての功利主義の影響力や論争性を物語っている。

練習問題

①　厚生経済学と新厚生経済学の違いは何か，効用の可測性と個人間比較可能性の観点から整理してみよう。
②　社会全体の利益を追求することと個人の人権を尊重することが齟齬をきたす事例を具体的に挙げたうえで，功利主義的政策判断の是非を論じてみよう。

（松元雅和）

第5章

分配的正義

┌─ この章で学ぶこと ─────────────────────────────

　2000年代に入ってから，世界では貧富の差が目立ち始め，収入，財産，教育や介護まで，人々が社会から受け取るものには，現在大きな差がある。社会の安定的な発展のためにこの是正が急務であることは，政治的立場や社会的立場を超えて，多くの人々が認めるようになった。このような背景のもと，本章で取りあげるのは分配的正義の議論である。それは人々が社会生活から何をどれだけ受け取るべきかを考える議論だ。分配的正義に関連する研究は膨大であるが，本章では社会的に重要な財などの政策を用いた積極的分配を目指す議論に的を絞り，「分配に関わる政策を通じて，いかに社会は人を個人として尊重することができるのか」という問いの観点から，分配的正義論を概説する。特に中心になるのは，ロールズの議論である。そしてロールズ以降の重要な議論として，本章では特に運の平等主義，ケイパビリティ・アプローチ，共和主義，ベーシック・インカムに関する議論を紹介する。

└──────────────────────────────────────

1　ロールズの正義論

正義の原理

　分配的正義論の基礎になるのは，ジョン・ロールズ（John Rawls）がその主著とされる『正義論』（1971年，改訂版1999年）で展開した「正義の原理」をめぐる一連の議論と，それに関し展開された後年の議論である（Rawls, 2005；ロールズ，2001＝2004，1999＝2010；cf. 大澤，2013，2016：204-211）。本節ではこれらを概観する。

　『正義論』の中心には，功利主義（本書第4章参照）に代わる社会的な道徳の原理が必要だという，ロールズの認識がある。ロールズが功利主義を批判した

理由は，それが最大多数の最大幸福を目指す際，個々人の幸福の総和を重視し，個々人がおかれるであろう個別の状況に注意を払わないということであった。ロールズは，功利主義において人と人の区別がおざなりにされているという（ロールズ，1999 = 2010：39）。つまり，人々の人生には個別の価値があるが，それを総和してしまえば，そのような個別の価値への注意が失われるというわけである。人々は個人として尊重されなくてはならないというのだ。

　功利主義への対抗軸としてロールズが提示したのが，社会契約論の伝統を引き継ぎ，正義を個々人の合意の産物として描く，彼自身の正義論だった（ロールズ，1999 = 2010：16）。政策を通じて人々の個別具体的な人生の価値を重んじるには，どうすればよいだろうか。ひとつのあり方は，それぞれの人が何を欲しているかを聞き，それを最大限，分配に反映させることである。しかし，これは難しいだろう。というのも，人々の欲しいものは多様で，また社会的資源はあらかじめ限られているからだ（ロールズ，1999 = 2010：170-172）。そうであれば，政策が対象とする分配すべきものには，何でも入れるわけにもいかず，またそれを好きなだけ渡すわけにもいかない。そこでロールズが提案するのが，「基本財」というアイデアである。基本財とは，人々が自分にとってのよい人生を追求する際に，誰であっても必要とする財であり，基礎的権利（言論や移動の自由など），所得，社会的地位への機会，また自尊心を支えるための社会的基礎などが含まれる（ロールズ，1999 = 2010：86-87, 577-578）。このなかでも特に注目されるのは所得である。それはあらゆる機会に役立つ道具になってくれるからだ（ロールズ，2001 = 2004：101）。そして，これらの基本財をいかに社会的に分配するかは，人々が合意できるような正義の原理を通じて決まるものとされる。また，正義の原理の適用対象は，人々の人生の行く末に巨大な影響力をもつ，社会の基礎的諸制度（「社会の基礎構造」と呼ぶ）である（ロールズ，1999 = 2010：10-11）。

　正義の原理は，「原初状態」と呼ばれる架空の状況を想定して，そのなかで人々がどのような原理を選択するか，つまり合意可能であるかを考えて決められる（ロールズ，1999 = 2010：25-31）。重要なポイントは①平等な自由の保障が

もっとも大切であること, ②道徳的に意味のない生まれなどの差が分配に影響することを防ぐこと, ③不平等は許すが, それがあらゆる市民の利益になるようにすることである (cf. 大澤 2013 : 178-181)。まず, ロールズの意図は, 分配を通じて人々を平等に尊重することだから, ある人の自由が他の人の利益のために犠牲になることは許されない。それは正義の原理を通じた, 他の人の同じく重要な自由との調整対象になるのみである (ロールズ, 1999 = 2010 : 43-45, 206-207, 第 4 章)。次に, 人々の自由を平等に尊重する観点からみて, ある人がどのような社会的立場に生まれたかは道徳的に無意味な要素だから, これが基本財の分配に影響を与えることを認めない。つまり, 同じような能力があれば, 同じ程度の社会的立場や地位につくことが可能でなくてはならない (ロールズ, 1999 = 2010 : 98-99)。最後に, 社会的不平等は, より熱心に働けばより多くの基本財 (特に所得) を得られることにつながるから, 社会の生産に関する効率性をあげることができるためこれを認めるが, それは皆の利益になるかぎりである, という条件を付ける (ロールズ, 1999 = 2010 : 85, 103-110)。すべての人の所得がその努力にかかわらず同じであれば, あまり働かないことを選ぶ人も出てくるだろう。そうすると, 人的資源が無駄になる。しかし不平等を認めれば, このようなことは起きなくなる。ただし, 上述のように, 自由は平等に尊重されなくてはならない。そして, 人々の所得はその人が自由をいかに用いることができるかに直結する。そうであれば, 不平等と平等な自由の尊重を両立させるには, 不平等が同時にすべての人の自由に貢献するようなものであればよい。つまり, 不平等によって達成可能な効率的生産がすべての人, 特に社会でもっとも不遇な立場の人にも恩恵となるものであればよいのである。

　これらの点から導かれる「正義の二原理」は, 簡単には次のようなものである (ロールズ, 1999 = 2010 : 402-405)。まず, 基本的な自由と権利が平等に保障されること。これが第一原理である。次に, 「機会の公正な均等」があること。先に述べたように, 同じ能力をもった人物には同様な機会が与えられるべきである。さらに, 機会の公正な均等とは, 機会を争う条件を公正にすることを指し, 教育などによって生まれの不利を矯正することを意味する (ロールズ,

1999＝2010：369-370）。これらの条件を整えたうえで，社会的不平等を，その社会でもっとも基本財の持ち分が少ない人にもっとも有利になるよう調整する。（これを「格差原理」という。）以上が第二原理である。

　ごく簡単にイメージをつかむなら，正義にかなった社会とは，人々に平等な自由が保障され，公教育などで生まれの不平等が是正されたうえで，職業等への機会均等が与えられ，さらにそこから得られる収入の不平等が，常に社会のもっとも不遇な立場の人の利益にもなるような社会である（ロールズ，1999＝2010：369-378）。このような社会でこそ，人々は個人として尊重されているといえる，ということになるだろう。

政治的リベラリズム

　ロールズのもうひとつの重要な主張に，「政治的リベラリズム」がある（Rawls, 2005；ロールズ，2001＝2004）。それは，価値観が多元化し，多様な宗教や思想信条が支持される世界で，彼の考える正義がどのように多くの人の支持を得られるかを検討して得られた立場である。政治的リベラリズムの重要な点については本書第7章で再び触れるので，ここでは分配的正義の観点からも重要な論点を簡単に説明しておこう。

　政治的リベラリズムでは，多様な価値観をもった人々が，憲法に関わるような社会の重大政策を決める際に，どのような政治的決定を行えばよいかが問われる（ロールズ，2001＝2004：44-49）。ここで，ロールズの重要な問題関心に，人々が平等に尊重される社会の構築があったことを思い出そう。これを踏まえ，この問いへのロールズの答えは，相互に正当化しあえる政治的決定をおこなうことである。詳しくは本書の第7章で解説するが，ロールズはここで，たとえば基本的自由の保障や両性の平等など，リベラルな社会の前提となる重要な政治的価値（それは人々の平等な尊重を可能にする価値でもある）を用いて政治的決定を互いに正当化しあうことを提案している。そしてこれらの価値から作られる正当化の理由は公共的理由となって，人々が政治的決定をおこなうことを支えていく（ロールズ，2001＝2004：158-167，206-208）。

　ここでロールズが，このような政治実践に必要な制度の特徴を述べていることは注目に値する。それは，①選挙への公的資金補助，②公教育，③まっとうな賃金と富，④公的セクターも活用した完全な雇用，⑤保健制度などである（Rawls, 2005 : lvi-lvii）。これらの分配の制度を欠けば，人々は理性的に政治実践をおこなうどころではなくなる。つまり，人々が市民として政治に参加するための条件を整えることが，政府の重要な役割となるのである。ここには，人々を個人として尊重することとは，何よりも人々を政治的主体，つまり市民として尊重することを意味するという，後期のロールズの発想がよく表れている。

財産所有デモクラシー

　個人の尊重を，政治的主体性，つまり市民としての立場の尊重として考える後期のロールズの発想がもっともよく表れているのが，「財産所有デモクラシー」の議論である。ロールズは，正義の二原理がいかなる政治経済体制を支持することになるのか，深く論じることはなかったが，財産所有デモクラシーをひとつの例として挙げた。この体制の議論は格差社会の問題にも示唆的である。

　ロールズの考えでは，正義にかなった社会は，困窮者に手当てをするだけの福祉国家ではありえない。それは人々が社会的生活を享受することを実現しきれないからだ（ロールズ，2001＝2004 : 248-249）。わたしたちの肌感覚でも，生活保護者へのバッシングや，注目されることの少ない貧困層（たとえば一部の父子家庭）などの問題を考えれば，福祉国家には社会的弱者を不当に貶める部分があることに納得がいくだろう。福祉国家に代わってロールズが正義にかなった社会の構想として支持するのが，財産所有デモクラシーである。この体制の目的は2つある（ロールズ，2001＝2004 : 247-250）。1つ目は，財産が社会の特定層に集中することによって一部の人々が政治や経済を牛耳ってしまう，という事態を防ぐことである。2つ目は，すべての人々が自分に関する事柄について，自ら処理していくことができるような社会的基盤を，常に整えることである。

つまり，富者や強者による支配と貧者や弱者の依存状態の2つが発生しないような措置をあらかじめとることこそ，この体制の目標である。そのための具体的な手段は，教育によって身に着く知識やスキルなどの人的資本を含めて，社会的生産に役立つ手段や富が広く人々にいきわたるようにすることである。この意味で，正義の二原理は，基本的自由を保障し，機会の公正な均等を実現し，さらに不平等を抑制することによって，これらの目標達成を可能にする。

　財産所有デモクラシーの文脈で，個人を尊重するとは，政治や経済の領域で人々が一生を通じて積極的に活動できるように，社会が貧困防止の措置をあらかじめ行い，不平等を適切に抑制していくことのなかにある。まさに，公的な領域において市民として生きていく基盤を作ることに，分配的正義の意味があるのである。他方，家族や宗教団体，その他の私的団体において人々がいかなる人生を送るかについては，これらの団体の活動を外側から規制する権利や義務のほかは，正義の問題とはならない。それは人々の自由の領域だからである（ロールズ，2001＝2004：18-19）。

2　運と責任

資源の分配と「運」

　ロールズの正義論は大きな反響を呼び，そのなかから新たな分配的正義論の論点が現れた。以下では，分配的政策を積極的に進める議論として，運の平等主義，ケイパビリティ・アプローチ，共和主義，ベーシック・インカムを紹介しよう。これらの議論には過去数十年間の積み重ねがあるから，その全体像を紹介することは不可能である。そこで，それぞれについて，その議論の出発点や発展の起点となった代表的議論を選択的に概観することにする。

　まず，「運の平等主義」である。ロールズの議論では，社会的にもっとも恵まれない立場の人々が社会の分配状況を判断する基準となるが，このような立場に立つことになった原因は考慮されないのだろうか。これは社会福祉に関して非常によくなされる問題提起である。つまり，人の社会的状況にはその人の

責任に帰するものとそうでないものがあり，前者については救済が不必要と
なったり，救済の程度が減じられたりするべきなのではないか，というのであ
る。たとえば，貧困に陥る原因はさまざまである。もしその原因が本人の怠惰
さに由来するなら，これを救済することに反対する人もいるだろう。他方で，
このような救済の拒絶を批判することもできるだろう。このような疑問をあつ
かいうる分野として，運の平等主義が発展したが，ここではその起点となった
ロナルド・ドゥオーキン（Ronald Dworkin）の議論（ドゥウォーキン，2000 =
2002：cf. 大澤，2016：211-215）をみてみよう。

　ドゥオーキンによれば，社会が人を個人として尊重するために必要なことは，
平等な配慮という道徳的価値に照らして人々のもつべき資源が分配される状況
をつくることである（ドゥウォーキン，2000＝2002：7-9）。ではこの状況はどう
定められるのだろうか。それを知るために，ドゥオーキンは仮想オークション
と保険という考え方を導入する（ドゥウォーキン，2000＝2002：94-117）。つまり，
社会においてあらゆる資源がオークションにかけられ，それを人々が同じ額の
貨幣を用いて競り落とすのである。（これは仮想であるが，平等という価値が何を
要求するのかを知るために，思考を用いた実験をおこなうわけである。）さて競りが終
われば，人々は自らが欲しい資源のセットを得るだろう。人々は当初，平等な
貨幣をもっていたので，他の人のセットも購入可能であったわけだから，他の
人をうらやむことはない。各人のセットはその人の決定による選択を反映した
だけである（ドゥウォーキン，2000＝2002：98-99）。ひとまずはこのうらやみがな
い状況——無羨望——が平等の価値のひとつの実現状況と考えられよう。しか
し人々が自ら得た資源のセットをもとに社会生活を始めれば，様子は一変する。
人々にはさまざまな運が降りかかるからである。ある者の人生はうまくいき，
他の者の人生はうまくいかない。そうすれば無羨望の状況は破られてしまう
（ドゥウォーキン，2000＝2002：104）。

　ここでドゥオーキンは，これらの運を「選択による運（option luck）」と「剥
き出しの運（brute luck）」に区別し，それぞれを保険によって扱うことを考え
る（ドゥウォーキン，2000＝2002：105-110）。選択による運とは，本人の選択に由

来する運であり，ドゥオーキンはある種の賭けの結果であるとする。たとえば，ビジネスのうえでの選択などがこの運の基になる。剥き出しの運は，本人の選択と関わりなく降りかかる運であり，賭けのような要素は少ない。たとえば，突然発生した遺伝病などがこの運の考慮の対象になる。重要なことは，選択の運によってもたらされたある人の資源の持ち分は，その人にふさわしいものであると考えられることである。他方で，剥き出しの運の結果については，それを社会的に補償することに異論はないだろう。（自然災害などがあれば，わたしたちは一般に社会的補償を行っていることを思いだそう。）

　ドゥオーキンは，これらの運に対して，仮想オークションで保険を買う機会を設けることで対応できるとする（ドゥウォーキン，2000＝2002：110-117）。つまり，もし保険を買う機会があるならば，選択の運の問題も剥き出しの運の問題も，ともに不運に対処する補償の有無をめぐる賭けに出るかどうかという問題に変わるから，一括して選択の運の問題として扱うことができる。この考えを拡張すれば，才能の問題で人生がうまくいかない，という事態にも対処できそうだ。というのも，それは才能つまり人間的資源の有無に関する剥き出しの運の問題であるが，それに対して保険をかければ選択の運の問題として対応可能だからだ（ドゥウォーキン，2000＝2002：130-140）。このように考えれば，さまざまな社会保険制度は，選択の運や剥き出しの運の問題に協働して対処するための仕組みだということが理解されるだろう。

責任と人格に関する倫理

　ドゥオーキンの理論において，選択の運が人々の資源の持ち分に影響を与えることが許される背景には，責任と人格に関する倫理がある。それは，人は自らの信念とそれがもたらした選択に関して責任を負うものと理解することが適当である，というものだ（ドゥウォーキン，2000＝2002：395，433）。もしこのことを否定し，ある人は自らの信念や選択に関して責任がないというなら，それはその人を，ある種の不運な人や正常な判断能力をもたない中毒患者として扱うに等しいとドゥオーキンは言う（ドゥウォーキン，2000＝2002：390-395）。たと

えば，もしある人が音楽こそが美の極致であるという信念を持ち，結果として音楽家を目指したとしよう。だが彼はキャリアにおいて失敗する。もし，彼がこのような信念をもったことはまったくの不運であったとか，彼は自らの信念の適否を判断する能力を欠いていたという理由によって，政府が彼に補償をしたら，それはひどい侮辱に感じられないだろうか。もしそうなら，自らの信念や選択の結果に責任を取らせるということは，人格を尊重するために適切なことなのである。他方で，ある職業で成功を収めるために必要な能力を欠いていたとか，社会で成功を収めるのに必要な技術を持たなかったということは，剥き出しの運の問題としての，何らかの人間的資源の不足を意味している（ドゥウォーキン，2000＝2002：130）。これに関しては保険をかけることができるから，その範囲内で所得への補償が必要になる。

　以上，ドゥオーキンの平等に関する議論を概観した。そこにおいて人を個人として尊重することとは，ある人が社会生活から得るさまざまな資源に関して，それができるだけその人の選択の結果を反映し，運やそれがもたらす能力の結果を反映しない状況をつくることにある（ドゥウォーキン，2000＝2002：126，433）。また運がもたらすさまざまな問題に対処するために，社会的な補償のプログラムをつくっておくことも必要となる。ドゥオーキンが示したこの見取り図は，その後「運の平等主義」という一連の議論を生み，今日の日本においても大きく発展しているが（e.g. 井上，2017），分配的正義において必要となる観点を拡充するものとして重要性を増している。

3　ケイパビリティ・アプローチ

人間らしい生き方に向けた正義

　ロールズの正義論では，基本財が分配の基準として考えられていた。また，人々が私的な生活，たとえば家族生活においてどのように人生を送ることになるかという問題は，正義の関心事から除かれていた。このような分配的正義の定め方に異議を唱えたのが，「ケイパビリティ・アプローチ」と呼ばれる一連

の研究であり，その代表的論客がアマルティア・セン（Amartya Sen）とマーサ・ヌスバウム（Martha Nussbaum）である（e.g. セン，1992＝2018；ヌスバウム，2006＝2012）。本章は人を個人として尊重するとはどういうことかという観点から分配的正義を解説するので，特に正義の関心を私的な生活の領域にまで広げるヌスバウムの議論を通じて，ケイパビリティ・アプローチを解説する。また，ヌスバウムがフェミニズム的観点を大きく採用して分配的正義の問題について一連の議論を行った『女性と人間開発』（ヌスバウム，2000＝2005）に焦点を当てる。

　ヌスバウムが議論の基礎とするのは，彼女がアリストテレスやマルクスの人間観と考えるものであり，それは，人々は人間らしい生き方をするに値する尊厳をもつという認識である（ヌスバウム，2000＝2005：85-86）。そのうえで，ヌスバウムは，このような人間らしい生き方，そして人間的な生の充実を可能にするために満たされるべき社会的条件を，「ケイパビリティ（潜在能力）」として定義する。ケイパビリティに注目するアプローチは，ロールズが定義した分配的正義とは異なった視点を与えてくれるという。つまり，ロールズは基本財というモノの分配に焦点を当てるため，それを使って実際に人々が何をすることができるのか，という点にまで，分配的正義の考慮が及ぶことはない。しかしこれでは，分配的正義の構想は人々に真に人間にふさわしい尊厳ある生き方を保障することはできないという。そのためヌスバウムは，人々が実際にできることの集まりとしてのケイパビリティに注目するのである（ヌスバウム，2000＝2005：80-84）。

　ヌスバウムによれば，人々は次のケイパビリティを最低限度もつべきだという（ヌスバウム，2000＝2005：87，92-95）。それらは，①通常の生存期間の生命，②身体の健康と適切な居住環境，③移動の自由，暴力からの保護，性的・生殖的活動などへの機会を含む身体的健全性，④感覚を持ち，想像し，思考し，理性を働かせて判断できること，⑤愛情や悲しみ，怒り，感謝といった感情を持てること，⑥理性を働かせて自分の人生の決定ができること，⑦人々と交流でき，社会でも尊重されること，⑧自然とともに生きられること，⑨遊び楽しむ

ことができること，⑩政治的にも経済的にも，主体的にふるまえること，など
である（ヌスバウム，2000＝2005：92-95）。これらは，人々が真に尊厳ある人間
にふさわしい生き方をするために必要なものの諸側面であり，社会はそれらに
必要な条件を整えなくてはならない。それでこそ，社会は人を個人として尊重
したことになるのである。

私的な空間への拡大

　ロールズとの違いは明らかだろう。すなわち，ロールズの正義論では，人々
が市民として政治や経済といった公共的な場で活動するための条件を社会は整
えればよいのであり，それ以外の私的な空間（たとえば家族など）は分配的正義
の内容を決めるにあたって主要な関心の対象にはなっていない。他方でヌスバ
ウムは，家族のあり方なども含めて分配的正義を考えるべきだと主張する。ヌ
スバウムはフェミニズムの観点を大きく吸収した理論家であるが，まさにその
点が活かされるのが，分配的正義の要求が到達するべき場所に私的な空間を含
めるという議論なのである。

　ヌスバウムにとって，家族は愛情やケアといったケイパビリティがみられる
主要な場所である。他方で，伝統的家族形態を考えると，そこには虐待のよう
な問題も見つかるから，人々のケイパビリティこそが分配的正義の関心事であ
るとするならば，家族もまた主要な関心事にならざるをえない（ヌスバウム，
2000＝2005：320-321）。また，実際のところ，家族のあり方のほとんどは，婚姻
に関する法律や家族の財産に関する法律など，社会的に定められたルールに
よって決まっているから，家族のあり方を分配的正義，つまりケイパビリティ
への配慮によって規制していくことには問題はないと，ヌスバウムは考える
（ヌスバウム，2000＝2005：325-326，328）。

　以上のヌスバウムの議論は，人々の人生のあり方に社会はどこまで影響を与
えてよいか，という難しい問題を引き起こす。しかし社会問題の多くは，人々
の私生活につながった文脈で起きるのであり，児童虐待などに関して，政府や
自治体など，公的な権力のより積極的な介入が正当化されたり，求められたり

していることも事実である。この点から考えれば，ヌスバウムのケイパビリ
ティ・アプローチは，人々を個人として尊重するためにはロールズやドゥオー
キンなどの説く制度整備では不十分であるとして，具体的な生活の文脈での
人々のあり方に配慮することの必要を説いたことが大きな特徴である。

4　分配的正義に関するその他の論点

共和主義とベーシック・インカム

　分配的正義の議論に大きな影響を与えた他の議論として，共和主義とベー
シック・インカムの議論を紹介しておこう。どちらも近年注目が増している議
論である。

　まず，「共和主義」である。フィリップ・ペティット（Philip Pettit）は，自
由に関する政治哲学として，西洋において重要な地位を占めてきた共和主義の
社会的理想に，「支配されないこと＝非支配」があることを指摘する。ペ
ティットによれば，ここで問題となる支配とは，ある人が何らかの選択をおこ
なうような状況において，他の者が恣意的に干渉をおこなうことができること
を意味している（Pettit, 1997：52-58）。また，ここでいわれる恣意的とは，そ
の干渉を受ける者の利益や関心に対する配慮がなされていないことを指す
（Pettit, 1997：55）。ペティットは，社会において達成されるべき自由とは，
人々が互いに関係する文脈でこのような意味での支配がないこと，つまり非支
配であると主張する（Pettit, 1997：66-67）。ペティットがいうように，社会的
に問題となる支配には，政治的なものばかりでなく家庭のような社会関係も含
まれるから（Pettit, 1997：58），非支配の理想の射程は非常に広く，分配的正義
の議論にも大きな影響を及ぼしている。

　たとえば，収入や雇用である。ペティットが理想とするような非支配は人々
の独立した社会的地位を意味するものであるが，この実行には経済的な独立が
欠かせないであろう。そうであれば，すべての人に無条件に与えられるべき社
会的所得としてのベーシック・インカムはひとつの解決策となる（Casassas

── コラム⑤　リバタリアニズムと再分配 ──

　ヴァン・パリースは自らの立場を「リバタリアニズム」と称しているが，不思議に思った読者もいるかもしれない。一般にリバタリアニズムは，個人の権利を最重要の価値として，政府の機能をできるかぎり制限し市場の機能を重視する，いわば市場原理主義に近い立場と考えられやすいからだ。しかし，リバタリアニズムの思想は複雑であり，政策を通じた再分配政策への含意も単純ではない。

　リバタリアニズムでもっとも著名な理論家といえばロバート・ノージック（Robert Nozick）だろう。彼の『アナーキー・国家・ユートピア』では，人々がもつ権利が，政治の道徳を考えるうえで決定的に重要であるとされる。そして個々人の持つ権利が，国家がしてよいことの領分を定めることで，結果として最小の権利保護機能をもつ国家のみが正当であるとされ，再分配は権利を侵害するから排除される（ノージック，1974＝1992）。これは人々の財産権の保障を中心として，これを侵犯する可能性のある再分配政策に反対する市場原理主義にもつながりうる考え方である。

　しかし，個人の権利を擁護するにしても，その権利の内容として，そもそも誰のものでもなかった世界への平等な権利をすべての人がもつと想定したらどうなるだろうか，簡単に考えてみよう（スタイナー，1994＝2016：第8章）。もしある人が，本来自分が権利をもつ以上の利益を自然の賜物から得ていたとすれば，その分は社会に返されなくてはならないだろう。それは遺伝などによる才能まで含みうる。そしてもし得るべきものを得ていない人がいれば，それを与えなくてはならない。このような考えを拡大していくと，リバタリアニズムは格差を是正する議論を生み出すことになるから，再分配の発想につながる。これを左派リバタリアニズムという（cf. 井上，2017：第3章）。

　ある人のリバタリアニズム的立場が再分配にどのような含意をもつかは，論者によって相当な差がある（cf. 森村，2005）。個人個人の自由や権利という市場経済の中心的価値とされるものが，必ずしも再分配の排除を意味しないことは興味深いし，市場経済の道徳を考えるうえでも重要である。

　特に，格差が拡大した現在，市場経済や経済的自由・権利を重視する思想は，ともすれば道徳的な疑いの目を向けられ，「ネオリベラリズム」の名のもとに直ちに否定されてしまう，という傾向もみられる。格差の不当さをうったえる政治運動が盛り上がれば，この傾向はますます強まるかもしれない。だが，リバタリアニズムは再分配に否定的な部分もある一方で，上に見たように，格差の問題にも対応しうる強靱な思想であることも事実なのである。格差問題是正のためにも，リバタリアニズムへの正当な評価が必要だろう。

and Birnbaum, 2008)。また，多くの職場は人々が上位者の指示のもとに働くことが当たり前の場所であるが，これも行きすぎれば，たとえばハラスメントのような結果を生むから，職務遂行への不当な干渉がなされないことが望ましいかもしれない。このような問題に共和主義的対処が可能であることを説いたのがシェ（Hsieh, 2005）である。シェは「恣意的な干渉を仕事において受けない基礎的権利」（Hsieh, 2005：116）を人々はもつべきだと考える。これらの主張は，共和主義が所得や権利の分配のあり方に大きな示唆をもつ例といえよう。そしてこれらは，人々を独立した個人として尊重するために必要な社会の条件であると考えられるのである。

資産としての職

　共和主義がベーシック・インカムを要求するケースについては上にみたとおりだが，ベーシック・インカムについては他の分配的正義の観点からその必要性が論じられることもあるので，重要なものを確認しておきたい。ベーシック・インカムについて哲学的にもっとも徹底した検討を行ったのはフィリップ・ヴァン・パリース（Philippe van Parijs）である。彼の議論（ヴァン・パリース，1995＝2009）を紹介しよう。

　ヴァン・パリースの分配的正義の立場は，彼が「リアル・リバタリアニズム（真の自由至上主義）」と呼ぶものであり，その内容はすべての人に社会的な機会としての自由（ヴァン・パリース，1995＝2009：42-48）が次のように保障されることである。ある社会制度の下で最小の機会しか持たない人がいるとしよう。もし，他の社会制度がこの人の機会を改善し，かつそれが2番目に機会に恵まれない人の状況を悪くするのでなければ，その社会制度が望ましい。このように判断し，他者の社会的機会の犠牲なく，人々の社会的機会がますます増大していくことに分配的正義の実現があるとするのである（ヴァン・パリース，1995＝2009：42, Reeve, 2003：5）。ベーシック・インカムはこのような意味でのあらゆる人の自由の増大を可能にするために導入される。それは人々に，財やサービスの消費活動と時間の使い方に関する自由を与える（ヴァン・パリース，

1995＝2009：53-54）。ヴァン・パリースにおいて，個人の尊重とは，ベーシック・インカムによってすべての人に社会的機会をできるかぎり与えるなかにあると言える。

　さてベーシック・インカムの構想には，無職者にもそれを支給することへの反論が常になされる。特に，働く気がない人にもベーシック・インカムが与えられることへの疑問がある。この点で興味深いのが，「資産としての職」というヴァン・パリースの議論である（ヴァン・パリース，1995＝2009：第 4 章；cf. Osawa, 2012）。ヴァン・パリースはベーシック・インカムの原資を探すなかで，職はそれ自体が資産であると論じている。すなわち，すべての人が職を持てるわけではない――失業者が存在する――世界において，収入をはじめとするさまざまな利益をもたらす職はそれ自体が資産であり，課税の対象になる，というのである（ヴァン・パリース，1995＝2009：172-199）。先のドゥオーキンの資源の平等を思いだそう。もし，職が資産を構成するなら，これもまた無羨望を満たすように分配されなくてはならないだろう（ヴァン・パリース，1995＝2009：85）。そうであれば，職がすべての人に行きわたっているわけではない社会では，資産としての職の価値もまた――職業としての魅力の価値まで含めて――人々のあいだで平等に分配されなくてはならないというわけだ（ヴァン・パリース，1995＝2009：172-177）。これを前提とすれば，職をもつ人（資産のある人）への課税を元として，職をもたない人（資産のない人）へと収入がもたらされることには問題がないことになる。

　以上の議論にはさまざまな反論も可能であろうが，職が資産という側面をもつことは注目されていいだろう。特に，いわゆる「ブラック」と呼ばれるようなひどい職場が減少し適切な労働環境が整うほど，また経済状況の悪化や雇用の流動化などによって，一時的なものであれ失業が一般化すればするほど，職が資産であるという主張には説得力が増してくると思われる。他方で現在では，機械化による失業の増加の社会的ダメージを軽減するためにベーシック・インカムが必要だ，という議論も高まっている。これは職自体がなくなる現象だから，資産としての職の議論は大きな意味を持たなくなるかもしれない。そうな

れば，共和主義や自由の価値を根幹にすえたベーシック・インカムの議論が重要性を増してくるだろう。

5　チェックリストとしての分配的正義論

分配的正義を考えるポイント

以上の話をまとめると，積極的な分配政策を用いて社会がいかに人々を個人として尊重しうるかを考える際のポイントには次の点がある。

- ロールズを参考にすれば，基礎的権利の保障，機会の公正な均等，格差原理による不平等の是正が，貧困層や支配的富裕層の発生防止のために要求される。
- ドゥオーキンを参考にすれば，人々が社会から得る資源は，運の影響を排除し，選択の結果を反映することが理想的である。また，適切な社会保険制度などがこれを補うべきである。
- ケイパビリティ・アプローチによれば，人々が私的・公的双方の生活において，真に人間らしい生活を送れるように社会的条件を整えるべきである。
- 共和主義によれば，人々の社会的生活は恣意的な干渉から守られるべきであり，経済的独立や家庭・職場などでの強い個人の地位が保障されなくてはならない。
- 資産としての職の議論によれば，職の価値は本来平等に分配されなくてはならない。これは働く人から働かない人への再分配を正当化する可能性への考慮を求める。

チェックリストとしての活用

本章では，政策による積極的な社会的分配を意図した分配的正義論について解説した。正義の諸理論は互いの批判によって発展してきたため，各ポイント

が互いに一貫するとは限らない。たとえば，共和主義の立場からみて，ケイパビリティ・アプローチによる政策が，過剰で恣意的な干渉だと思われる可能性がないとはいえない。そこで，これらのポイントが総合してひとつの分配的正義のあり方を指し示してくれるわけではない。むしろ，分配に関する諸政策を作成するに際して，それを道徳的に正当化可能なものにしたり，より望ましい，あるいはよりましなものにしたりするために参照することができる，考慮事項のチェックリストと考える方がよいだろう。その意味では，分配的正義論が政策に果たす役割は実践的なものでありうるとともに，限定的である。だが，チェックリストを活用することによって，分配に関する政策が，人々を個人として尊重するという目標に一歩近づくことができるのも確かである。つまり，多様な見解からの熟議によって，分配に関するよりよい政策を作るための資源として，これらのポイントは活用できるのである。

参考文献

井上彰（2017）『正義・平等・責任――平等主義的正義論の新たなる展開』岩波書店。

井上達夫（2012）『世界正義論』筑摩書房。

ヴァン・パリース，フィリップ（2009［1995］）『ベーシック・インカムの哲学――すべての人にリアルな自由を』後藤玲子・齋藤拓訳，勁草書房。

大澤津（2013）「ロールズ――社会協働と正義の原理」仲正昌樹編『政治思想の知恵――マキャベリからサンデルまで』法律文化社，174-189。

大澤津（2016）「正義論の展開――『善き生』をめぐる多様な信念との関係」森村進編『法思想の水脈』法律文化社，203-216。

スタイナー，ヒレル（2016［1994］）『権利論――レフト・リバタリアニズム宣言』浅野幸治訳，新教出版社。

セン，アマルティア（2018［1992］）『不平等の再検討――潜在能力と自由』池本幸生・野上裕生・佐藤仁訳，岩波書店。

ドゥウォーキン，ロナルド（2002［2000］）『平等とは何か』小林公・大江洋・高橋秀治・高橋文彦訳，木鐸社。

ヌスバウム，マーサ・C.（2012［2006］）『正義のフロンティア――障碍者・外国人・動物という境界を越えて』神島裕子訳，法政大学出版局。

ヌスバウム，マーサ・C.（2005［2000］）『女性と人間開発――潜在能力アプローチ』
　　池本幸生・田口さつき・坪井ひろみ訳，岩波書店。

ノージック，ロバート（1992［1974］）『アナーキー・国家・ユートピア――国家の正
　　当性とその限界』嶋津格訳，木鐸社。

森村進編（2005）『リバタリアニズム読本』勁草書房。

ロールズ，ジョン（2010［1999］）『正義論　改訂版』川本隆史・福間聡・神島裕子訳，
　　紀伊国屋書店。

ロールズ，ジョン（2004［2001］）『公正としての正義　再説』田中成明・亀本洋・平
　　井亮輔訳，岩波書店。

ロールズ・ジョン（2020［2007］）『ロールズ　政治哲学史講義　I/Ⅱ』サミュエル・フ
　　リーマン編，齋藤純一・佐藤正志・山岡龍一・谷澤正嗣・髙山裕二・小田川大典
　　訳，岩波書店。

Casassas, D. and Birnbaum, S., (2008), "Social Republicanism and Basic Income," in
　　Building a Citizen Society : The Emerging Politics of Republican Democracy,
　　eds. Stuart White and Daniel Leighton, London : Lawrence and Wishart.

Hsieh, N., (2005), "Rawlsian Justice and Workplace Republicanism," *Social Theory
　　and Practice*, 31(1), 115-142.

Osawa, S., (2012), "Basic Income and Justice : Revisiting Van Parijs's Idea of Job as
　　Assets," *Journal of Political Science and Sociology*, 17, 45-56.

Pettit, P., (1997), *Republicanism : A Theory of Freedom and Government*, Oxford,
　　Oxford University Press.

Rawls, J., (2005), *Political Liberalism*, expanded edn, New York, Columbia Universi-
　　ty Press.

Reeve, A., (2003), "Introduction," in *Real Libertarianism Assessed : Political Theory
　　After Van Parijs*, eds. Andrew Reeve and Andrew Williams, Basingstoke, Pal-
　　grave MacMillan, 1-14.

■　　■　　■

読書案内

ジョン・ロールズ（2020）『ロールズ　政治哲学史講義　I/Ⅱ』サミュエル・フリーマ
　　ン編・齋藤純一・佐藤正志・山岡龍一・谷澤正嗣・髙山裕二・小田川大典訳，岩波

書店

　ロールズ自身による，政治哲学史の講義。ロールズの政治哲学の背景にある重要な発想を理解することができ，彼の主著である『正義論』を深く理解する足がかりになる。

井上達夫（2012）『世界正義論』筑摩書房

　国境を越えた正義を考える分野である「グローバルな正義論」について，経済だけではなく安全保障などの問題も含め，包括的に学べる文献。現実の制度的枠組みも踏まえた議論は，実践的にも重要である。

練習問題

①　貧困への支援はどのような道徳的理由から必要となるのだろうか。本章の議論を参考に考えられる見解をまとめてみよう。

②　貧困はいくつかの国においてより一層深刻である。国境にとらわれず世界レベルでの分配的正義の実現を考える議論を調べてみよう。

（大澤　津）

第6章

非個人主義的価値

```
── この章で学ぶこと ─────────────────────────────
  本章では，個人の尊厳や効用，利害などに還元できない価値，すなわち非個人主義
的価値について説明する。第4章・第5章で紹介した価値・規範はいずれも，個人の
利益や尊厳に基礎づけられている。一般に公共政策は，このような個人主義的な価値
にもとづくものと考えられてきたが，近年，こうした観点からは対応しがたい問題が
目立つようになり，非個人主義的な価値が見直されるようになっている。その「問
題」とは具体的には，①市場経済の拡大にともなう商業化の弊害，②家族やコミュニ
ティの崩壊，③科学技術の進展にともなう諸問題の発生，である。本章では，非個人
主義的な価値を，人々の活動や性質に関わる価値と，モノや状態に関わる価値のふた
つにわけ，それぞれについて説明する。前者は一般に卓越的価値と呼ばれるもので，
すぐれた活動や徳に関わる。後者はさまざまなものが考えられるが，本章では特に，
①自然・生命，②芸術・学問，③神聖さ，について紹介する。なお，後者の価値のな
かには必ずしも道徳的価値とは結びつかないものもある。
```

1　客観的な価値は存在するか

個人に還元できない価値

　ときに価値や規範は，個人の主観的好みや嗜好とは異なり，客観的に存在するものと捉えられることがある。しかし，第4章・第5章でみたように，社会全体の利益や分配的正義に関わる議論は，何よりもまず各個人を尊重することが大前提であり，逆にいえば，個人とは無関係に存在する客観的な価値については扱わない。ところが近年，価値や規範の根源を個人の尊重に求めず，個人には還元できない客観的な価値の存在を主張する議論が注目されている。

113

　具体的には，絶滅が危惧される生物や貴重な文化財といったものがあげられる。これらのものが有する価値は必ずしも「個人の尊重」には還元できないからである。たとえばなぜ文化財に価値があるかといえば，それによって多くの人が喜ぶからだという説明がなされるかもしれないが，実際には，古文書のように，多くの人にとっては興味をもつことすら難しいものも数多く存在する。単に多くの人を喜ばせるものに価値があるのであれば，古文書のようなものの優先順位はずいぶん低くなるだろう。しかし実際には，こうした歴史資料のようなものも価値を有するものとして扱われ，しばしば政府によって保護されている。同様に，芸術活動に携わったり，学問に専念したりすることは，たとえばギャンブルにふけったりすることにくらべて，よりすぐれた活動であると考えられることが多いが，その理由は必ずしも芸術や学問がギャンブル以上に多くの効用をもたらすからではないように思われる。

　では，そのような価値あるモノや活動が存在すると考えられる根拠はいったいなんだろうか。少なくとも，個人の権利や尊厳，効用や利益によって説明することは難しそうである。本書では，こうした価値のことを非個人主義的な価値と呼ぶ。なお，ここでいう「個人主義」ということばは，一般的な意味でのいわゆる「個人主義」のことを指しているわけではない。一般に個人主義は，社会や家族，権威や社会といったものに気兼ねせず各人が独立して判断・行動することを重視する考え方だとされている。だがここでいう「個人主義的価値」は，価値の究極の根拠を個々の人間に求めることを意味するにすぎず，特定の生き方やライフスタイルが前提とされているわけではない。

　第7章でも説明するように，こうした非個人主義的な価値については，主として卓越主義（perfectionism）が議論をおこなってきた。ここで卓越（excellence）とは人間としてのすぐれた完成（perfection）や開花（flourishing）のことを指し，人間らしさや人間性と関連づけられる。一見すると「個人主義的価値」とよく似ているが，大きな違いは卓越の価値が，各人の好みや選択，効用や利益と無関係なものとして想定されていることである。先に見たように，文化財の価値は，多くの人が喜ぶことにあるのではなく，そのもの自体に内在し

ているとされる。そして卓越は，このような内在的な価値に貢献したり，寄与したりすることによって実現されるというのである。ただし卓越はあくまで人間の完成や開花に寄与するものと捉えられているのに対して，そうしたものとは無関係に存在する価値があるとされることもある。たとえば自然そのものに価値があるとするディープ・エコロジーの議論においては，自然は人間にとってまったく役に立たないとしても（あるいは人間にとって害を及ぼすとしても）それ自体で価値があるとされる。本章では卓越にくわえ，こうした価値についてもあわせて紹介する。

非個人主義的な価値が注目される理由

　これらの価値の詳しい内容については後に述べるとして，ここではまず，こうした非個人主義的な価値がなぜ近年になって注目されているのか簡単にその背景を説明しておこう。

　そもそも非個人主義的な価値は古くから広く認められてきたものであり，近代以前はむしろ一般的な考え方であった。実際，西洋に限らず多くの文明圏で卓越が重視され，よい人間になるための徳の重要性が論じられてきた。たいていの宗教は人間として身に着けるべき徳について議論してきたし，多くの文化は理想の人物像（イギリスにおけるジェントルマンや儒教文化圏における君子など）を有していたのである。ところが近代以降，個人の自律が重視されるとともに，宗教が私的なものとして位置づけられ，価値観の多元性・相対性が認められるようになるにつれ，客観的な価値が存在することは否定されるようになり，あくまで個人としての人間にのみ価値の源泉があると考えられるようになったのである。

　では，なぜ近年になってあらためて非個人主義的な価値が見直されるようになってきたのだろうか。その背景は大まかには次の3つである。第一に，市場経済が発達し，社会のあらゆる領域に貨幣経済が浸透し，拝金主義・商業主義が拡大してきたことに対する反発や反感がひろがってきたことである。第二に，この点にも関連するが，近代化とともにコミュニティや家族といった濃密な人

間関係が弱体化するとともに，宗教や伝統といったものも衰退してきたことに対する危機感の存在である。第三に，科学技術が進展することで人間や自然の人為的改変・改造が可能となるとともに，そうした行為はどこまで許されるかが問題となってきたことことである（佐野，2010：第5章）。以下，少し詳しく説明しよう。

市場経済の発達

　まず，市場経済の発達は，皮肉なことにかえって「お金で買えないもの」の価値や意義をあらためて認識させる契機となった。たとえばマイケル・サンデル（Michael Sandel）は『それをお金で買いますか』のなかでさまざまな例を挙げているが，その多くが非個人主義的な価値に関わるものである（サンデル，2012＝2014）。たとえば，地元の野球場の名前が企業に買い取られることにより，地域のアイデンティティや野球というスポーツのもつ純粋さが損なわれるかもしれない。あるいは，野球場の名前にかぎらず，ベースに企業広告を印刷したり，特定選手の打席のアナウンスに特定企業の宣伝を入れたりするなど，あらゆるものに価格をつけ売買できるようにすることも考えられる。だが，サンデルによれば，そうした商業主義のひろがりは，コミュニティや公共性，文化といったものを破壊する恐れがあるという。同時にその一方で，市場経済のもとでは消費者に選択されないものは淘汰され消えてしまう運命にある。だが，そうしたもののなかには，伝統文化や貴重な生態系など，政府が税金を使ってでも保護・維持すべきものがあるかもしれない。

家族・コミュニティの崩壊

　近年，コミュニティや家族の絆が弱まり，伝統や慣習が消え去ることで，多くの人が人間らしい生活を送ることが困難になっているのではないかという声が高まっている。いうまでもなく，近代的な価値観のもとでは，コミュニティや家族，伝統や慣習を重視するか否かは個人の選択の問題であるとされてきた。だが，実は人間は，そうした社会のもとでは，よく生きられないのではないか

というのである。もちろん家族や伝統などの意義の一部は功利主義の観点から正当化できるだろう。だがとりわけ，サンデルをはじめとするコミュニタリアンと呼ばれる論者たちは，家族やコミュニティ，伝統や慣習の存在はおよそ人間が人間らしく生きるための根本的な条件だと主張してきた。近年，ケアや癒し，愛情や承認など，これまでコミュニティや家族が担っていた役割すらも市場で提供されるようになりつつあるが，実は多くの人はそれでは何か大事なものが足りないと感じ始めているように思われる。グローバル化が進展し，ローカルな文化や伝統が急速に消えゆく状況で，多くの人が強い不安を感じ，かえって安易な原理主義やナショナリズムに魅力を感じてしまっているのではないだろうか。

科学技術の進展

　最後に，近年の急速な科学技術の進展が，人間とは何か，自然とは何かという根本的な問題を投げかけているのは周知のとおりである。すでに現在でも「遺伝子改変によるデザイナーベビーは許されるか」「AI が人間以上の知能をもつことは許されるか」「人間に移植するための臓器をブタの体内でつくることは許されるか」「iPS 細胞を用いて同性同士のカップルから受精卵を作成することは許されるか」といった問題が議論されているが，こうした行為を個人の利益や権利の観点から規制したり禁止したりすることは難しいかもしれない。しかしながら，仮にこうしたことが許され，社会全体の利益が増大するとしても，やはり禁止すべきと考える人は多いだろう。くわえて，こうした技術の進展は，人間だけでなく自然あるいは地球のあり方をも根本的に改変する恐れがある。問題は，仮にそうした改変が人類の幸福を損なうものでなかったとしても（まただれの権利を侵害するものでなかったとしても），好ましくない可能性があるということである。たとえば科学技術の飛躍的進展により，人類の存続には生物多様性が必要なくなったとしても，それでもなお，さまざまな生物が地球上に存在すべきであると感じる人がいるかもしれない。

2　人間の活動と性質

卓越と徳

　以上のような背景のもとさまざまな場面で非個人主義的な価値が見直される
ようになってきたが，ここではまず，そうした価値のなかでも人間の活動や性
質に関わる価値について説明しよう。人間らしいよい人生を送るうえで必要な
活動や，身に着けるべき徳があるとするものである。具体的には以下のとおり
である。

　第一に，すべての人に対して，すぐれた達成を実現すべく努力することが求
められるし，そうした達成が高く評価されることになる。スポーツでも芸術で
も学問でも仕事でもよいが，自分の特性を活かし，持てる力を最大限に発揮す
ることは，単にその人が幸せになるとか社会にとって好ましいだけでなく，そ
れ自体として価値があるとされる。しばしば卓越は，オリンピックに出場する
ようなスポーツ選手や，歴史に残るような著名な芸術家だけが達成できるもの
と誤解されるが，必ずしもそうした特殊な少数の人々の達成のみが評価される
わけではない。だれもが自分の特性に応じて各人なりの達成を実現することが
重要とされる。一般に「個性を伸ばす」とか「ベストを尽くす」と言われるよ
うなことだが，ポイントは，そのような努力や活動自体に価値があるとされ，
一種の義務ですらあるという点にある。

　第二に，そのうえで，よりすぐれた活動に従事することが望ましいとされる。
たとえば飲酒やギャンブルに熱中するよりも，スポーツや芸術，学問などの活
動に打ち込むべきとされる。学校で音楽や美術，体育の授業が必修とされてい
るのは，こうした理由にもとづくと考えられるだろう。またその一方で，ギャ
ンブルや売買春，飲酒やドラッグなどの活動は好ましくなく，できるだけ避け
るべきとされる。ひとことで「活動」といっても，よりすぐれたものと劣った
ものがあるとされるからである。

　第三に，単にすぐれた活動をおこなうだけでなく，すぐれた徳を身に着け，

人格を陶冶すべきとされる（また悪徳を避けるべきとされる）。ここで徳とは，たとえば正直，自律，勇敢，慈悲，真摯，節制，敬虔，思慮，無私といったものを指す。これらはいずれも多くの文化圏で重視されるものであり，古くから，宗教のみならず神話や民話，伝承などを通じて語られてきた。また，アリストテレス（Aristoteles）やストア派，トマス・アクィナス（Thomas Aquinas），あるいは儒教など，近代以前の思想や哲学におけるもっとも中心的なテーマのひとつであった。実のところ近代初期までは徳を重視する議論が盛んであり，フランス革命に際しても「市民としての徳」が盛んに唱えられた。確かに近代以降こうした発想は徐々に弱まっていくが，いまなお徳ということばは使われないだけで，サブカルチャー（映画やアニメなど）や歴史小説を通じて，たとえば「愛と勇気」の大切さが伝えられ続けている。

公共政策への示唆

　とはいうものの，むろん現在では，徳を含めて，こうした卓越の価値は基本的には私的で個人的なものとして捉えられることが多く，公共政策とは無縁とされることが多い。だが以下に述べるように，実際にはさまざまな点で政策とも関わっている。

　第一に，政府は，人々が卓越を実現できるように推奨したり促進したりすべきとされることがある。たとえば教育は単に各人の権利を保障するという観点からだけでなく，各人の能力の発揮や実現を積極的に推進するものとしても位置づけられる。実際，学校教育を通じて，寛容や正直，公平さや慈悲といった徳を身に着けるとともに，家庭や伝統の価値を理解し尊重するようになると期待されることは多い。また学校などでスポーツや芸術に触れることが，子どもたちの人格的成長を促し，徳を身に着けることにつながるとされることもある。また子どもだけでなく成人についても，図書館，美術館，博物館，劇場，動物園，水族館，スポーツ施設などを通じて，そうした人格的陶冶がおこなわれることが期待されている。さらにいえば，各地の祭りや伝統芸能，地域固有の伝統工芸といったものの保護も，こうした観点から正当化されることもある。こ

れらはいずれも単に人々が喜ぶからという理由で設置・保護されているわけではなく，卓越につながることが期待されている。またこうした考え方にもとづき「文化国家」（フュマロリ，1991＝1993）や「文化芸術立国」（文化庁，2015）が標榜されることもある。

　その一方で，先に述べたように，ひととして好ましくない活動は禁止したり抑制したりすることが政府に求められる。ギャンブルや売買春をはじめとして，麻薬やスポーツ選手のドーピング，一夫多妻，臓器売買，死体の損壊などの禁止である。また自殺についても同様の理由にもとづき禁止されることがある。こうした活動はいずれも他人を直接傷つけているわけではないが，道徳的に好ましくないと考えられ，法律によって禁止されることが多い。

　第二に，卓越を実現し，徳を身に着けた人々を表彰したり顕彰したりすることもよくおこなわれる。国民栄誉賞をはじめ，各種勲章や褒章の授与，また学士院会員や芸術院会員の任命，さらには自治体や新聞社，財団などがスポーツ賞や文化賞を設定したり，社会活動を表彰したりすることも少なくない。国際的には，オリンピックやノーベル賞といったものも，そうした表彰のひとつとして捉えることができるだろう。

　第三に，こうした好ましい活動の成果や，こうした活動がおこなわれるための条件についても保護がなされるべきとされる。たとえば，貴重な文化財や芸術作品，学術的資料といったものである。こうしたものはいずれも，市場で評価される経済的価値とは別に，芸術的価値や文化的価値，学術的価値を有するものと考えられる。それゆえ市場に任せたままでは不当に低い金額で取引されたり，不要なものとして廃棄されたりしかねないため，政府が何らかのかたちで保護する必要があるとされるのである。また，これらのものが仮にだれかの所有物であったとしても，必ずしも所有者が自由に処分してよいとは考えられない。たとえば，ゴッホの絵の所有者が，自分のものだからと言ってその絵を勝手に燃やしてしまうことは許されないだろう（サックス，1999＝2001）。

卓越や徳にもとづく政策への批判

　以上のように，卓越に関わる公共政策は実際に実施されているが，その一方
で批判されることも多い。その理由は以下のとおりである。(本書第7章参照)

　第一に，なにをもってすぐれた活動とするか（低俗な活動とするか），また徳
とするかが明確ではない。確かに，いくつかの活動や徳については広範な合意
が存在するかもしれない。実際，多くの国々でスポーツや学問が奨励され，文
化財や芸術作品が保護されているし，ギャンブルや売買春，一夫多妻や麻薬な
どが禁止されている。だが，こうした広範な合意が存在する一方で意見が割れ
るものも少なくない。たとえば，「政治に参加する」「自然に触れる」「家族を
大切にする」「宗教的信仰をもつ」といった活動については，積極的に政府が
奨励すべきとする主張もあれば，そうした活動は個人の好みに関わることで
あって，政府が干渉すべきではないとする声も根強い。もちろん，どのような
活動を好ましくないものとするかについての意見の相違もある。

　また，かつて多くの国で同性愛や不倫が法律で禁止されていたように，どの
ような活動や行為が卓越や徳に反する行為なのかもあいまいである。実際，
ドーピングや売買春，一夫多妻や同性婚などについて，他の人々を傷つけない
のだから許されるべきとする声もある。また，人によっては，なにを文化財と
して保護するのかといったことも，基準があいまいで恣意的であると考えるか
もしれない。実際，専門知識がなければその価値がわかりづらい芸術作品は数
多く存在するが，そうしたものを保護すべきか否かについては議論がわかれる
だろう。また，社会の役に立つとは考えにくい学問に対してもあえて税金を投
入して，その活動を維持すべきかといわれれば，否定的に答える人も多いだろ
う。

　くわえて，世界中で移動が激しくなり，人々の価値観が多様化している状況
のもとではますます考え方の隔たりが大きくなっている。実際，ヨーロッパで
は，特にイスラム教徒の移民が増えるにつれ，広範に共有された価値観が成り
立たなくなっている。こうした状況のもとでは，だれもが認める卓越や徳と
いったものは存在しないのではないだろうか。結局のところ，何を卓越とする

かは，何を正義や権利とするかという問いとは異なり，合理的に論じることは
できないのではないだろうか。

批判への応答

　もちろん，このような批判に対しては，卓越を重視する論者から反論がなさ
れている。1つ目は，現代のように移動が活発化し，価値観が多様化している
としてもなお，ローカルなコミュニティが存在するかぎり共有された価値観が
存在し，人々はそうした共有された見方にもとづいて，なにを卓越とするか，
徳とするかについて判断することができる，というもの。2つ目は，さまざま
な文化を超越した普遍的な人間性や人間としての価値の存在を認めるべきとす
る議論である。

　まず前者の，コミュニティに共有された価値観にもとづいて何が卓越を判断
すればよいとする考え方だが，この考え方によれば，そもそも政治はそのよう
なコミュニティの単位でおこなわれるべきであり，したがって，公共政策は，
そのような共有された価値観を前提に実施されるべきとされる。たとえば，コ
ミュニタリアンとして有名なアラスデア・マッキンタイア（Alasdair MacIn-
tyre）は，政治は価値観が共有される小さなコミュニティを単位としておこな
われるべきだと主張している（MacIntyre, 1994）。実際，価値観や文化が多様
で，だからこそ中立性に敏感な欧米においてすら，コミュニティレベルでは，
特定の価値観にもとづく地域特有のルールが数多く存在する。たとえばドイツ
では，多くのコミュニティで，日曜日は安息日であるからという理由で，大き
な音をたてて掃除をすることや，家の前で洗車をおこなうことが禁止されてい
る。またアメリカでは宗教的な理由から，アルコールに対して厳しい規制が存
在する州も多い。さらにスイスのように分権・自治が徹底しているところでは，
モスクに対する規制など，景観などに関してコミュニティに特有の規制がなさ
れることが多い。また自治体ほど小さなコミュニティではなく，国家レベルで
も，より「薄い」ものではあるとしても，共有された価値観が存在することを
強調する論者もいる。世界価値観調査などで示されるように，いまなお，それ

ぞれの国ごとに一種の「パラダイム」として特定の価値観・世界観が共有され
ているというのである。実際，日本ではいまなお「日本固有の文化」であると
して，元号や印鑑の利用，夫婦同姓を支持する声が根強く存在する。

　それに対して，このように国やコミュニティごとに共有された価値観にもと
づき卓越の内容を判断するのではなく，そうしたローカルな文化を超えた普遍
的な人間性の観点から卓越や徳の中身を確定できるとする議論も存在する。実
のところ，これまでアリストテレスのような典型的な卓越主義者・徳倫理学者
だけでなく，多くの哲学者や思想家たちが人間らしいよい生き方とは何かにつ
いて考察し，そのような生き方を実現するための社会のあり方について論じて
きた。たとえばカール・マルクス（Karl Marx）やハンナ・アーレント（Hannah
Arendt），ウィリアム・モリス（William Morris）やフリードリヒ・ニーチェ
（Friedrich Wilhelm Nietzsche），マルチン・ハイデガー（Martin Heidegger）やミ
シェル・フーコー（Michel Foucault）といった多様な論者たちである。彼らは
互いにまったく異なる思想や世界観の持ち主だが，いずれも人間としてのよい
生き方を掲げ，それにもとづいて理想の社会を思い描いたのである。もちろん，
このような人間性ないし人間らしい生き方は決して欧米に特有のものではなく，
たとえばヌスバウムは，インドの神話などを参照しながら，人間らしいよい生
き方について，文化を超えた共通性が認められると主張してきた（ヌスバウム，
2000＝2005）（本書第5章参照）。また近年では，儒教の徳倫理学と欧米の徳倫理
学を架橋する試みもある（アイヴァンホー，2013＝2015）。

　そもそも，サンデルによれば，ロールズらの想定とは異なり，なにをもって
よい生き方とするかについては，正義についてと同様，合理的に議論すること
ができる（サンデル，1996＝2010）。第2章でみたとおり，近年，道徳心理学や
認知科学，神経科学や進化生物学などによって，価値観や道徳観に関する詳細
な科学的研究がすすみ，文化を超えた規範の存在が示唆されている。道徳心理
学者として著名なジョナサン・ハイト（Jonathan Haidt）は，人間は「ケア」
「公正」「忠誠」「権威」「神聖」「自由」という6つの道徳的基盤を有すると主
張している。ハイトによれば，いわゆるリベラルが重視するのは「ケア」「公

正」「自由」であり，これらはおおむね第4章・第5章でみた規範に近い（ハイト，2012＝2014）。これに対して残りの3つ，すなわち「忠誠」「権威」「神聖」は主として卓越や徳に関わっている（神聖については後に述べる）。もちろん，こうした道徳的感覚を多くの人がもっているからといって，それらを公共政策の根拠としてよいか否かは別問題である。とはいえ，多くの人がこうした直観を有していることは無視しがたいし，こうした研究の進展により，正義ではなくむしろ善に関して広範な社会的合意が形成されることも考えられないわけではない。

3　モノや状態に内在する価値

モノや状態に内在する価値とは

　以上，特に卓越に関わる人々の活動や性質に関する価値について説明した。これに対して以下では，モノや状態に内在する価値について説明する。ここでいう「モノ」とは具体的な物全般を指し，先に例として挙げた「文化財」のようなものだけでなく，「パンダ」や「石」といったものも含む。また「海」とか「山」といった漠然としたものも含みうる。また「状態」とは，たとえば「生きている」とか「多様である」といった，人やモノが何らかの性質をもつことを指している。こうした意味でのモノや状態にも，ときとして価値が内在するとされ，その多くは卓越と関係する。ただ，なかには必ずしも卓越とは関係がないものもあり，ここではあまり厳密に区別せず紹介したい。

　モノや状態に内在する価値としては，さまざまなものが考えられるが，本章では特に，①自然や生命に内在する価値，②芸術や学問に関わる価値，③神聖さの価値，を取りあげる。これらの価値はいずれも卓越と関連づけられることが多いが，それとは独立に存在すると考えられることもある。少なくとも卓越主義が想定しているような，人間としての成長や完成，開花といったものとは無縁なものとして捉えられることがある。

―― コラム⑥　ノートルダム大聖堂は何を象徴しているのか ――

　2019年4月15日，フランス・パリのノートルダム大聖堂で火災が発生し，尖塔が崩壊するなど，大きな被害が出た。近年フランスでも世俗化がすすんでいるが，それでも多くの市民がまちに出て，聖歌を歌ったり祈りを捧げたりした。ただし，そもそもノートルダム大聖堂はフランス革命の際に政府に接収され，その後，紆余曲折はあったものの，最終的に1905年に（他のすべての教会とともに）国有化されており，ある意味では「宗教施設」ではない（ただし現在はカトリック教会に無料で貸与されている）。しかし，いまなお多くのフランス国民にとっては聖なる場所であり，単なる公共施設以上の価値を有するものと考えられている。その一方で国の施設だからこそ，カトリック教会ではなくフランス政府が修復をおこなう責任を負っているのである。

　よく知られているとおり，ノートルダム大聖堂はカトリック寺院として12世紀に建設が開始され，その後改修を繰り返しながら徐々に大規模なものとなっていった。フランス革命の際には反カトリックの熱狂のなかで国有化され，有名な「理性の祭典」なども催されたが，同時に略奪や破壊もおこなわれ，一時期はかなり荒廃した。しかしその後，保護の声があがるようになり，ナポレオンの戴冠式などもおこなわれるようになった。さらにヴィクトル・ユゴーの『ノートルダム・ド・パリ』が発表されて以降，ノートルダム大聖堂は特定の宗派の施設というよりも，国民連帯の象徴として位置づけられ，フランス人全体にとっての象徴的な場所となったのである。

　ここで興味深いのは，フランスのように政教分離が厳格といわれている国においてさえ，「大聖堂」のような特別な聖地が必要とされていることである。そもそもフランスで政教分離が強く主張された背景には，カトリック教会に対する強い反発があった。カトリック教会を通じて，ローマ教皇が政治に介入してくるだけでなく，さまざまな既得権や利権の温床となっており，フランス革命のころには「悪の温床」のように考えられていた。それゆえフランス革命ではカトリック教会を政治から遠ざけることで，教皇の介入を防ぎつつ，フランス国民の連帯を強化することが期待されたのである。つまりフランスでは政教分離こそがナショナリズムの基盤を形成しており，ノートルダム大聖堂はまさにそうした国民連帯の象徴なのである。また，フランス革命は宗教を政治から排除したが，革命政府はそのかわりに芸術を崇拝の対象とし，政治の場で積極的に活用したという（松宮，2008）。ノートルダム大聖堂はまさにそうした美と神聖さに支えられた，国民統合を象徴する建造物といえる。従来の公共政策研究では，こうした側面はあまり取り上げられてこなかったが，真剣に検討する必要があるように思われる。

自然・生命の価値

卓越の価値を重視する論者のなかには，人間が人間らしく生きるには自然と調和した生き方をする必要があるとするものもいる（シューマッハー，1973＝1986）。だがここで取りあげるのは，人間がよく生きることとは無関係に自然に内在的価値を認めるべきとする，よりラディカルな議論である。先に触れたように，ディープ・エコロジーを標榜する論者たちは人間の存在とは関係なく自然そのものに価値があると主張してきた。理性や痛みの存在を理由として動物に権利を認めようとする議論は以前からあったが，それは基本的に人間の性質に準ずる程度に応じて権利も認めるとするものであった。これに対してディープ・エコロジーの議論ではそのような人間との関係が完全に絶たれている点が重要である。また仮に，人間と関連づけられるとしても，あくまで自然が「主」であって人間は「従」にすぎず，自然の一部である人間はあくまで自然の一員として生きるべきであるというにすぎない（ドレングソン，1995＝2001）。

もちろん，人間と切り離されて，あるいは人間より「上位」のレベルで，自然に価値があると考えるのはまったくナンセンスであるとする議論も少なくない。ただ，たとえばデザイナーベビーのような医療技術の進展は，「人間という自然」に対する畏れを知らない介入であると感じる人は少なくないだろう。また，地球温暖化に代表されるような，人類によってもたらされる根本的な地球環境の変化は，単に「人類が困る」というレベルにとどまらない深刻な問題であると感じる人もいるかもしれない。実のところ仮に人類が地球以外の惑星に脱出することができ，またさまざまな科学技術の恩恵によって生き延びることができたとしても，地球温暖化や核戦争により，まったく生物の存在しない荒廃した地球が残されることになったとしたら，多くの人は罪悪感を抱くのではないだろうか。

とはいえ，人間とはまったく無関係に，そもそもなぜ自然に価値があると考えられるのか，その根拠は何かという点については論者によって意見がわかれる。もっともわかりやすいのは生命一般に価値を認める議論だろう。実のところ「山川草木悉皆成仏」というような感覚はいまなお根強く存在するし，こう

したアニミズム的な世界観は近年あらためて評価されることもある。またこうした考え方の延長線上に，生態系あるいは地球そのものをひとつの生命とみなし，だからこそ生態系ないし地球を守る必要があるとする議論もある。また生命尊重主義とはやや異なるが，近年，「ポスト・ヒューマニズム」あるいは「ポスト人間中心主義」を唱える論者もあらわれている。そのなかには，自然と人間あるいは自然と文化の線引きそのものを否定し，新たな社会のあり方を構想するものも存在する（土佐，2020；レイチェルズ，1990＝2011）。

　こうした生命尊重主義に対して，膨大な時間をかけて，地球上で繰り広げられてきた生命と生命以外の自然が複雑に織りなす存在の多様性や豊饒さにこそ自然の価値の根源があるという見方もある。地球上の自然はまさに唯一無二の存在であり，二度とこの世に同じものがうまれてくることはない。そのように考えれば，そもそも仮に人間が存在しないとしても，地球や宇宙が存在することにはやはり意味がある，と考える人もいるかもしれない。なお，このような見方は，後にみるように，自然に限定せず，人間や文化のあり方などを含めて，差異や存在，複数性や多様性に価値を見出す議論にもつながっている。あるいは，自然のもつ美しさや神聖さを根拠として自然に価値を認める議論につながることもある。

学問の価値

　一般に「真善美」と表現されるように，「美」や「真」は「善」とは異なる価値として捉えられることがある。もちろんこれら三者の関係は論者によってさまざまに捉えられており，唯一の正しい見解があるわけではない。たとえば「善」と「美」の一体性が強調され，自然な調和こそが道徳的な善であり，また美でもあるとされることがある。「真」と「美」に関しても，たとえば数学的真理に美しさを見出す言説は古くから決してめずらしいものではない。いずれにせよ，もし真善美が全体としてひとつの価値を形成するのであれば（つまりひとつの価値の3つの側面にすぎないとすれば），それは卓越主義の一種として捉えるのが妥当だろう。しかしながら，善とは別に美や真が独立して存在すると

する議論も存在する。この場合、美や真は善、すなわち道徳的価値とは無関係ということになる。先にみたように、文化財や芸術作品、美しい景観や自然、学術的資料といったものは、卓越を実現するための手段、あるいはそうした活動の成果として捉えられることが多いが、美や真が善から独立しているならば、それらは卓越とは無関係に尊重されるべきということになるだろう。

　確かに、実際には、古代遺跡のような学術的価値のあるモノにせよ、すぐれた芸術作品にせよ、それらがだれかの卓越に貢献するか否かとは無関係に価値が内在していると考えることもできる。古代遺跡の調査・研究や芸術作品を生み出す活動それ自体は卓越を実現する活動であるとしても、古代遺跡や作品そのものは、それとは別に独自の価値をもつとも考えられるのである。順に説明しよう。

　まず「真」に関して。よく知られているとおり、近年多くの国で文系より理系が重視される傾向にあるが、その理由は主として文系の学問が「役に立たない」、すなわち経済成長にもつながらないし、社会全体の幸福にもつながらない、ということのようである。しかしながら文系の学問のなかにも社会に役立つものも少なくないうえに、理系の学問のなかにも役に立たない分野があることが指摘されている。ただその一方で、そもそも学問は役に立たなくとも価値があるという反論もある。こうした発想は主として先にみた卓越の観点からなされているが、それとは別に、そもそも真理および真理の探究にはそれ自体として（卓越とも無関係に）価値があると考えることもできる。こうした発想は歴史的には宗教的な世界観に由来すると考えられるが（「神の創造した秩序を明らかにする」というような）、いまなお多くの人はたとえば「$e = mc^2$」のような法則、あるいは「世界最古の人類の遺跡」といったものに対して、崇高な感情を抱き、特別な価値を認めているように思われる。

芸術の価値

　同様に、「美」についてもそれ自体の価値を認める議論が存在する。美や芸術によって人間性が陶冶されるというだけでなく、芸術活動そのもの、あるい

は作品そのものに価値があるというのである。芸術のための芸術とか芸術至上主義と呼ばれる考え方があるが，このような考え方においては美や芸術のためには他の価値を犠牲にしても構わないとされる。日本では芥川龍之介の「地獄変」などがよく知られているが，そこまでいかなくとも，たとえば小説や映画などで差別的な表現を用いたり，ポルノグラフィ的な表現を用いたりすることは，芸術的価値の実現のためには許されるという考え方はいまなお存在する。分析美学においては「自律主義」や「不道徳主義」と呼ばれるが，道徳に反してもなお（あるいは反するからこそ）芸術には価値があるというのである（西村，2011：第5章）。さらには通常は美と無縁と考えられるものを含めて，あらゆるものを美的に捉えるような審美主義の考え方も存在する。たとえば20世紀初頭のイタリア未来派や日本浪漫派は，機関銃や戦闘機などの兵器，また戦争に向かう兵士の姿といったものに美を見出し，結果的にファシズム体制を支える言説となった。またナチスについても同様に，「政治の美学化」がその根本的な特徴と指摘されることも多い（田野，2007；田中，2008）。あえて言えば，ある種の審美的な規範がファシズムにとっての政策規範となったわけである。

　くわえて「多様性」に一種の美的価値を見出す議論もある。もちろんひとことで多様性といっても，その内容はさまざまであり，生物や種の多様性だけでなく，文化や言語，価値観の多様性といったものもある。このようにさまざまな文脈で持ち出される多様性だが，いずれにせよ多様であることそれ自体に価値があるとされることがある。確かに，温暖化によってわずかな種類の生物しか存在できなくなったり，グローバル化によって多様な言語や文化が破壊されてしまったりするよりも，多様な生物や種，また多様な言語や文化が存在するほうが，多くのひとは「世界はより豊かである」と感じるだろう。同様にアートの世界においては，従来の見方とは異なった見方を提示することが重視され，差異や複数性，多様性といった価値が持ち出されることが多い。こうした価値を美と呼ぶかどうかはともかく，世界のある状態がそれ自体として好ましいと考えられている点で共通していると考えられる。

神聖さ

最後に「神聖さ」について説明する。先に紹介したとおり，ハイトは6つの道徳的要素のうちのひとつとして「神聖さ」を挙げているが，彼によれば，こうした感覚はすべての文化に共通してみられるものである。具体的にはたとえば，ある場所やモノが神聖であるとされることもあれば，だれもが守るべき神聖なルールが存在すると考えられることもある。あるいは非日常的な超越的体験を通じて「聖なるもの」の存在を感じたり経験したりすることが重要と考えられることもある。「霊性」や「聖性」，「スピリチュアリティ」や「超越性」，「清浄」や「崇高」といったことばで説明されることも多い。また神聖さの反対は「堕落」や「けがれ」であり，基本的にはタブーとして忌避される。近親相姦のタブーや遺体に対するタブーなどはその典型だろう。日本で「ハレとケ」と呼ばれるものに近い面もある。

もちろん神聖さも卓越と関連づけられることがある。当然のことながら，信仰の篤い人からすると，人間らしいよい生き方をするには神聖さを尊重し，堕落やけがれから遠ざかる必要がある。ただ神聖さは必ず卓越と関連があるというないわけではないし，特定の教義を信奉しない人でも神聖さを感じたり，そうした価値を尊重したりすることはありうる。

一般にこのような神聖さの感覚，あるいはそうしたものに価値を見出す感覚は，私的なものであって，公共政策とは縁遠いと思われている。また近代化と科学技術の発展とともに，そうした感覚は失われたといわれることも多い。だが遺体損壊のタブーのように，特に生命倫理や信仰に関わる面ではいまなお多くの人々にとって重要であり，公共政策と関連してくる部分もある。以下，いくつか例を挙げてみよう。

第一に，宗教に関わるものがある。そもそも聖なるものと俗なるものの区別は宗教の始まりと言われ，宗教と聖なるものの関係は深い。もちろん多くの国では政教分離が基本であり，宗教に関わる事柄は私的な領域にゆだねられているが，実際には，たとえば宗教的な聖地などが政府によって保護されることは少なくない。たとえば，オーストラリアでは最近，アボリジニの聖地であるウ

ルル（エアーズロック）を保護するために，観光客の立入りを原則禁止すること
とした。もちろんこの政策の第一の目的は，マイノリティであるアボリジニの
権利を保護することである。だが，そうした場所が保護される理由は単にアボ
リジニたちが強く望んでいるからというだけでなく，聖なるものに特別な価値
が認められるべきとする前提を社会全体が共有しているからにほかならない。
また日本においても富士山などが山岳信仰の対象となったり，沖縄の御嶽など
が一種の聖地として大切にされたりしてきたが，こうしたものの多くが現在も
何らかのかたちで政府によって保護されている。同様に日本の皇室やイギリス
の王室についても神聖な価値を有するからこそ維持すべきと考える人もいるだ
ろう。

タブーと宗教

　こうした聖なるものの保護とは反対に，宗教的なタブーにもとづく規制も存
在する。食べ物や服装に関するタブー，また宗教的な儀式やシンボル・図像に
関するタブーは有名だが，これらについても国によっては法的な規制がなされ
ている。また遺体の扱いや墓地・火葬場などの設置に関してはどこの国でも特
別な法律が存在する。こうした規制は，しばしば神聖さやけがれとは関係のな
い理由によって正当化されるが（衛生上の理由など），その背後にはいまなお不
浄やけがれの感覚にもとづくタブーの意識が存在すると考えられる。

　第二に，宗教とも関係がないわけではないが，自然や人体に関わるタブーも
ある。実際先に述べた近親相姦や遺体損壊に対するタブーは宗教的な意味を
つこともあるが，これらのタブーは必ずしも特定の宗教の教義にもとづくわけ
ではない。実のところ，無宗教の人であっても，ブタの体内で人間の臓器をつ
くってそれを人間に移植する，とか，人間と他の動物のあいだでハイブリッド
の子どもをつくる，といったことに対して「おぞましさ」を感じる人は少なく
ないだろう。あるいは，死んだ牛を飼料に加工してほかの牛に食べさせる，と
か，乳牛の「生産性」を高めるために大量の人工ホルモン剤を投与する，と
いったことにも同様の「おぞましさ」を感じる人がいるだろう。なお，こうし

た「おぞましさ」の感覚の背後にはしばしば「自然」を聖なるものとみなす考え方があり，こうした考え方こそが自然保護を正当化するといった議論も存在する。

　繰り返し述べてきたように，以上のような感覚は私的なものと捉えられることもあるが，にもかかわらず，しばしば公共政策の根拠とされてきた。実際，上に見たいくつかの事例以外にも，特定の宗派に偏らないかたちで神聖な価値を保護するための政策がありうる。政教分離が基本の欧米でも，特定の宗派に限定しないかたちで宗教施設を尊重するとか，宗教や「神聖なもの」の大切さを学校で伝えるなど，社会全体で宗教的なものを何らかのかたちで保持しようという試みがなされている（cf. 藤本，2009）。実際，ヨーロッパでは公立学校においても宗教の授業が必修であることはめずらしくないし，ドイツなどでは教会税を政府が教会のかわりに徴収している。政教分離が厳格なフランスにおいてさえ，歴史的経緯により，アルザス＝ロレーヌ地方では，キリスト教とユダヤ教の教会に対して補助金が出されている。またアメリカでは，よく知られているとおり，軍隊に「従軍牧師」がおり，キリスト教だけでなく，ユダヤ教，イスラム教，仏教の聖職者が軍人または軍属として正式に任命されている。

参考文献

アイヴァンホー，フィリップ・J.（2015［2013］）「徳倫理学と中国の儒教の伝統」相澤康隆訳，ダニエル・C・ラッセル編『ケンブリッジ・コンパニオン徳倫理学』立花幸司監訳，相澤康隆・稲村一隆・佐良土茂樹訳，春秋社，79-107。

サックス，ジョセフ・L.（2001［1999］）『「レンブラント」でダーツ遊びとは——文化的遺産と公の権利』都留重人訳，岩波書店。

佐野亘（2010）『公共政策規範』ミネルヴァ書房。

サンデル，マイケル（2014［2012］）『それをお金で買いますか——市場主義の限界』鬼澤忍訳，早川書房。

サンデル，マイケル（2010［1996］）『民主政の不満——公共哲学を求めるアメリカ』（上・下）金原恭子・小林正弥監訳，千葉大学人文社会科学研究科公共哲学センター訳，勁草書房。

シューマッハー，エルンスト（1986［1973］）『スモールイズビューティフル——人間中心の経済学』小島慶三・酒井懋訳，講談社。

田中純（2008）『政治の美学——権力と表象』東京大学出版会。

田野大輔（2007）『魅惑する帝国——政治の美学化とナチズム』名古屋大学出版会。

土佐弘之（2020）『ポスト・ヒューマニズムの政治』人文書院。

ドレングソン，アラン（2001［1995］）『ディープ・エコロジー——生き方から考える環境の思想』井上有一訳，昭和堂。

西村清和（2011）『プラスチックの木でなにが悪いのか——環境美学入門』勁草書房。

ヌスバウム，マーサ・C.（2005［2000］）『女性と人間開発——潜在能力アプローチ』池本幸生・田口さつき訳，岩波書店。

ハイト，ジョナサン（2014［2012］）『社会はなぜ左と右にわかれるのか——対立を超えるための道徳心理学』高橋洋訳，紀伊國屋書店。

藤本龍児（2009）『アメリカの公共宗教——多元社会における精神性』NTT 出版。

フュマロリ，マルク（1993［1991］）『文化国家』天野恒雄訳，みすず書房。

文化庁（2015）「文化芸術の振興に関する基本的な方針——文化芸術資源で未来をつくる（第四次基本方針）」平成27年5月22日閣議決定。

松宮秀治（2008）『芸術崇拝の時代』白水社。

レイチェルズ，ジェイムズ（2011［1990］）『倫理学に答えはあるか——ポスト・ヒューマニズムの視点から』古牧徳生・次田憲和訳，世界思想社。

MacIntyre, A., (1994), "A Partial Response to my Critics," in John Horton and Susan Mendus eds. *After MacIntyre : Critical Perspectives on the Work of Alasdair MacIntyre*, Oxford : Polity Press.

■　　■　　■

読書案内

田中拓道（2014）『よい社会の探求——労働・自己・相互性』風行社

　特に労働のあり方に焦点を当て，「よい社会」や「よい生」のあり方について考察している。そもそも人間にとって「働く」とはどういうことか，というところまで掘り下げられており，示唆に富む。

塩野谷祐一（2012）『ロマン主義の経済思想——芸術・倫理・歴史』東京大学出版会

　本文では触れることができなかったが，もともと卓越主義とロマン主義は強く結びついている。本書は，特にラスキン，グリーン，シュンペーターの3人を取りあげ，芸術思想としてのロマン主義がどのように社会構想につながっていったのか，ていねいに検討している。

西村清和（2011）『プラスチックの木でなにが悪いのか――環境美学入門』勁草書房
　自然や環境，あるいは芸術作品といったものに価値があるといえるのはなぜか，またそうした価値が道徳的価値と衝突することはないのか，といったテーマについて，具体的なケースを取り上げながら，分析美学の観点からわかりやすく論じている。

練習問題
① なぜ卓越主義が注目されるようになったのか，あらためて整理してみよう。また本文で挙げられている以外の理由がないか，考えてみよう。
② 文化や芸術，学問やスポーツを政府が奨励すべきとすれば，それはなぜか，あらためて整理してみよう。そのうえで，奨励すべきとして，政府は具体的にどの程度まで奨励すべきか考えてみよう。

（佐野　亘）

第Ⅲ部
規範の衝突とその対応

第**7**章

規範の役割

┌─ この章で学ぶこと ─────────────────────

　本章では，望ましい政策の形成において規範が果たす役割について学ぶ。多くの政策には通常，何らかの道徳的価値に関する判断が含まれている。この判断は社会が達成すべき「道徳的に望ましいこと」を示し，政策に目的を与える。この際，どのような道徳的価値を通じて，個人の生活や人生にどの程度政策が干渉してよいかをめぐって，2つの異なった立場がある。ひとつは卓越主義である。この立場では，政策がすべきことは，美や健康などの客観的な道徳的価値を人々の人生全体において実現させることであり，人々の道徳的見解の相違にかかわらず，私生活への干渉も許される。他方でこの立場は，受け入れがたい強制をともなう，人々を侮辱している，中立的ではない，などの批判にさらされる。そこで政治的リベラリズムというもうひとつの立場が検討される。それは，自由や平等などの民主主義的な道徳的価値には人々が総じて合意していると考え，それによって正当化できる重要政策のみを採用するというものだ。本章は，この2つの立場を比較・検討し，それぞれの立場が政治の目的や理想的社会に関する異なった発想から生じていることを確認する。

└──────────────────────────────────

1　道徳的価値と政策

道徳的価値への注目

　第Ⅱ部で詳しく学んだとおり，政策には規範的側面がある。そして，それはさまざまな道徳的価値に関する考慮からなる。つまり，政策には人や社会に関する何らかの道徳的な望ましさに関する指針が含まれており，それに基づいて，政策は社会的な問題状況に対して解決策を与えるといえる。そこで，政策には道徳的価値に関する判断が含まれる。たとえば，水害が発生した後，移住を促

すかそれとも地域の再建を目指すかによって，とられる政策は変わるだろう。そして，地域再建は再度の水害の危険を防止できるものではないとして，移住を促す政策が採られたとしよう。この場合，大規模災害に関しては居住の自由よりも生命の安全の方が優先すべきだ，という自由より生命を優先させる道徳的判断がなされている。一般的に政策に含まれる道徳的判断については，あまり注目されないことが多い。多くの人が当たり前だと思っていたり，さして論争的ではない道徳的判断がなされていたりする場合には特にそうである。しかし，社会の価値観の多様化が進めば，どのような道徳的判断がどのように政策を形成するかが大きく注目されることになるだろう。

　なぜ，そうなるのだろうか。道徳的価値は，人間に対して特定の善を示し，それをおこなうことを迫るものである。そうであるから，道徳的価値は何らかの意味で，人々が現状以上の人格を体現したり，よりよき社会を追求したりすることと容易に結びつく。特に，人々がいま，実際にもっている欲求をよりよいものに洗練させたり，望ましくないとされる欲求やその対象を消し去ってしまったりすることは，道徳的価値を認識し，それによって人生や社会を再編成することの重要なポイントだ。多くの人にとって，これは人生やそれを形作る社会に大きく影響する事態である。ここでもし，自らが支持しない道徳的価値が政策によって強制されるのであれば，政策への不満は高まる。たとえば，あなたが喫煙者だったとしたら，禁煙による健康の増進という政策目標を押しつけがましいと感じるかもしれないし，伝統文化に価値を見出さないなら，文化政策のほとんどは税金の無駄遣いとしか思えないかもしれない。健康や伝統文化の保存という価値が共有されていないため，それに向けた政策へ不満をもつことになるのだ。価値観の多様化は，このようなケースを増加させるのである。そうなれば多くの人は，どのような道徳的価値がどう政策を形作り，どう自らに影響するのかに注目することになる。

卓越主義と反卓越主義

　本章では，このような価値観の多様化を想定しつつ，「どのような道徳的価

値に基づく規範的判断が，どの程度政策に含まれるべきなのか」という問いを
考えるうえで参考となる，2つの異なった立場を紹介する。ひとつは，第6章
でも学んだ「卓越主義」と呼ばれる立場である。卓越主義によれば，人々が人
間としてよいと思うべき一連の客観的な道徳的価値があり，政府はそれらの価
値を人々が享受できるようにする義務を負っているとされる。人々の人生が，
個人的生活まで含めて，真に価値あるものとなるよう補助することが政府の大
きな役割である，という立場だ。他方で，これに対するのが，「反卓越主義」
と呼ばれる立場である。この立場のなかでもっとも強固な主張をおこなうもの
のひとつが，ロールズに端を発する「政治的リベラリズム」と呼ばれる主張で
ある。政治的リベラリズムによれば，人々の個人的な人生の選択に関して政府
は直接に干渉するべきではない。政治が介入すべき領域は，人々の私的な生活
領域（家族や結社など）とは区別された，人々の社会的協力を取りまとめる別の
領域にこそあり，その領域で人々は社会の重要な問題について，個人的な道徳
的理念とは違う規範的基準でふるまうとされる。これらの立場の違いを理解す
ることが本章の課題だ。

2　卓越主義

客観的な善による政治

　卓越主義は本書第6章でくわしく学んだが，本章に関係する特徴として，善
の客観的なリストによる政治がある（Couto, 2014 ; cf. Wall, 2009）。善の客観的
なリストは，人々が人間として達成すべき善を示す（Couto, 2014 : 19-20 ; Wall,
2009 : 101-102）。たとえば，知識を得ることや，人間関係を深めること，身体
的技能を高めることなどが含まれる（Couto, 2014 : 43-44）。それらのよさは
人々の欲求から独立したものであり，それを達成することは人々の人間として
の生のあり方を，関連する点でよりよいものにする（Couto, 2014 : 24）。この
リストは人々がもつ道徳に関する直観と他の道徳的考慮から導き出される
（Couto, 2014 : 66）。そして，政府はこれらの善を人々が社会生活から十分に享

受できるようにするための機関であるとされる（Couto，2014：32-33；Wall，2009：100-101）。これにはいくつかの立場の違いがある。まず，政府は善そのものを促進するという立場と，善を得るための機会を促進するのにとどめるべきだ，という立場の違いである（Couto，2014：44-46）。また，政府は善の促進をすべきだ，という立場と政府は善の促進を許容される，という立場の違いもある（Couto，2014：33）。だがいずれにせよ，卓越主義では人々の人生をよりよいものとする善を客観的に定め，それを政府が促進することは共通している。

卓越主義による規範的判断と政策形成

　以上を総合して，卓越主義は人々の政策に関する規範的判断を，次のように導くと思われる。まず，善の客観的リストに基づいて，人々の人生をよりよくするためにはどのような善が必要となるのか考え，判断することになる。そして，政府はこのような判断に基づいて，必要であればこれらの善を享受する機会を人々が十分に得られるよう，政策を施すことになる。それは結果として，人々の生活や人生のあり方を，いままでよりも道徳的によりよいものにすると期待される。たとえば，身体的技能を伸ばすことが善であるというなら，人々の人生はスポーツなどに取り組むことによって，道徳的により価値あるものとなる。そうであるなら，政府は人々がスポーツに取り組む機会を増やすことができるように，たとえばスポーツ施設を増やすとか，スポーツ指導者を育成するなどの政策をおこなうことになる。このように，卓越主義においては，人々の人生に関してそのあるべき様を定める道徳的価値が，人々の生活全般に関する規範的判断を導き，政策はその規範的判断に基づいて人々の人生のあらゆる側面に関わりうることになる。

3　卓越主義への批判

強制・侮辱・中立性

以上のような卓越主義に不安をおぼえる人もいるかもしれない。善の客観的

リストを定めたり，リスト上の善を実現したりすることを，はたして政府がお
こなうべきなのだろうか。実際に，人々の意見は多様であり，特に道徳に関す
る意見は手に負えないほど人によって違っている。たとえば，スポーツを愛好
する人が多いのも事実だが，スポーツを毛嫌いする人にとって，スポーツなど
には何の価値もないだろう。同じことは，価値あることとされる美術や人間関
係など，多くのことに言える。もし政府がいずれかの価値観に肩入れして政策
を実行するなら，それは何か大きな問題を引き起こすのではないか，というわ
けである。そこで，卓越主義にはさまざまな批判が可能である。ここでは，強
制，侮辱，中立性の３つに焦点をあてて，批判を考えていこう。

強制

卓越主義に基づいて政策をおこなうならば，それは人々に自らが望まない人
生を強制することになる，という批判である（cf. Couto, 2014：46；Nagel,
1991：ch. 14）。スポーツの例で言えば，どうしようもなくスポーツが嫌いな人
にとって，市民マラソンを走らされることはとんでもない強制となる。卓越主
義が善への機会に関わるだけなら，走ることを強制されることはないかもしれ
ない。だがこの立場にも不安は残る。もし，健康というものが善だとされれば，
健康への機会を与えるために，喫煙に対して厳しい政策をとることになるだろ
う。そうすれば，喫煙者はきわめて不便な喫煙環境を強いられ，結果的に禁煙
を強制されそうだ。リストに載った善によっては，実質的に社会的強制がおこ
なわれることが考えられるかもしれないのだ。

侮辱

卓越主義の政策理解では，政府が人々に対して，何が人間の人生にとっての
善であるかを提示し，それに基づいてさまざまな政策が実行されることになる。
しかしこれは，人々の道徳的判断能力をみくびることになるのではないか，と
いう批判である（cf. Quong, 2011：ch. 3）。人々が十分な道徳的判断能力を備え
ているというのなら，客観的善のリストを公的に定めたり使用したりする必要

があるだろうか。卓越主義は人々の人生に関する判断能力に対する侮辱の上に
成立している，という批判である。

中立性

政府はさまざまな道徳的価値観に対して中立的であるべきであるのに，卓越
主義の政策方針では中立であることができない，という批判である（cf. Gaus,
2003；Quong, 2011：17-19；Wall, 2009；Wall and Klosko, 2003：6-13）。これは自由
が保障され，民主主義的な統治が一般化した社会では，特に重要な批判だ。政
府の中立性の典型例として，政教分離を考えてみてほしい。宗教的主張は道徳
的主張のなかでも人々の人生観に深く関わるもっともセンシティブな問題であ
り，政府が宗教的主張について判断することは多くの場合，人々の人生観に対
するひどい侵害である。宗教は政府の干渉から守られなくてはならないわけだ。
同様に，道徳的価値の多くは人々の人生観に深く関わる。たとえば，人間関係
がどうあるべきかについての考え方は人によってかなり違う。家族を重視する
人もいれば，そうではない人もいるし，恋愛に価値を見出す人もいれば，まっ
たく無意味だと思う人もいる。政府が特定の道徳的価値を掲げて，家族や恋愛
を推奨するような政策を採用したとすれば，反発がでるかもしれない。政府は
道徳的価値について特定のものに肩入れしてはならない，という批判である。

別の立場を探す

これらの批判によって，もし卓越主義はとても満足できるものではない，と
考えるなら，別の方向を探らなくてはならない。つまり，政策が道徳的判断に
関わるものであるのは事実なのだが，それが卓越主義によって導かれると問題
を起こすというなら，道徳的判断と政策の関わり方を決める別の立場を作る必
要がある，ということだ。上の３つの批判から考えるなら，そのような立場は，
強制や侮辱が大きく減少し，より中立的な政府のあり方が可能になるような立
場だ。本章の冒頭で示した「どのような規範が，どの程度政策に含まれるべき
なのか」という問いの観点から，この立場は次のように表すことができる。つ

―― コラム⑦　お金に還元できない価値の復活と政治的安定 ――

　本章で概観した卓越主義と政治的リベラリズムは，ともに金銭に還元できない価値を重要であると考える点で，今の社会のあり方とは相当に異なるといえるかもしれない（本書第6章も参照されたい）。今日の政策では，それなりの予算を確保する必要があり，またその効果を金銭的に判断することが多いため，お金の価値が独り歩きしやすい。またメディアなどの注目が集まる政策も，経済的効果があるものが大半である。これは，政治的立場や思想信条にかかわらず，お金がなければ何もできない資本主義の社会では当たり前ともいえる。

　その意味で，卓越主義と政治的リベラリズムはともに，今日の社会の主流の関心を表しているわけではない。学術や芸術に関わったり，政治的運動に参加したりしている人々にとって，お金に還元できない価値は重要な関心の的だが，そうでない人にとってはあまり関心をもつようなものではないだろう。たとえば，奇抜な美術の施設を新設するのに反対があるとしても，特定の美意識の押し付けになるから，ということで反対されることはほとんどなさそうだ。反対があるとすれば，おそらく税金の無駄遣いという経済的理由である。これはリベラルな政治的価値についても同じで，政府の強権的な政策でも経済的に大きな見返りがあるなら，それが通る可能性は大きい。つまり，経済的関心が肥大化すればするほど，人々は道徳に関してさめていくのだ。

　しかし，経済的成功に関心を抱かない人が増えれば，道徳は再び人々の大きな関心の対象になりえる。近年では愛国心を呼びかける運動や環境保護の運動などが以前にもまして高まり，お金に還元できない価値を政治的に求める人々も確実に増えている。この流れは今後も続きそうだ。

　社会の道徳的多様性の観点から，これは望ましいことだろう。政治において，お金だけが価値だ，というのは問題だからだ。本章の議論からもわかるように，社会全体として追求すべき価値は，政治的な価値や卓越主義的な価値を含めれば極めて多様であり，これらが実現されることは，わたしたちの社会をお金とは違った点で豊かにしてくれる。

　しかし，これらの運動が党派的対立を先鋭化させたり，社会的マイノリティを廃除することにつながったり，さらには正義心から極端な攻撃性を生んだりするなら，社会の安定は毀損され，最終的に誰の得にもならない。ここで，卓越主義と政治的リベラリズムがともに，何らかの形で社会の安定性を重視していることを思いだそう。新しい価値を求める運動は，社会の安定性という重要な価値をどのようにそのなかに取り込むことができるのだろうか。卓越主義や政治的リベラリズムのあり方から学ぶことも多いはずである。

まり，中立的な規範が，あまり人々の自由な人生のあり方を侵害しない程度に含まれるべきだ，という立場だ。この観点から非常に示唆的なのが，ロールズによって打ち立てられた政治的リベラリズムという立場である。

4　政治的リベラリズム

公共的理性というアイディア

「政治的リベラリズム」は，ジョン・ロールズ（John Rawls）が晩年に向けて提唱した政治権力のあり方をめぐる立場である（Rawls, 1993；ロールズ，2001＝2004，1999＝2006）。ロールズといえば，自由の保障，機会の均等，所得などの分配に関する原理（正義の原理）で著名だが（本書第5章参照），このような原理が政府を通じて実行されるとき，社会のあり方について道徳的な考えが一致しない人々への強制が発生する，という問題があるのだ。そこでロールズは，政治権力の強制力に裏打ちされた政策が含んでよい道徳的な価値の種類やその程度について，政治的リベラリズムという立場を示すに至った。ここでは，ロールズの政治的リベラリズムのなかでも，邦訳文献のみでほぼその全体像が理解できる「公共的理性」というアイデアに焦点を当てて，卓越主義ではない規範の役割を考えてみよう。

　公共的理性とは，重大な政治的決定や行政的決定，裁判などの決定――これらを重要な政策的決定と呼ぶことにしよう――において，市民や公務員，裁判官が使用してよい決定上の理由や思考のあり方を指す（ロールズ，1999＝2006：193-198）。まず，道徳的価値から考えよう。重要な政策的決定には，道徳的価値を含むものが多くあることが想像される。ロールズの公共的理性というアイデアに従えば，このような場面で用いられる道徳的価値にふさわしいのは，憲法をもつ自由民主主義的な政治体制のなかで，その政治体制を支える役割を果たしている道徳的価値，つまり政治的価値のみである（ロールズ，2001＝2004：44-46，1999＝2006：204-210）。たとえば，人命の尊重，基本的な自由の保障や両性の平等などである（ロールズ，2001＝2004：207，1999＝2006：209）。これらは

人々が政治的領域で培ってきた道徳的価値であり，他の領域，たとえば宗教結社などの私的団体で育まれ使用される価値（たとえば神聖さ）などといったものとは異なる（ロールズ，2001＝2004：163-165）。自由民主主義の社会では，人々は多様な団体に所属するから，後者の価値は必ずしも共有されてはいない。たとえば，宗教が教える神聖さの価値は，非宗教的な人々には理解することさえ難しいかもしれない。だが，前者の政治的価値は，行政文書に記され教科書などでもその意味が教えられるものであり，実際に人々の生活を規律しているから，その社会の構成員には少なくとも形式的に受け入れられている。そこで，重要な政策的決定にあたっては，特定の集団や団体に所属しなければわからない価値ではなく，広く受け入れられた道徳的価値＝政治的価値を根拠とする方が好ましい（cf. ロールズ，2001＝2004：97，166-167，259，274，275；1999＝2006：196-197）。

　また，ものの考え方においても，特定の集団や団体でのみ受け入れ可能なものではなく，社会全体で広く受け入れられている考え方の採用が望ましい（cf. ロールズ，2001＝2004：162-165）。たとえば，人々の健康に関わる重大な政策的決定を占いやお祈り，また特定の世界観によっておこなうことは，一部の人々以外には理解しがたい行為である。だが，科学的な根拠にもとづいて考えることは，社会で広く行われているリスク管理や健康増進の方法であり，こちらの方が望ましい。もちろん，特定の世界観をもつ人は科学的な思考方法を嫌うかもしれない。しかし，そのような人でも，実際の住居や衣服など，生活に関わるもののほとんどは科学的知見によって生み出された物を利用しており，またそれらの品質や安全性は科学的に規制されているだろう。そう考えれば，事実のうえでは，科学的思考法は少なくとも形式的に，ほとんどの人によって受けいれられている。

公共的理性の特徴

　以上から，公共的理性による政策決定は，非常に限られたリソースを用いておこなうことになることがわかる。それは自由民主主義的な社会を支える政治的価値と広く社会で受け入れられた思考の方法のみである。このことは，公共

的理性に次のような制限を設ける。まず，先にも述べたとおり，公共的理性が適用されるのは，重要な政策的決定のみであるという制限である（ロールズ，1999＝2006：193-202）。ここで重要とは，憲法の内容を定めるような問題や，社会全体の道徳的質を決定づけてしまうような制度的問題に関わることを意味する。たとえば，人々がもつべき経済的自由について，その根本部分を抽象的に定めるのは憲法の役割だが，公共的理性はここで発揮される。より具体的には，たとえば基本的自由の保障のような政治的価値は，職業選択のあり方という重要な政策的決定を導くだろう。

　また，公共的理性は，人々が日常生活で用いるものにはならないという制約がある（ロールズ，1999＝2006：196-197）。日常生活は通常，人々が所属する集団や団体，たとえば企業や学校によって形作られる。そして，そこでの思考はそれらの集団や団体にふさわしい基準によってなされ，また用いられる道徳的価値も関係する集団や団体に固有のものがあるからだ（ロールズ，2001＝2004：163-165）。ロールズのよく知られた例として再び宗教団体をあげよう（ロールズ，1999＝2006：229）。宗教団体は聖職者や信者の序列を定めることがよくあるが，宗教団体の内部での生活をすべて民主主義的にする必要はない。というのも，宗教団体ではその団体に特有の道徳的価値（救済や神聖化など）や思考方法（預言や聖典解釈など）が用いられるからである。つまり，人々は政治に参加する市民として行動し，考えるときだけ，公共的理性に従えば十分なのである。

　以上のような特徴をもつ公共的理性は，規範が政策に果たす役割についてきわめて示唆的である。公共的理性を構成する政治的価値は，人々が自由民主主義的な社会に生きているかぎりは受け入れていると推測されるものだから，それを基とした政策はおそらく多くの人にとって受け入れ可能なものである。そうであれば，強制，侮辱，中立性という３つの問題を乗り越えられそうだ。というのも，①自発的に受け入れられた政治的価値による政策であれば強制は発生しない，②誰もが重要だと認める政治的価値を基に政府が行動しても侮辱にはあたらない，③政治的価値は特定の支持者に偏るものではないから中立的である，という三点が成立しそうだからである。そうであれば，卓越主義を乗り

越える立場をわたしたちは見つけたことになるのではないか，というわけだ。

公共的理性の問題

　しかし，そう話は簡単ではない。公共的理性は政策とのきわめて限定的な接点しかもたないからだ。つまり，公共的理性はきわめて限られたリソースしかもたず，また適用場面が限られていることから，政策を導く規範をもし公共的理性が代表するなら，その力はとても弱いものになるということだ（cf. ロールズ，1999＝2006：251）。まず，公共的理性はすべての政策を対象とするものではないことを思いだそう。それは憲法の重要事項など，きわめて限られた領域しかカバーしない。そうなると，他の政策領域ではどのような規範がどの程度まで用いられるべきか，という問題が発生する。もしこの問題が捨て置かれるなら，この領域は規範の無法状態に陥るのではないか。また，公共的理性が用いるべきだとされる自由民主主義的な政治的価値があらゆる重要政策課題に対応できるのか疑わしい，という問題もある。たとえば尊厳死の是非のような難しい問題については，自由や平等などの価値を支持する人々のあいだでも，意見が割れてしまうかもしれない。そうなれば，強制や中立性などの問題がまた発生するだろう。ロールズはこうした問題について十分自覚的であったが，その最終的な解決策を示してはいない（ロールズ，1999＝2006：241-244，250-251）。以上のことから，公共的理性によって政策に首尾よく規範を与えるという解決策にも，問題が発生することがわかる。では，どうすべきだろうか。

5　卓越主義のバージョンアップ

卓越主義を擁護する

　ひとつの解決策は，卓越主義をバージョンアップすることだろう。そもそも卓越主義者たちは，強制，侮辱，中立性といった問題を指摘して卓越主義を排除することに反対してきた経緯がある。反論が可能だからだ。

　まず，強制である。卓越主義では，政府は人々の人生をさまざまな善を通じ

てよりよいものとすべく政策を決定するという。これに対して，もしある善を
ある人が嫌うなら，このような政策は善の強制になるのではないかという懸念
があった。だが，政策が善を得る機会だけを与えるというなら，直接の強制は
ない。もちろん，間接的に強制的状況は発生してしまう——健康への機会の保
障は喫煙を難しくする——が，こういった間接的効果はあらゆる政策で発生す
るから，それを指摘しても批判にはあたらない。ある政策の間接的効果が特定
の人に不利を及ぼす，ということを問題にするなら，すべての政策は問題含み
である（cf. Meckled-Garcia, 2017：150；大澤，2020：167）。

　次に侮辱である。アレクサンドラ・コウト（Alexandra Couto）は，卓越主義
が問題とするのは人々によって取られる行動やその結果社会で実現されること
になる善のみであり，それは個々人の評価を含むものではないとして（Couto,
2014：90-92），侮辱批判を退けている。たとえば，政府が健康を善だとして，
政策を通じて禁煙を促進したとしよう。この際喫煙者はきわめて限られた場所
でのみ，喫煙を許されるようになる。もし，この政策が喫煙者に肩身の狭い思
いをさせるなら，そこには，喫煙者がよりよい人生を選べない者として社会的
侮辱を受けたと考える余地がある，というのが侮辱批判である。しかし，喫煙
者に対する非難めいた視線は，その人の人格全体に及ぶだろうか。おそらく喫
煙という行為をやめればその人へのネガティブな評価はなくなるだろうし，過
去の喫煙の事実によってその人の人格全体への疑いが残ることもないだろう。
そうであれば，この政策によって政府や社会が評価していたのはその人の行為
にすぎないし，行為の評価は一般的にどんな政策にも含まれうるから，卓越主
義を批判する理由にはならないということだ。

　最後に中立性を考えよう。公共的理性の議論では，自由民主主義的な政治的
価値は多くの人に事実上受け入れられているということを根拠に，これらによ
る政策は中立性を達成するといわれる。しかし，これは独断ではないかという
こともできるだろう。近年の政治状況が示すように，自由民主主義的なものの
考え方は，たとえばアメリカのような自由民主主義が国のアイデンティティで
あると謳われてきたような社会でさえ，必ずしも共有されていない。むしろ，

そのような考え方をよしとしない人々も増えてきているから，自由民主主義的な価値観が中立的だと考えることは，価値観の分裂という問題を隠ぺいするだけではないかと言えそうだ。そうであれば，中立性が重要だと指摘して卓越主義を批判するなら，結局は自分の足元を危うくしてしまう。中立性は望ましいかもしれないが，卓越主義への批判の根拠にはならないということだ。

卓越主義のメリット

　これらの反論が成功しているなら，卓越主義は再び政策における規範の役割を決める立場として，見直されるかもしれない。その際には当然，強制，侮辱，中立性といった問題には十分注意が払われることになるだろう。そのような試みに資するものとして，ジョセフ・チャン（Joseph Chan）による議論を紹介しておこう（Chan, 2000）。チャンは，卓越主義を擁護するなかで，促進するべき善の決定の過程が，公開かつ公正で，さまざまな関係者を含み，長期的にはさまざまな考えが反映されるようになるものにすべきだと論じている（Chan, 2000：27-34）。これは重要なポイントだ。というのも，このような決定の過程があれば，人々はたとえ最終的な結論が自分の立場と同じでないとしても，それを過酷な強制がなされるとか，自分を侮辱しているとか感じることはかなり減るだろうし，また多様な意見に対する配慮に欠けていると考える余地も少なくなるからだ。つまり，適切な政策決定のプロセスと組み合わせることで，そもそも不可能な中立性を装うことなく，多様な立場の人に受け入れ可能な政策を目指そうということだ。

　また，卓越主義には行政の継続性に関するメリットもある。実際のところ，現在採用されている政策の多くは，卓越主義的である。たとえば，健康増進法やスポーツ基本法などには人々の望ましい人生のあり方に関して，何らかの道徳的判断が含まれていることはこれまでの議論から明らかだろう。さらに言えば，人々の人生がいかにあるべきか，ということに関して何らかの判断がなされるのは，政策の議論では日常の光景であるし，それが政策に一切持ち込まれないなどということは想像しがたい。特定複合観光施設区域整備法，いわゆる

カジノ法の議論が行われた際には，これらの施設の経済的な利益や想定される犯罪などにかぎらず，ギャンブルという行為の道徳的質が議論されることもあった。政策を形作る要素のひとつに道徳がある以上，多くの政策に道徳的判断が含まれているのは当然と言えるし，それは自由民主主義的な政治的価値以外の道徳的価値をも含むだろう。この点で，卓越主義は現在の政策のあり方をそのまま引き継ぎ，また今後の政策と道徳の関係に関して，たとえばチャンのいうような改善のあり方を指し示すものだから，これまでの行政のあり方を大きく継続しながら改善することができる。他方で，公共的理性を前面に押し出す立場を採用すれば，そうはいかないだろう。これまでの政策が自由民主主義的な道徳的価値で正当化されるのか未知数であるし，政策と道徳の接点は限られてくるから，複雑な道徳的議論を引き起こす政策課題にどう向き合えばいいのか不明な点が残されてしまう。

6　政治の目的と理想的社会像

卓越主義を評価する別の論点

　これまでの議論から，卓越主義の方が優れているようにも思われる。しかし，実際のところ結論は下せない。というのも，政治の目的をどう考えるかによって，卓越主義への評価は変わってしまうからだ。ここでは，卓越主義であっても政治的リベラリズムであっても重視するであろう，社会の安定という問題から考えよう。卓越主義はあらゆる政策の領域において，既存の政策の枠組みを尊重しつつ，出来るかぎり少数派の意見にも配慮した政策を形成するための道徳的価値の参照の枠組みを提供してくれるかもしれない。そして，これは社会の安定的な運営に資するだろう。だが，これは好ましい事態なのか。

　ロールズは，このような安定性を本来あるべき安定性と区別している。ロールズにとって本来あるべき安定性とは，「正しい理由に基づく安定性」であり，人々が市民として共通して受け入れるべき道徳的理由，つまり公共的理性に基づく安定性なのである（ロールズ，1999＝2006：216-219）。なぜこれが好ましい

のかといえば，いわゆる政治的取引によって達成された力のバランスによる安
定性（「暫定協定」と呼ばれる。本書第 8 章参照）は移ろいやすく，政治の安定状
態を支えきれないからだ（ロールズ，1999＝2006：216-219）。他方で，公共的理
性によってもたらされる安定性は，市民が共有する道徳的理由に支えられてい
る。また，安定性が目指されるべき範囲は，公共的理性が適用される憲法など
の社会的根本問題に限られている。これらの問題はそうそう簡単に日常的な政
策的論争の渦中に入らないとすれば，ひとたび確立された公共的理性に基づく
社会の根幹部分は簡単には揺らがない。そして，個々の政策は，この根幹部分
の安定性を崩さないかぎりで，好きに争われればよいのである。

　こう考えれば，卓越主義の達成する安定性はもろいといえるかもしれない。
それは公正な手続きによって皆が納得してくれると期待されるさまざまな政策
を，さらに皆が受け入れ続けてくれる，という政治的幸運に頼ってしまうから
である。他方で，公共的理性を中心にする政治的リベラリズムは，市民が共通
にもつ政治的道徳（リベラルな政治的価値への支持）を強化することで，強固な
社会の中心的制度を確立する一方，政策を通じた政府の市民の道徳への介入を
できるかぎり弱めることを目指すこともできる。つまり，政策に規範が強く関
わるべきなのは，社会の中心的制度に関する事柄に集中され，日常的なことに
おいてまで政府は道徳に深入りせず，人々の自由な決定に任せるのだ。

規範に関する立場の根本的不一致

　以上で卓越主義と政治的リベラリズムの基礎にある，政治の目的や理想的社
会像の差がはっきりする。卓越主義では，政治の目的は市民の生活の道徳的適
切さの達成であり，そのためには日常的な政策をめぐって人々が論争し，政策
決定の公正な手続きが作り出す力のバランスの上に社会が安定することがひと
つの理想になる。他方で，政治的リベラリズムでは，政治の目的は市民のリベ
ラルな政治道徳での一致による政治・社会体制の安定であり，それを通じて政
府が人々の日常的な道徳に介入することを制限することである。こうなれば，
おそらく必要な政策の数自体も大きく減るだろう。これらのうちいずれが優れ

ているか，ということに関してここで結論を出す必要はない。重要なことは，「いかなる規範が，どのように政策を導くべきか」ということについて多様な立場があるが，それは理想とする政治や社会のあり方によって異なるということである。

　このことは，政策と規範の関係について，さらなる問題を投げかける。それは，規範に関する立場の衝突は，どう解決できるのか，というものである。卓越主義では公正な手続きによって，また政治的リベラリズムでは自由民主主義的な政治的価値への支持によって，多くの人々が納得できる安定的な政策の運営を可能にする，何らかの規範的な立場への一致が導かれる。しかし，この見通しは楽観的すぎるかもしれない。上に見たように，卓越主義の支持者と政治的リベラリズムの支持者が共通して支持できる社会や政策のあり方が，そもそも無いかもしれないからだ。これは卓越主義と政治的リベラリズムという両者の間だけの問題ではない。すなわち，いずれの立場の内部でも，人々の道徳的な一致や合意が得られるとの，楽観的な仮定がみられる。だが，そうではないかもしれない。仮定を置くことは問題の解決とは異なる。他方で，政策を安定的に運営するには，やはり何らかの一致や合意が必要であるのも事実だ。そうであれば，より実践的な文脈では，道徳的立場の一致への見通しを希望的に語るだけではなく，規範の衝突自体を真正面から考え，合意形成の努力自体をより詳しく考えることもまた重要なのである。あるいは，合意が得られない場合に必要な対処方法も検討しなくてはならないかもしれない。これらは次章以降のテーマである。

政策における規範の役割

　本章では，政策と規範の関係について，どのような道徳的判断がどの程度政策に入り込むことが望ましいのか，という観点から，卓越主義と政治的リベラリズムの立場を検討した。卓越主義によれば，政府は客観的な善のリストの基づき，人々の生活を，私生活まで含めてよりよいものとすることが望ましく，政策はそのための手段となる。他方で，政治的リベラリズムによれば，国家が

積極的に関わってよい道徳は政治的価値に限られるべきであり，それらの道徳は重大な政治的決定にしか関わることがないから，市民の私生活には大幅な道徳的裁量が残される。そして，人々が適切だと思う政策における規範の役割は，どのような政治の目的や社会の理想像を支持するかによるのである。

参考文献

アリストテレス（2002）『ニコマコス倫理学』朴一功訳，京都大学学術出版会。

大澤津（2020）「財産所有デモクラシーと企業規制——職場民主主義推進の是非をめ
　　ぐって」『北九州市立大学法政論集』47(3/4)，153-178。

ドゥオーキン，ロナルド（2012［1985］）『原理の問題』森村進・鳥澤円訳，岩波書店。

ロールズ，ジョン（2004［2001］）『公正としての正義　再説』田中成明・亀本洋・平
　　井亮輔訳，岩波書店。

ロールズ，ジョン（2006［1999］）『万民の法』中山竜一訳，岩波書店。

Couto, A., (2014), *Liberal Perfectionism : The Reasons That Goodness Gives*, Berlin,
　　De Gruyter.

Chan, J., (2000), "Legitimacy, Unanimity, and Perfectionism," *Philosophy and Public
　　Affairs*, 29(1), 5-42.

Gaus, G. F., (2003), "Liberal Neutrality : A Compelling and Radical Principle," in *Per-
　　fectionism and Neutrality : Essays in Liberal Theory*, eds. Steven Wall and
　　George Klosko, Lanham, Rowman & Littlefield Publishers, 137-165.

Meckled-Garcia, S., (2017), "On the *Scope* and *Object* of Neutrality : Politics, Princi-
　　ples and 'Burdens of Conscience,'" in *Religion in Liberal Political Philosophy*,
　　eds. Cécile Laborde and Aurélia Bardon, Oxford, Oxford University Press,
　　147-160.

Nagel, T., (1991), *Equality and Partiality*, New York, Oxford University Press.

Quong, J., (2011), *Liberalism without Perfection*, Oxford, Oxford University Press.

Rawls, J., (1993), *Political Liberalism*, New York, Columbia University Press.

Wall, S. and Klosko, G., (2003), "Introduction," in *Perfectionism and Neutrality : Es-
　　says in Liberal Theory*, eds. Steven Wall and George Klosko, Lanham, Rowman
　　& Littlefield Publishers, 1-27.

Wall, S., (2009), "Perfectionism in Politics : A Defense," in *Contemporary Debates in*

Political Philosophy, eds. Thomas Christiano and John Christman, Oxford, Wiley-Blackwell, 99-117.

■　　■　　■

読書案内

アリストテレス（2002）『ニコマコス倫理学』朴一功訳，京都大学学術出版会

　卓越主義哲学の古典。人間にとって「よき生」とは何かを考えるうえでの必読書とされる。本章で扱った卓越主義の政治哲学もアリストテレスから多大な影響を受けており，政策のみならず，人生全般についてその「よさ」を考えるためのヒントに満ちている。

ロナルド・ドゥオーキン（2012）『原理の問題』森村進・鳥澤円訳，岩波書店

　アメリカの法哲学・政治哲学の大家であったドゥオーキンによる，法や経済，社会制度に関する諸考察をまとめたもの。原著が1985年の出版であるため事例は古くなったが，卓越主義に関する問題も含め，規範の役割を考えるうえでもいまも重要な論文が並ぶ。

練習問題

①　安全保障の政策や健康増進の政策など，話題になった政策において道徳的価値はどのように論じられたかを調べ，自分の立場を考えてみよう。

②　道徳的理由による政策的な私生活への介入はどこまで許されるだろうか。許される事例と許されない事例の両方を考え，その理由を検討してみよう。

（大澤　津）

第8章

合意形成

┌─ この章で学ぶこと ──────────────────

　価値や規範が複数存在し，しかもそれらのあいだで明確な優先順位づけができない
とすると，どのように調整をおこなって，決定をおこなうべきかが問題となる。実際，
公共政策の策定に際しては，複数の価値や規範が関わってくるのが一般的である。ま
た，世の中にはさまざまな価値観の持ち主が存在する以上，政策に関する意見の対立
も生じやすい。こうした状況のもとで公共政策を立案・実施するには，多様な意見を
調整・集約し，できるだけ広範な合意を形成することが重要となる。本章では，広範
な合意を形成する意義について説明したうえで，ひとことで合意といっても複数のタ
イプのものが存在することを指摘し，それぞれについて説明する。具体的には，①完
全な合意，②重なり合う合意，③妥協，④暫定協定，⑤手続きに関する合意，である。
このうち①の完全な合意が望ましいことは明らかだが，現実には実現困難である。ま
た④および⑤は実際の政策過程においてよく用いられるものの，常に好ましいわけで
はない。そこで本章では特に「重なり合う合意」と「妥協」について詳しく紹介し，
その意義について考察する。

└─────────────────────────────────

1　意見の対立と合意の意義

価値の多様性

　第Ⅱ部でみたとおり，公共政策を根拠づける価値や規範にはさまざまなもの
が存在する。また，第7章で確認したとおり，そもそも政策を立案する際に，
規範にどのような役割を求めるかについても意見の相違が存在する。もちろん，
こうした価値や規範の多様性，またそれに関する意見の対立は見せかけにすぎ
ず，ほんとうは唯一正しい価値・規範が存在し，理論的には（いつの日か）意

見の相違を消し去ることができるのかもしれない。あるいは，複数の価値や規範のあいだで完全な辞書的序列（明確な優先順位）をつけることができる統一理論のようなものが発見されるかもしれない。だが，政治哲学や倫理学などの分野で，そうした「唯一の正解」を探る議論が盛んになされているものの，いまのところ決着はついていない。また仮に研究者のあいだで決着がつき，正解が判明したとしても，一般の人々はそのような正解をすぐには受け入れないかもしれない。

　だとすれば，わたしたちは，さまざまな価値や規範が存在し，かつ，さまざまな価値観をもつ人々が存在する状況を前提にしながら，公共政策を立案せざるをえない。そしてそのためには，そうした価値や規範の衝突，あるいは価値観の対立にもとづく意見の相違を何らかのかたちで調整・集約し，合意を形成していく必要がある。以下では，こうした合意形成をいかにしておこなっていくべきか，また，そもそもなぜ合意を求めるべきかについて説明する。

　まず確認しておくべきことは，価値観の相違によって意見が対立するからといって，それらの意見を集約するためにすべての人が同じ価値観をもつ必要があるわけではないということである。実際，家族や親しい友人ですら，自分とまったく同じ価値観の人はなかなかいないはずである。政治や政策の場面でも同じであり，わたしたちは必ずしも完全に同じ価値観を共有する必要はないし，それで特に困らないことも多い。というのも，第7章でも説明したとおり，価値観が違っても対立や衝突が生じるのを防ぐ社会的仕組みや方法，さらには，そうした価値観の多様性そのものを認める（メタレベルの）価値観が存在しうるからである。

　たとえば，自由市場においては，だれであれ自分の価値観に従って好きなものを購入し，好きな仕事につくことができる。また，どのような生き方を選ぶかということも基本的に各人の価値観にゆだねられている。言い換えれば，多様な価値観が存在することが実際の社会の仕組みのなかで可能となっており，その背後には，各人は自分の価値観に従って生きてよいという価値観が広く共有されていることがある。これに対して，すべての国民に対して特定の宗教へ

の信仰が強く求められるような社会では，価値観の違いに由来する意見の対立は減少するとしても，許容される価値観の多様度は低くなってしまうだろう。わたしたちの社会はこうした社会とは異なりそもそも価値観の多様性を前提とした社会であるといえる。

とはいうものの，公共政策を立案する場面では多様な価値観をすべてそのまま認めることが難しいことも少なくない。だれもが従うべきルールを決定したり，税金を用いて何らかの事業をおこなったりする際には，特定の価値観に依拠した決定がなされざるをえないこともあるからである。くわえて，タバコやギャンブルをめぐる議論にみられるように，そもそもどこまで価値観の多様性を認めるか，ということをめぐって意見が対立することも多い。

多数決とその問題点

一般にこうした状況のもとでおこなわれるのが，多数決（特に過半数にもとづく単純多数決）である。多くの人は，価値観も意見も多様な状況のもと，共同で何かを決める際には多数決をすればよいと考えている。確かに多数決をおこなえば，価値観がどれほど多様であっても，何らかの決定をおこなうことができる。また，当然のことながら，多数決で決めることにはそれなりに合理的な理由もある。全員の合意を得るにはあまりに時間がかかってしまったり，理不尽な主張をする強硬な少数派が存在するため何も決まらなかったり，ということも起こりうるからである。実際，多くの民主主義国では，こうした理由により単純多数決が決定手続きとして用いられている。

だが，このようなやり方で意見を集約することは必ずしも常に好ましいわけではないことに注意する必要がある。全員とは言わないまでも，できるだけ多くの人の合意を追求し，実現することには大きな意義があると考えられるからである。

まず，そもそも誰に対してであれ，何かを強制することは基本的に好ましくないと考えられる。先に述べたとおり，わたしたちの社会は価値観の多様性が許容されている社会だが，その理由は，できるだけ各人の価値観を尊重し，

「押し付け」を避けるためだと考えられる。このような考え方を前提とすれば，多数決にもとづくとはいえ，ときに半数近くの人々に対して彼らの意に反する決定を押し付けることは，できれば避けたほうがよいと考えられるだろう。

　次に，多数決で決めてしまうことによって，社会のなかに亀裂が生じ，紛争が激化したり，社会の分断が進んだりしてしまう危険も指摘できる。たとえば民族的・宗教的マイノリティが存在し，多数決のもとでは彼らの意見はまったく反映されないことがありうるが，こうしたケースでは彼らマイノリティの意見も取り入れた広範な合意を実現することが望ましいだろう（cf. レイプハルト，2012＝2014）。また，こうした固定的なマイノリティが存在しない場合であっても，社会全体にとって重要と考えられる問題やイシューに関しては，安易に多数決で決めてしまうよりも，広範な合意を追求したほうが結果的に決定内容の正統性が高まり，社会の安定性にも寄与すると考えられる。たとえば憲法改正について，多くの国で単純多数決ではなく３分の２以上などの特別多数決が必要とされるのはそうした理由によるが，憲法にかぎらず重要なテーマに関してはできるだけ広範な合意を形成するのが一般的である。たとえば日本では，皇室に関することや生命倫理に関すること（脳死や臓器移植といったこと）については，かなり時間をかけて慎重に議論し，できるだけ多数決を避け全会一致をめざそうとする努力がなされてきた。また，わたしたちの日常生活においても，たとえば趣味のサークルや町内会などにおいても，常に多数決によって決定がなされているわけではなく，特に重要な議題に関しては全会一致を追求することが少なくないと思われる。

　また以上の点とも関連するが，できるだけ広範な合意を求めることは，単に社会の分断や亀裂を避け，平和や安定性が実現できるという消極的な理由からだけでなく，寛容や包摂といったより積極的な観点からも好ましいと考えられる。自分が正しいと考える意見を多数決によって押し付けるのではなく，できるだけ少数派の意見を尊重し，彼らの合意を得ることは，単に多様な価値観を許容するだけでなく，積極的にその存在を承認することにもつながりうるからである。またこのようにして「いっしょに決めた」という事実が，「わたした

ち」という感覚を維持・強化し，社会全体の連帯感やコミュニティ意識を高める可能性もあるだろう。

　最後に，広範な合意にもとづく決定は，決定内容に対する広範なコミットメントを実現する点があげられる。多数決で「負けた」側の少数派は疎外感を抱き，決定に対するコミットメントを持てないことがある。「彼らが勝手に決めた」と感じやすいためである。だがとりわけ公共政策についていえば，多くの人に支持されているか否かが，その後の効果に大きな影響を与えることになりやすい。たとえばごみの分別などは，できるだけ多くの人の支持を得たうえで実施しなければ混乱を招くことになりやすい。このような点から考えても，広範な合意を実現しようとすることには意義があることが理解されよう。

2　合意の諸形態

合意の5類型

　とはいえ，合意とひとことでいってもさまざまなものがある。以下，次の5つのタイプがあることを確認しておこう（cf. 佐野，2018；額賀，2009；Benjamin，1990）。

①　完全な合意（complete consensus）
②　重なり合う合意（overlapping consensus）
③　妥協（compromise）
④　暫定協定（modus vivendi）
⑤　手続きに関する合意

　①の「完全な合意」は，結論だけでなく，結論に至る根拠まで含めて，完全に意見が一致していることを指す。これに対して②の「重なり合う合意」は，結論は一致しているものの，その結論に至る理由づけや根拠が異なる合意である。③の「妥協」は，根拠から結論に至る道筋が必ずしも論理的ではないもの

の，関係者同士が歩み寄ることで可能となった合意，④の「暫定協定」は関係者の力関係にもとづく「均衡状態」としての合意を指す。⑤「手続きに関する合意」は，内容そのものについてではなく，決め方についての合意である。たとえば，「いまからX時まで話し合っても合意が成立しない場合は多数決をとる」というような合意である。①から⑤に向かって，徐々に合意が「ゆるい」ものになっている。以下では，このうちの②，③について詳しく説明し，①，④，⑤については簡単な紹介にとどめよう。理由は以下のとおりである。

完全な合意

　まず①「完全な合意」については，そもそも容易に実現しがたいことが指摘できる。もちろん，意見の根拠となる価値や規範について，粘り強い議論を通じて共通の基盤を形成することができれば非常に好ましいことは間違いない。ユルゲン・ハーバーマス（Jürgen Habermas）などを持ち出すまでもなく，もし理想的な討議にもとづく合意が可能であれば，それによって価値や規範に関する問題についても正しい答えに辿りつくことができるだろう。そして実際，意見の対立が厳しい道徳的問題に関しても，そうした合意をつくりだそうとする試みがなされている。たとえばロナルド・ドゥオーキン（Ronald Duorkin）は，アメリカにおける人工妊娠中絶に関する激しい対立を念頭に置きつつ，中絶反対派も賛成派も実はいずれも「生命の神聖さ」を認める一方で，その「挫折」を問題とする点において共通の価値を重視していると指摘した（ドゥオーキン，1993＝1998）。つまり反対派は胎児の生命（life）が絶たれ，その後の「発展」が不可能になることを問題視するのに対して，賛成派は望まない出産が強制されることによってその女性の人生（life）が危機に瀕し，その後の「発展」が不可能になることを問題にしてきたというのである。胎児は人か否かという二項対立の枠組みで考えているかぎり両者のあいだに共通するものはないように見えるが，実はより根本的なレベルにおいて価値についての合意が成立しており，対立はあくまでその解釈の違いによって派生しているとするのである[1]。

　確かにこのような試みには意義があり，議論が続けられるべきではある。と

はいうものの，価値や規範が深く関わるあらゆる問題について，根拠も含めて
だれもが完全に合意することは実際にはなかなか考えにくい。とりわけ価値観
が多様化した現在，現実には過半数の合意を形成することすら困難なことが多
い。たとえば「子どもに対する虐待」のようなほとんどすべての人が問題だと
感じる事柄についてすら，その解決策については異なった意見が必ず存在する。
くわえて，理由や根拠まで含めて意見を一致させようとすることは，結果的に
人々の多様な価値観を制約してしまう恐れもある。もちろん，議論に参加して
いる関係者が少なく，範囲が非常に限定されている場合には，根拠や理由も含
めて完全な合意が実現することもありえよう。また急いで対応を決める必要が
ない問題については，ゆっくり時間をかけて完全な合意を目指してもよいかも
しれない。だが，こうした例外的なケースを除けば，完全な合意を目指すこと
はあまり現実的でないと考えられる。

暫定協定

　これに対して④「暫定協定」は，暴力的な対立や紛争，関係の全面的破綻を
避け，平和的な秩序を実現するためにおこなわれる合意である。国際紛争や内
戦における停戦合意などがその典型例である。こうした意味での合意は，通常，
互いの力関係を背景にしつつ，一種の取引として実現されるものであり，それ
ゆえあくまで暫定的なものとされる。実のところ，公共政策についても，こう
した意味での合意にもとづくものとして理解されるものも存在する。たとえば，
国内において激しい宗教対立があるような場合，もっぱら紛争を抑制するため
の政策合意が目指されることになりやすい。ただ，よく知られているとおり，
ロールズは，このような合意はときどきの力関係に支えられているにすぎず，
状況が変われば破棄されてしまう不安定なものであると指摘し，②の「重なり
合う合意」を重視した（Rawls, 2005）。近年，暫定協定については，その意義
があらためて評価しなおされているものの，深刻な紛争や対立の回避に重点が
置かれ，合意内容の妥当性を規範的に正当化することはあえて避けられること
が多い（McCabe, 2014；Horton, Westphal and Willems, 2018）。また暫定協定の実

現には，信頼関係の醸成や利害の取引など，価値や規範以外のさまざまな要因が関わっていると考えられる。これらのことから本章ではこれ以上扱わないこととしよう。

手続きに関する合意

　最後に⑤「手続きに関する合意」だが，①から④の合意とは対照的に，内容に関する広範な合意を目指すことをあきらめ，決定手続きに関する合意をおこなうことで，決定に要する手間や時間を節約するものである。多数決以外にも，議長への一任，くじ引きなど，実際にさまざまな方法が使われている。こうしたやり方で決定をおこなうことは，参加者のあいだで広く合意がなされているかぎり基本的に問題があるわけではない。ただ，時間をかけて議論をするのがめんどうである，とか，説得の手間をかけたくない，という理由でこうした決定がなされるのであれば，あまり好ましいことではないだろう。もちろん時間は限られているのだから，すべての問題について長い時間をかけて話し合うことは不可能だし，些細なことであればそもそも話し合うまでもないかもしれない。だが，重要な問題であるにもかかわらず議論や説得の手間を省くことは，長い目でみれば政策の正統性や政府に対する信頼度を低下させかねない。また思いがけない見落としに気が付かないまま決定がなされてしまう恐れもある。そもそも合意を目指して粘り強く議論することは，結果的に合意が不可能であっても試みられるべき意義がある。また，以下でみるように，完全な合意は無理でも②や③の比較的「ゆるい」合意は可能であることが多い。

　そこで以下では，上記②と③のタイプの合意について順に説明し，政策過程における意義について考えることにしよう。

3　重なり合う合意

重なり合う合意とは

　先に述べたとおり，重なり合う合意は，結論については合意がなされるもの

── コラム⑧　価値の通約不可能性 ──

　本文で述べたとおり，数多くの価値や規範が存在し，かつその「大きさ」を測る共通の尺度や基準のようなものがないとすると，どうやって優先順位をつけて物事を決めるべきかわからない，という深刻な問題が生じうる（Chang, 1997）。これを通約不可能性（incommensurability）というが，これは，価値Aを重視する人と価値Bを重視する人がいた場合に，その2人の意見の違いをどうやって調整すべきか，という問題をうむと同時に，同じひとりの人にとっても，価値Aも大事だが価値Bも大事という場合，いずれを選ぶべきかわからないというジレンマ状況を引き起こす。個人のレベルでいえば「仕事と家庭のどちらを優先するか」というような状況を想像するとわかりやすいだろう。

　では，このように，通約不可能でかつ比較も難しい価値が複数存在する場合，個人も社会も合理的に物事を決めることはできない，ということになるのだろうか。

　一部の論者はこの問いに「できない」と答えている。通約も比較もできない複数の価値が存在する以上，個人にとっても社会にとっても，合理的な正しい答えなど存在しないというのである。特に政治学においては個人間の対立が強調されることが多く，たとえばジョン・グレイ（John Gray）のような価値の多元性を強調する論者，またバーナード・ウィリアムズ（Bernard Williams）やレイモンド・ゴイス（Raymond Geuss）のように政治における道徳主義を批判し政治的リアリズムを標榜する論者，さらにはカール・シュミット（Carl Schmitt）やシャンタル・ムフ（Chantal Mouffe）のように政治における「争い」の側面を強調する論者たちは，おおむねこのような立場にたっている。「みんなで集まって冷静に話し合えば正しい答えが見つかる」というようなことは到底期待できないというのである。こうした状況を前提にすると，わたしたちが期待できるのはせいぜいのところ暫定協定のみであるとする論者も少なくない（e. g. グレイ，2000＝2006）。

　これに対して価値が多元的で，通約も比較も難しい場合があるとしてもなお，少なくとも社会にとっては合理的な答えが存在しうるという主張もある。本章で紹介した重なり合う合意はまさにそうした答えを導き出すための工夫であるといえるだろう。

　本章で紹介する妥協は，暫定協定と同様に，比較不能な価値の存在に対する対処戦略として捉えられることもある。だが他方で，重なり合う合意ほどではないものの，暫定協定にくらべれば，より合理的な答えを導くものとして評価されることもある。

の，その根拠や理由づけはさまざまであるような合意を指す。このように説明するとわかりにくいかもしれないが，実際には頻繁におこなわれているものである。たとえば，異なった価値や規範にもとづいて奴隷制に反対する，といったことが考えられる。当然のことながら，自由を重視する者も平等を重視する者もいずれも奴隷制には反対するだろう。また経済成長を重視する功利主義者も，奴隷制は人々の労働意欲を削ぎ，能力の活用が十分におこなわれないため経済成長を阻害すると判断し，奴隷制に反対するかもしれない。またなかには宗教的な理由により反対する者もいるだろう。実際，アメリカの奴隷制撤廃においては「リバイバル運動」と呼ばれるキリスト教信仰の熱狂的な盛り上がりが大きな貢献をなしたことが知られている。このように根拠や理由づけは異なってもひとつの結論に到達することは実際によくみられるものである。

　よく知られているように，もともと重なり合う合意という概念を提示したのはロールズである。ただロールズ自身は，重なり合う合意をあくまで正義にかなった社会を構想する場面における合意として捉えており，個別具体的な政策に関する合意として想定していたわけではない（Rawls, 2005）。社会にはさまざまな価値観の持ち主が存在するが，にもかかわらず社会のあり方を根本レベルで枠づける基本的な点に関して重なり合う合意を達成できるのであれば，その後に生じる具体的な諸問題に対する政策については多数決で決めればよいとされている。だが先に触れたとおり，多様な価値観が存在する状況のもとでは，基本的な社会の枠組みのみならず，通常の政策についてもより広範な合意を目指すことには一定の意義がある。それゆえロールズの意図とは異なるが，ここでは一般的な政策にも適用可能な概念として重なり合う合意を捉えておくことにしたい。

具体的政策に関する合意

　では，このような意味での重なり合う合意は具体的にどのようなものだろうか。以下の3つのレベルにおいて可能となると考えられる。

　第一に，先の奴隷制の廃止の例のように，根拠は異なるものの，具体的な政

策について合意が形成されるケースである。たとえばマイケル・フリーデン（Michael Freeden）は，20世紀初頭のイギリスにおける福祉立法は，異なったイデオロギー間の妥協というよりもむしろ，「一国保守主義，有機的自由主義，穏健な社会民主主義，労働組合のパンとバターを求める社会主義，貴族主義的なノブレス・オブリージュ」のあいだでの収斂（convergence）として捉えられると指摘している（Freeden, 2018：170）。フリーデンによれば，このような収斂は，まったく異なった理由にもとづくものであり，多様なアイデアの重なり合いから徐々に生まれてきたものであるという。このような事例は枚挙に暇がなく，重なり合う合意が公共政策の策定において果たす役割は非常に大きいといえるだろう。

原則に関する合意

　第二に，このような具体的な政策についてではなく，より抽象的な「原則（principle）」についての合意も考えられる。これはとりわけ生命・医療倫理や環境倫理など，政策的応用が前提とされている分野で盛んに議論されており，異なった価値観や世界観の持ち主であっても広く合意が可能な原則を見つけることにより，実際的な政策問題に対応することが容易になると指摘されている。

　まず生命・医療倫理の分野ではトム・L・ビーチャム（Tom L. Beauchamp）とジェイムズ・F・チルドレス（James F. Childress）の4原則が有名である。彼らによれば，安楽死や臓器移植といった生命・医療倫理に関わる問題が生じた際は，「自立の尊重（respect for autonomy）」「仁恵（beneficence）」「無危害（non-maleficence）」「正義（justice）」という4つの原則にもとづいて解決策を考えればよいという（ビーチャム／チルドレス，1989＝1997）。彼らが共同研究を始めた当初，もともとビーチャムは規則功利主義を，チルドレスは規則義務論を支持していたが，これら4原則については「理論を越えた収束（convergence across theories）」に到達できたという。ここでのポイントは，これらの原則は価値そのものとして想定されているわけではなく，また「具体的なケースに適用される規範としてよりも，政策や臨床での意思決定のために解釈され限定化される

一般的ガイドラインとして，理解されるべき」とされていることである（ビーチャム，1999：51）。彼らは，これら4つの原則の関係を理論的に突き詰めたり，原則を支える理論体系を構築したりすることにはあまり意味はなく，むしろそうした努力はかえって政策的応用を困難にしてしまうと主張する。あくまで多様な価値観の持ち主であっても合意可能な一般的な原則として位置づけるにとどめるべきというのである。なお，ビーチャムら自身はこのような提案をおこなうにあたって直接重なり合う合意に触れているわけではないものの，そのような観点からの解釈もなされている（Moreno, 1995）。

　同様に，環境倫理学の分野でも，ブライアン・ノートン（Bryan Norton）をはじめとする環境プラグマティズムを標榜する論者たちが，第6章でみたような「そもそも自然は内在的価値を有するか」といった根本的な問題に取り組むよりも，実際の環境政策をすすめていくうえでどのような倫理的議論をおこなうべきかという観点から考察をすすめることが重要であると主張してきた（ライト／カッツ，1996＝2019）。たとえばノートンは，「価値」に関しては意見が多様であったとしても，「目標」に関しては合意が成立するようになるという「収束仮説（convergence hypothesis）」を唱えているし，アンドリュー・ライト（Andrew Light）も同様に，環境プラグマティズムが異なった規範理論同士の「重なり合い」に注目し，共通する目標の探求に注力するものであると指摘している。彼らによれば，たとえば自然に内在的価値を認める論者であっても認めない論者であっても，地球温暖化に関するさまざまな知見が積み重ねられれば，何らかの対策が必要であることは両者とも認めるはずであるという。確かに，このように異なった価値を重視する者同士のあいだで目標や結論が共有できるようになっていけば，結果的にさまざまな原則が広く支持されることが期待できるだろう。たとえば，近年注目されている SDGs（持続可能な開発目標）や「汚染者負担の原則」「予防原則」などは，その実例といえよう。

決疑論

　第三に，原則よりもさらに具体的なケースや事例に関する合意も考えられる。

一般に法の分野においては，だれもが参照する典型的なケース，および判例が存在し，そこからの類推によって他のケースについても判断をおこなうことがよくなされる。もちろんそうした典型的なケースに関する判断の背後には何らかの理論や価値体系が存在すると思われるが，ポイントは，どのような理論や価値観の持ち主であっても，典型的なケースについては判断がわかれず，一種の重なり合う合意が存在するといえることである。一般に，このような典型的なケースにもとづく判断を重視する議論のことを決疑論（casuistry）と呼ぶが，もし仮にこのようなアプローチが法の分野のみならず公共政策の分野においても可能なのであれば，広範な合意を実現するうえで確かにきわめて有用だろう（Jonsen and Toulmin, 1988）。実のところ，政策にかぎらずさまざまな意思決定の場面で「先例」が持ち出されることには，こうした背景も存在すると考えられる。また，応用倫理学などの分野においてケースメソッドが重視されることにも同様の理由があると考えられる。とりわけ生命・医療倫理の分野においては，さまざまな事例の蓄積とその公開がおこなわれており，多くの関係者が参照するものとなっている。

　このようにひとことで重なり合う合意といっても，その内容はさまざまでありうる。ただ，いずれにせよ，どのレベルにおいてであれ合意の範囲を拡大していくことができれば，具体的なさまざまな政策問題について，より広範な合意が可能となることが期待できる。規範理論を学ぶ意義のひとつはまさにこうした合意の領域を拡大することにあるといえそうである。

重なり合う合意に対する批判

　とはいうものの，むろんこうしたアプローチには批判もある。

　まず，そもそもロールズ的な意味で重なり合う合意を捉えるのではなく，本章で述べてきたように，単に理由を異にしながら結論が同じであるような合意を意味する場合，特に日本のような社会では結果的に「保守的な」あるいは「常識的な」結論に落ち着いてしまう恐れがある。たとえば，自由や平等に対する強いコミットメントが存在しない社会において安易に重なり合う合意を求

めれば，旧来から存在する偏見を前提とした現状維持的な政策しか実現できなくなるかもしれない（品川，2017）。

　第二に，中間的な原則を重視する議論や，個別のケースを重視する議論については，理論的な正当化や体系化の努力が放棄されているのではないか，とする批判も多い。たとえばダナー・クラウザー（K. Danner Clouser）とバーナード・ガート（Bernard Gert）は，ビーチャムらの議論に対して，4 原則の正当性を基礎づけるとともに，原則同士の関係や，その優劣を決めるための包括的な理論が必要であると主張する（Clouser and Gert, 1990）。また，決疑論に対しても同様に，典型的なケースを積み重ねていくことで，結局何らかの理論をうみだすことになるのではないか，とか，具体的なあるケースに対して典型例をあてはめる段階において何らかの理論や原則に依拠しているのではないか，との批判がなされている。

　ただ，これらの批判はいずれももっともだが，ここでのポイントは，多様な価値観を有した人々が，それでもなお，理念や原則，あるいは典型的な事例について合意することができるのであれば，少なくとも公共政策の策定や評価の観点からは大きな意義があるということである。もちろん場合によっては，いったん成立した重なり合う合意に対して異議が提出され，あらためて根本的な価値や規範のレベルにもどって，合意の範囲を確定しなおす作業が求められることもありえよう。

　また実際に，こうした発想は政策立案の現場ではしばしばみられるものである。たとえばよく「一石二鳥，三鳥，四鳥……」をねらった政策立案がおこなわれるが，これは実は「二鳥，三鳥，四鳥……」をねらうことで，単にさまざまな利害を取り込むだけでなく，異なった価値観の持ち主をも広範に合意に取り込もうとする努力として捉えることができる。ひとつの価値だけしか実現できない政策について合意を得ようとすると，完全な合意を目指すしかなくなってしまう。その価値を支持しない人を説得することは非常に難しいからである。その結果，しばしば「二鳥，三鳥，四鳥……」をねらった政策立案がなされるのだが，それはときに重なり合う合意を目指したものとして捉えられるだろう。

4　妥協

妥協の意義

　妥協（compromise）は，容易に合意ができないような厳しい意見の対立が生じた際に，関係者が相互に譲り合うことによって実現する合意のことを指す。したがって，ここでいう妥協は一方的な譲歩や諦めを意味するわけではない。むしろ日本語でいえば「歩み寄り」とか「すりあわせ」，あるいは「痛み分け」と呼ばれるものに近い。それゆえ単なる力関係にもとづく均衡状態（暫定協定）とも異なるし，単なる利害にもとづく取引でもない。また，重なり合う合意のように，根拠は違ってもひとつの結論を関係者がそれぞれ論理的に支持するというものではなく，必ずしも筋が通らない結論について，互いに何かを「犠牲」にすることで実現する，「痛み」をともなった合意である。

　いうまでもなく実際には，政策過程を含めさまざまな場面で妥協がおこなわれており，その存在を否定する人はいないと思われる。だが，その一方で，妥協はやむを得ない悪として否定的に捉えられることが多い。たとえばロールズは，重なり合う合意の概念を提示した際に，妥協は結局のところ暫定協定にすぎない，つまり関係者同士の力関係にもとづく不安定な取り決めにすぎないと指摘している（Rawls, 2005）。

　だが，近年，妥協は，単なる力関係にもとづく均衡状態ではないし，必ずしも不安定なものでもないとする主張がなされている。また妥協は力関係にもとづくものであるため公正でないし，ときとしてひどい不正義を許容するものであるとする批判に対しては，必ずしも不公正なものばかりではないし，道徳的に許容できない妥協と許容できる妥協を区別することは可能であるとする反論もなされている。以下に述べるように，「妥協という合意」を形成することの意義は決して小さくないものと思われる（cf. 平井，1999；佐野，2018；佐野，2020）。

「足して二で割る」

そこでまず，そもそも妥協がどのようなタイプの合意であるかを詳しく説明しよう。簡単にいうと，妥協にもふたつのタイプがある。ひとつは，一般に「足して二で割る」とか「あいだをとる」と呼ばれるものである。もうひとつは，複数の価値について一種の「取引」をおこなうことによって達成される合意である。順に説明しよう。

まず「足して二で割る」タイプの妥協である。このタイプの妥協は，たとえば，一方は教育予算を増やすべきと主張し，もう一方は現状のままでよいと主張している場合に，あいだをとって少しだけ増やす，というような合意である。この種の合意はよくみられるもので，とりわけ予算のような量的な決定についておこなわれやすい。だが実際には予算のようなものばかりではなく，たとえば生命倫理に関わるような「質的な」問題についてもおこなわれることがある。たとえばかつてイギリスにおいて，ヒトの受精卵の科学的利用について議論が生じた際，倫理学者のメアリー・ワーノック（Mary Warnock）を委員長とする委員会が立ち上げられ，最終的に，受精後二週間以内の受精卵については利用してもよい，という妥協的合意に達したことがある（ワーノック，1985＝1992）。いうまでもなく，受精卵の利用についてはキリスト教団体や神学者たちから強い反対を受けていた。人工妊娠中絶に対する反対を想像すれば容易に理解されるだろうが，受精した段階で権利をもった人間として認められるとする立場である。その一方で，科学者たちや，受精卵を利用することで難病の治療につながることを期待した難病患者やその家族たちは利用に賛成したのである。このように利用を認める側と認めない側のあいだで，ゼロサム的な非常に厳しい意見の対立があったわけだが，最終的には，二週間ほどで受精卵に脊髄が発生することを理由に，それ以前であれば実験に利用してよい，という結論に至ったのである。もともとの議論では「認めるか認めないか」しかなかったわけだが「２週間までなら認める」という，いわば「あいだをとった」合意が形成されたのである。当然，このようなあいまいな合意がおこなわれたことには批判も少なくなかったが，その一方で，十分に筋がとおらないとしても，厳しい意見

の対立を乗り越えて合意を形成できたことには称賛も寄せられたのである。[(2)]

「取引」としての妥協

　もうひとつのタイプの妥協は，複数の価値のあいだで一種の取引がなされ，それによって合意が形成されるものである。先に妥協は取引ではないと述べたが，それは一般に取引が利害にもとづく win-win を意味するからである。ここでの価値の取引はそのようなものではない。ポイントは，関係者がそれぞれ，自らが重視するさまざまな価値のうちのある価値を犠牲にすることで，別の価値を実現できることである。具体的にはたとえばアメリカのレーガン政権下における税制改正において，民主党と共和党が，所得税の最高税率を大幅に下げる一方で，法人や高額所得者のためのさまざまな税制優遇措置（「抜け穴」と呼ばれる）を廃止することで合意したことがある。共和党は，累進課税を不公平と捉えるとともに，高額所得者に対する減税による経済活性化が重要と考えたのに対し，民主党は累進課税のほうが公平と考えていたにもかかわらず，優遇措置による不公平を是正するとともに，それによる税収増のほうが重要であると考えたわけである（最高税率の引き下げにもかかわらず結果的に所得税収が増えることが見込まれた）。つまり，各政党はそれぞれ，もっとも大事な価値を実現するために，二番目に大事な価値を犠牲にしたわけである。このような合意は足して二で割るというよりも，複数の価値のあいだで取引的な妥協がおこなわれうることを示している（Gutmann and Thompson, 2012 : 6）。

　では，このようなかたちで妥協によって合意をおこなうことを，どう評価すればよいだろうか。

社会の安定性

　まず，先に見たように，多数決などで決めてしまうことにくらべて，合意にはそれ自体としての意義がある。価値観が多様化した現在，重なり合う合意ですらなかなか実現できないことが多くなっているとすれば，妥協によってでも合意を形成するチャンスが多くなれば，それ自体として大きな意味があると考

えられるだろう。たとえ妥協であっても合意に到達することができれば，社会の安定や決定に対するコミットメントが実現できるのである。実際，エイミー・ガットマン（Amy Gutmann）とデニス・トンプソン（Dennis Thompson）は，多数決ルールのもとでの一時的な多数派による決定よりも，少数派に配慮した妥協にもとづく決定のほうが，より多くの人の合意を可能にし，結果的に，より持続可能で正統性の高いものになると指摘している（Gutmann and Thompson, 2012：xix）。また，スティーブン・レビツキー（Steven Levitsky）とダニエル・ジブラット（Daniel Ziblatt）は，世界的にベストセラーとなった『民主主義の死に方』において，分極化した政治状況のもとではますます歩み寄りが難しくなり，互いに相手を敵とみなし，激しく非難しあうことになるため，結果的に相互の信頼が失われ，民主主義そのものが危機に陥ると指摘しているが（レビツキー／ジブラット，2018＝2018），妥協はまさにこうした危機を回避し，信頼を回復するためのものであるといえる。

寛容と公平性

　第二に，合意一般ではなく妥協に特有の価値もある。まず先に少し触れたとおり，妥協は多様な価値観の存在を許容するものである。しばしば重なり合う合意も，そのような観点から正当化されることがあるが，妥協においてはその多様性の許容度がさらに高まると考えられる。第6章でみたとおり多様な価値観が存在すること自体に価値があるとする考え方もあるうえに，少なくとも現に価値観が多様化しているとすれば，こうした状況にふさわしい合意のあり方であるといえるだろう。たとえば，ある論者たちは，厳しい対立を背景にした政策ほど，特定の価値や規範に依拠したものであると解釈されがちで，そのせいで反発を受けやすくなっているとしたうえで，むしろ妥協にもとづく決定であることを積極的に示したほうが，そうした無用な反発をおさえられるのではないかと指摘している（Arnsperger and Picavet, 2004）。実のところ，同じひとつの政策についてまったく異なる評価がなされることがあるが，多くの場合，これは複数の価値が混在した妥協の産物として政策が決定されたことによるだ

ろう。

　さらに妥協は，相互の譲り合いを通じた，ある種の公正さの実現として評価できる可能性もある。先に見たワーノック委員会の結論もそうだが，「痛み分け」などのことばが示すように，強い側が弱い側を力で押し切るのではなく，双方が譲り合うことで実現される合意においては，だれかが一方的に「割を食った」とか「いい思いをした」ということがない。その意味で，少なくとも関係者のあいだでは「不公平感」はうまれにくいだろう。

物事を前に進める

　くわえて，時間を節約しつつ合意を達成できることも現実的には大きな意義がある。たとえば，ガットマンとトンプソンは，政治において現実に物事を前に進めるためには妥協が重要であると指摘している。ガットマンらによれば，近年アメリカでは，選挙キャンペーンが長期化・日常化し，多くの政治家が支持者へのアピールを意識するあまり，妥協がなされづらくなっているという。そしてその結果，対立する党派間で足の引っ張り合いがなされるばかりで，膠着状態に陥っているという。彼らは，こうした状況から抜け出すためには，政治家のみならず一般の人々が，あらためて妥協の意義を再認識できるようにマインドセットを変える必要があると主張している（Gutmann and Thompson, 2012）。確かに，重なり合う合意においては「譲る」ことは必要とされず，それぞれに筋を通すことができるが，そのぶん合意できる範囲や可能性は限定されてしまい，結局はほとんどなにも決まらない，ということになりかねない。

　このように妥協には，重なり合う合意とも異なる独自の意義があると考えられ，異なった価値観がしばしば衝突する公共政策の策定においても，積極的にその意義が認められるとともに，意識的に利用されることが考えられてよいだろう。

妥協の条件

　ただし，以上のような望ましさがあるとしても，言うまでもなく，なにがな

んでも妥協すればよい，とか，理念にこだわることに意味はない，ということではない。そもそも妥協は異なった価値観同士のあいだでなされる，緊張感をはらんだ合意であり，「融通無碍な玉虫色の合意」とは異なる。そもそも何の価値観も有しない，とか，原理原則に対するこだわりもない，ということであれば，妥協の必要もないといえる。ちなみにマーチン・ベンジャミン（Martin Benjamin）は，①不確実性が高く，②道徳的に複雑な状況であり，そのうえ③時間的制約があるなかで，④関係性を継続する必要があるような状況のもとでは，妥協がなされやすく，また望ましいと指摘している（Benjamin, 1990）。逆にいえば，こうした条件がない場合には，あえて妥協を目指す必要はないかもしれない，ということである。

　くわえて，そもそも妥協のなかには，許容されるものとされないものがある，という議論もありうる。たとえば，アヴィシャイ・マルガリート（Avishai Margalit）は，人間の尊厳のような最低限の道徳的義務に反した妥協を「腐った妥協」と呼び，それは少なくとも積極的に正当化されるものではないと主張している（Margalit, 2009）。ナチスドイツに対する宥和政策などはその典型といえるだろう。[3]

　では，以上のような妥協の性質を踏まえたうえで，よい意味で妥協を実現するには，どうすればよいだろうか。

　第一に，次章で紹介するような分析手法を用いて，主張の根拠となる価値を明らかにするとともに，複数の価値が関わる場合は，その優先順位についてあらかじめよく考えておくことである。先に見たように，優先順位は，単に価値の重さだけではなく，さまざまな観点から考えられる必要があるが，いずれにせよ，ある価値を実現するために，他の価値をどの程度まで「犠牲」にできるかを考えておく必要がある。実のところ，妥協においてはしばしば深刻な犠牲がつきものであり，たとえば，ある面での公平性を実現しつつ，別の面での公平性は犠牲にする，とか，経済成長は犠牲にする，というようなことが避けられない。それゆえ，キアラ・レポラ（Chiara Lepora）は妥協が結果的に「共犯」につながる可能性を指摘しているし（Lepora, 2011），ガットマンらは「汚れた

手」との関連に言及している（Gutmann and Thompson, 2012：57）（本書第11章参照）。したがって，あえて妥協をおこなう場合には，そこまでしてでも実現すべき価値はあるのか，それはなぜかを説明できるようにしておく必要があるだろう。

　第二に，他のイシューとの関連づけをおこなうことで，「取引」の幅を広げる可能性について考えることである。先に見たように，たとえば，アメリカのレーガン政権下における税制改革の際には，所得税の累進度だけを問題にするのではなく，租税特別措置をも議論の対象とすることで，共和党と民主党が合意することができたのであった。これはもちろん「共犯」のリスクを高めることになるが，同時に，合意成立の可能性を高めるものでもある。したがって，場合によっては，自分たちの主張の背後にある価値だけでなく，相手の主張の背後にある価値についても同時に考え合わせる必要があるだろう。それによってはじめて困難な対立状況のもとでも，より広範な合意が可能となるからである。

注

(1)　そのうえでドゥオーキンは，このような暗黙の価値前提があるからこそ，たとえば強姦による妊娠については中絶反対派の多くも中絶を認めているのだし，逆に，中絶賛成派の多くも月齢の進んだ胎児の中絶には反対するのだと主張する（ドゥオーキン，1993＝1998）。

(2)　ワーノック委員会については，ウルフ（2016）のあとがきに，訳者のひとりである原田健二朗による紹介がある（ウルフ，2011＝2016：303-305）。

(3)　ただし，ガットマンらは，妥協の好ましさはそのときの文脈によるため，普遍的かつ一般的な線引きをおこなうことはできないと指摘している（Gutmann and Thompson, 2012：49, 78-80）。

参考文献

グレイ，ジョン（2006［2000］）『自由主義の二つの顔——価値多元主義と共生の政治哲学』松野弘監訳，ミネルヴァ書房。

佐野亘（2018）「妥協を正しく位置づける」村田和代編『話し合い学の多様性』ひつじ書房，191-209。

佐野亘（2020）「道徳的妥協の正当化——予備的考察」『関西大学法学論集』70（2・3），333-358。

品川哲彦（2017）「重なり合う合意か，それとも実践理性か」『関西大学文学論集』66（4），4，51-73。

ドゥオーキン，ロナルド（1998［1993］）『ライフズ・ドミニオン——中絶と尊厳死そして個人の自由』水谷英夫・小島妙子訳，信山社。

額賀淑郎（2009）『生命倫理委員会の合意形成——日米比較研究』勁草書房。

ビーチャム，トム・L．／チルドレス，ジェイムズ・F．（1997［1989］）『生命医学倫理』永安幸正・立木教夫監訳，成文堂。

ビーチャム，トム・L．（1999）『生命医学倫理のフロンティア』立木教夫・永安幸正訳，行人社。

平井亮輔（1999）「妥協としての法——対話的理性の再編に向けて」井上達夫・島津格・松浦好治編『法の臨界Ⅰ　法的志向の再定位』東京大学出版会，187-206。

ライト，アンドリュー／カッツ，エリック（2019［1996］）『哲学は環境問題に使えるのか——環境プラグマティズムの挑戦』岡本裕一郎・田中朋広監訳，慶應義塾大学出版会。

レイプハルト，アレンド（2014［2012］）『民主主義対民主主義——多数決型とコンセンサス型の36カ国比較研究』粕谷祐子・菊池啓一訳，勁草書房。

レビツキー，スティーブン／ジブラット，ダニエル（2018［2018］）『民主主義の死に方』濱野大道訳，新潮社。

ワーノック，メアリー（1992［1985］）『生命操作はどこまで許されるか——人間の受精と発生学に関するワーノック・レポート』上見浩司訳，協同出版。

Arnsperger, C. and Emmanuel B. P., (2004), "More than modus vivendi, less than overlapping consensus : towards a political theory of social compromise," *Social Science Information*, 43(2), 167-204.

Benjamin, M., (1990), *Splitting the Difference : Compromise and Integrity in Ethics and Politics*, Lawrence, Kansas : University Press of Kansas.

Boot, M., (2017), *Incommensurability and Its Implications for Practical Reasoning, Ethics and Justice*, London : Rowman & Littlefield.

Chang, R. ed., (1997), *Incommensurability, Incomparability, and Practical Reason*, Cambridge, Massachusetts : Harvard University Press.

Clouser, K. D. and Gert, Bernard., (1990), "A Critique of Principlism," *The Journal of*

Medicine and Philosophy, 15, 219-236.

Freeden, M., (2018), "Compromise and Political Language," in Christian F. Rostbøll and Theresa Scavenius eds. *Compromise and Disagreement in Contemporary Political Theory*, New York : Routledge, 163-178.

Gutmann, A. and Thompson, D., (2012), *The Spirit of Compromise : Why Governing Demands It and Campaigning Undermines It*, Princeton : Princeton University Press.

Horton, J., Westphal, M., and Willems, U. eds., (2018), *The Political Theory of Modus Vivendi*, Cham, Switzerland : Springer.

Jonsen, A. R. and Toulmin, S., (1988), *The Abuse of Casuistry : A History of Moral Reasoning*, Berkeley : University of California Press.

Lepora, C., (2011), "On compromise and being compromised," *Journal of Political Philosophy*, 20, 1-22.

Margalit, A., (2009), *On Compromise and Rotten Compromises*, Princeton : Princeton University Press.

McCabe, D., (2014), *Modus Vivendi Liberalism : Theory and Practice*, New York : Cambridge University Press.

Moreno, J. D., (1995), *Deciding Together : Bioethics and Moral Consensus*, New York : Oxford University Press.

Rawls, J., (2005), *Political Liberalism*, expanded edition, New York : Columbia University Press.

Sen, A., (2004), "Incompleteness and reasoned choice," *Synthese*, 140, 43-59.

■　　■　　■

読書案内

スティーブン・レビツキー，ダニエル・ジブラット（2018）『民主主義の死に方』濱野大道訳，新潮社

　民主主義の存続にとって合意の形成がいかに重要か，数多くの事例を挙げて説明している。意見の合わない相手のことを「容赦なく叩きつぶすべき敵」とみなすようになれば，もはや民主主義は成り立たない。

額賀淑郎（2009）『生命倫理委員会の合意形成——日米比較研究』勁草書房
　　日米それぞれの生命倫理委員会において合意形成がいかにおこなわれたかを丹念に調査し，分析している。本章で紹介したベンジャミンの枠組みを用いている。

松浦正浩（2018）『おとしどころの見つけ方——世界一やさしい交渉学入門』クロスメディア・パブリッシング
　　意見の相違はもちろん価値観の対立によってのみ生じるわけではなく，したがって実際に合意を形成しようとすると，さまざまな工夫が必要となる。本書はビジネスや家庭も含めたさまざまな場面における合意形成のコツが紹介されている。

練習問題
①　日本において，価値観の対立によって生じている問題として，どのようなものがあるか考えてみよう。
②　身近なところで，重なり合う合意や妥協の事例を探して，どのように合意が形成されたのか考えてみよう。

（佐野　亘）

第**9**章

規範的政策分析

この章で学ぶこと

　本章では，特に政策分析に焦点をあて，そこでの規範や価値の使い方，すなわち規範や価値を実際の政策分析に組み込むための具体的方法を紹介する。これまでの議論から推測されるように，抽象的な価値や規範がそのまま直接に具体的な政策につながることはあまりない。実際の状況や文脈を踏まえて，複雑な事情にも配慮しながら適切な政策を立案しようとすれば，抽象的な価値や規範を具体的な現実に適合するように「ブレークダウン」したり「操作化」したりする必要がある。たとえば「公平性」とひとことでいっても，それを具体的な政策に落とし込むには，その定義を明確にしたうえで，その「程度」を測るためのモノサシや基準といったものが必要になるだろう。それによってはじめて，たとえば公平性の観点から複数の政策案を比較検討することも可能になるのである。政策分析はまさにこうした「ブレークダウン」や「操作化」を可能にするための作業である。本書では，価値や規範を考慮に入れられるような政策分析のことを規範的政策分析と呼び，その実際の分析手順をごく簡単に紹介する。

1　規範的政策分析の必要性

4つのステップ

　第8章でみたとおり，多様な価値や規範が存在し，また多様な価値観の持ち主が存在する状況のもとで政策を策定しようとすれば，合意形成の努力が必要となる。そしてそのためには関係者同士の真摯な話し合いが求められるが，それだけでは不十分なことも多い。というのは，第Ⅱ部でみたとおり，抽象的な価値や規範と具体的な政策のあいだには大きなギャップが存在するからである。

同じ価値を重視しているにもかかわらず，実現のための手段について意見が異なったり，解釈が違ったりすることは少なくない。逆にまた別の価値を重視しているにもかかわらず結論は同じ，ということもありうる。それゆえ，こうした複雑な状況を少しでも整理し，いくらかでも見通しをよくすることが，結果的に，合意形成の可能性を高めることにつながりうる。

　本章では，こうした抽象的な価値や規範と具体的な政策をつなぐための分析手順を紹介する。そもそも政策分析とは，実際に政策を立案したり評価したりするための知的分析作業のことを指すが，本章ではこのような分析作業のなかに価値や規範を組み込むための方法を，ごく簡単にではあるが，紹介したい。なお，本書では，こうした価値や規範の観点を組み込んだ政策分析のことを規範的政策分析と呼ぶことにする。

　まず，規範的政策分析は具体的には次の4つのステップを踏んでおこなわれる必要がある。ただし，場合によっては「行きつ戻りつ」しながら進むこともありうる。

　　①　考慮すべき価値の列挙
　　②　価値の定義と指標化
　　③　政策との関連づけ
　　④　諸価値間の重みづけ

2　考慮すべき価値の列挙

政策の根本目的としての価値

　最初にしなければならないことは，どのような価値・規範を前提に政策を立案・評価するかを明確にしておくことである。わたしたちはしばしば「問題解決」の観点から政策を考えてしまうため，そもそもどのような価値が前提とされているかをあえて意識していないことが多い。何か問題があると感じている時点ですでに何らかの価値判断がおこなわれているのだが，往々にしてそれは

暗黙の了解や無意識の前提とされてしまっているからである。

　たとえば失業者の大幅な増加があった場合，多くの人は何かしら対策をとるべきだと感じ，失業者を減らすためのさまざまな政策案を考えるだろう。だがそもそもなぜ失業者を減らすべきなのかは意外と問われないことが多い。しかし，この点をまず明確にしておかなければ，そもそも何のための失業対策か，というもっとも大事な点があいまいなまま，「とにかく失業を減らせばそれでよい」ということになりがちである。実際には，失業の増加が問題とされる理由は，失業者が人間らしい生活を送れなくなるからだと考える人もいれば，社会不安が生じ犯罪を増加させるからだと考える人もいるだろう。あるいは，社会的総需要が減少し，経済成長が阻害されるためだと考える人もいるかもしれない。当然のことながら，このうちのどの観点から失業の増加を問題とするかによって，対策の方針や中身，方向性も違ってくる。

　たとえば，人間らしい生活を送ることがもっとも大事なのであれば，必ずしも失業を減らさずとも，失業給付を充実させたほうがよいかもしれない。失業を減らすことだけを重視した対策は，結果的に不安定な非正規雇用やブラック企業への就労者を増やすだけに終わり，必ずしも人間らしい生活を保障しないかもしれないからである。これに対して経済成長を重視する観点からは，とにかく雇用が増加しさえすれば内需が拡大し，財政負担を抑えながら経済成長が促進されるので好ましい，ということになるかもしれない。もちろん実際には，他の多くの事情や条件を考慮しなければならないが，少なくとも「そもそも論」をしないままでは，手段と目的の取違えが起きやすく，何のための政策かよくわからないまま実施がなされることになりやすい。要は，政策の根本目的を明確にする，ということだが，それをきちんと価値に基礎づけることが重要である。

トゥールミン・モデル

　それでは実際に政策を立案する場合，どうすればその前提となっている価値を明らかにすることができるだろうか。とりあえず関係者で話し合う，という

根拠・データ（**grounds／data**）		主張（**claim**）
失業者の急激な増加		政府による対策が必要である

論拠（**warrant**）

① 失業を放置することは好ましくない（価値判断）
② 失業は自然に解消されない（事実判断）

図 9-1　トゥールミン・モデルにおける根拠・データ・主張・論拠

ことでもよいのだが，ここでは有名なスティーヴン・トゥールミン（Stephen E. Toulmin）の「議論分析（argument analysis）」を紹介しよう（トゥールミン，1958＝2011）。ディベートのテキストなどによく紹介されるとともに，政策分析の手法としてもしばしば取り上げられる（足立，1984；松田，2012；Dunn，2012）。

　トゥールミンは，何らかの主張をおこなう際には必ずその「根拠（データ）」があり，またその「根拠（データ）」から主張を導き出すための「論拠（warrant）」が存在すると指摘した。具体的には図9-1のように図示される。

　これをふつうの文章になおすと，「失業者が急激に増えているので，政府は対策をうつべきである。なぜなら，失業を放置しておくことは社会的に好ましくなく，また失業は自然に解消されるものではないからである」という具合になる。

　さらに，トゥールミンによれば，このような「論拠」そのものを支える理屈（裏づけ：backing）も必要になるという。たとえば，失業の放置が好ましくないのは「失業の増加が（失業者のみならず）社会全体の幸福度を低下させるから」であり，また，失業が自然に解消されないのは「AI の普及によるものだから」ということかもしれない（もちろん，「裏づけ」のさらなる「裏づけ」も可能である）。図示すると，図9-2のようになる。

論拠（**warrant**）

① 失業増を放置することは好ましくない
② 失業は自然に解消されない

裏付け（**backing**）

① 失業増は社会全体の幸福度を低下させる
② AI の発達により失業が増加している

図 9-2　トゥールミン・モデルにおける論拠・裏付け

　いかなる政策主張についても，この枠組みをつかって分析することで，どのような論理構造でそうした主張がなされているのか，また暗黙の前提は何かがより把握しやすくなる。ちなみに政策研究者として著名なウィリアム・ダン（William N. Dunn）は，トゥールミン・モデルを高く評価し，このモデルにより同じ根拠（データ）から異なった主張を導き出しうることを明示できることに最大の魅力があると指摘している（Dunn, 2012）。

　もちろん何を主張するかによって，またどのような文脈で主張がおこなわれるかによって，なにが論拠として用いられるかは異なりうる。たとえば，当然のことではあるが，事実に関する主張をおこなううえで，その「根拠」や「論拠」，「裏づけ」に価値や規範を持ち出す必要はない。だが政策提言のような主張（「Xすべきである」とか「Xは好ましくない」とか）については，その「論拠」に価値判断が含まれる必要がある。ダンによると，政策に関する主張には，定義的（definitive），記述的（designative），評価的（evaluative），唱道的（advocative）の4つのタイプがあり，なかでも後者2つについては何らかの価値や規範が「論拠」である必要があるという。そして後者2つのタイプの議論であるにもかかわらず，「論拠」に価値や規範の要素が含まれていない場合は，「裏づけ」にまでさかのぼって価値や規範を見つけ出す必要があるとする（Dunn,

2012)。

　このような分析をおこなうことで，当初想定していなかった価値が重要であることが判明したり，複数の価値を前提にしていることが明らかになったりすることもありえよう。また，ある価値（と思われていたもの）が別の価値によって根拠づけられていることもある。たとえば，自然保護をひとつの価値として「論拠」に挙げていたが，さらにその背後にある「裏づけ」を探っていくと，自然そのものの価値ばかりでなく，自然と一体となった文化の価値や，その自然を享受するはずの将来世代の権利といった価値が浮かび上がってくる可能性もある。

3　価値の定義と指標化

正確な定義の必要

　このような分析により政策を支える価値が明らかになったら，次にその価値をできるだけ正確に定義し，さらに可能であれば，それを量的に把握できるように指標を設定する必要がある。

　第Ⅱ部でみたように，公共政策に関わる価値はさまざまであり，その定義も数多く存在しうる。たとえばデボラ・ストーン（Deborah Stone）は，やや誇張しつつ，公平性には9つの定義がありうると述べている（Stone, 2012）。しかしながら，議論分析をおこなうだけでは「公平性」ということばが正確に何を意味するかはわからない。同じことばを使って議論しているにもかかわらず，なぜか話がかみあわないと思ったら，実はことばの定義が違っていたということは，往々にして起こることである。したがって，政策主張を支える価値の論理構造がわかったら，そのことばをできるだけ正確かつ具体的に定義する必要がある。抽象的で漠然とした定義では結局，政策の立案や評価に使えないからである。しばしば政策目的や政策理念として，「共生」や「包摂」，あるいは「人にやさしい社会」や「うるおいのあるまちづくり」など，さまざまな価値（のようなもの）が持ち出されるが，それらの定義があいまいなままではスロー

ガンや単なるイメージ以上のものにはならない。そして適切な定義に基づいて，数値を用いてその実態を把握できるような指標化をおこなうことができれば，ある政策によってどれだけその価値が実現できたかを「見える化」できるし，それによってどの提案が適切かも判断しやすくなるわけである。

とはいえ，実際にたとえば「自由」とか「公平性」といった価値について正確な定義をおこない，指標化することはさほど容易ではない。辞書を見ればわかるというわけではないし，法律用語のように教科書や判例などで意味するところが明確に定まっている，というわけではないからである。

そこでまず定義については，第Ⅱ部の各章がひとつの参考になることを指摘しておきたい。もちろん，規範理論の専門家に相談することも可能だし，将来的には価値や規範に詳しい政策専門家も育ってくるものと思われる。だがここではとりあえず，少なくとも複数の定義がありうること，また，できるだけ定義を明確にしておかなければ，もっとも肝心な点があいまいなまま立案や評価がなされることになりかねないことに注意する必要があることを指摘しておくにとどめよう。

指標化

そしていちおうの定義がなされたら，それを指標化する可能性について考えてみるべきである。もちろん適切な指標を設定することは容易でないし，原理的に難しい場合もありうる。また，数値はしばしば「ひとりあるき」し，妙な誤解をうむ危険もある。実のところ適切に指標を設定しなければ，かえって実態とかけ離れた政策案が採用されかねない。また，価値そのものをあらわす数値が存在しない場合，何らかの代理指標を用いざるを得ないこともあるが，「代理」である以上実態を正確に示さない恐れがある。

とはいえ，適切な指標が設定できれば，政策立案や評価をおこなうえで，非常に有用なツールになりうる。また，十分に正確でないとしても，限界をわきまえて用いるならば有用でありえよう。具体的には次のようなやり方が考えられる。

　第一に，すでに存在するさまざまな指標を活用できる可能性を考えることができる。たとえば，ジニ係数や相対的貧困率，HDI（人間開発指数）といったものは，社会の平等度や人々のウェルビーイング，ケイパビリティなどを（大まかではあるが）示すものとして開発された指標である（cf. 野上，2013）。また，「自由」のように一見すると指標化は難しそうな価値についても，指標化の試みがなされている。たとえばフレイザー研究所とケイトー研究所は，世界159カ国を対象に人間の自由度指数（HFI）を開発し，発表している。これらの指数は基本的に国別のものだが，データさえそろえば，たとえば都道府県別・市町村別の指標を作成することも可能だろう。また，とりわけ環境政策に関しては，グリーン GNP やエコロジカル・フットプリントなど，さまざまな指標が開発されており，参考になるかもしれない。さらに価値の中身によっては，後に紹介する費用便益分析の結果を用いることも可能かもしれない。

　ただし，ジニ係数や HDI，HFI といった既存の指標はあくまで平等やケイパビリティ，自由に関するひとつの解釈・定義にもとづくものであって，これが唯一の「正解」というものではない。実際，たとえば HDI については，指標化の方法に対する批判もなされ，改善の試みもなされてきた。確かに一般的によくつかわれる指標は便利であり，他との比較もしやすいが，そうした指標が重要な規範や価値を正確に表現するものであるとは限らないことに注意する必要がある。

　そこで第二に，すでに存在する指標を修正したり，専門家や市民の意見を参考にして新たな指標を作成したりすることも考えられてよいだろう。実際，幸福度については，多くの自治体で独自の指標づくりの試みがなされてきた。たとえば東京都荒川区では，荒川区民総幸福度（GAH）を独自に定め，政策立案や評価に活用してきた。特に幸福度については OECD をはじめ，多くの機関や組織，専門家が研究を重ねており，それだけにさまざまな議論があるが，政策が立案・実施される地域や領域に応じて適切な修正がなされれば，実現しようとしていた価値をより正確に示す指標化が実現できるだろう。

　第三に，ひとつの指標では一面的になってしまう可能性がある場合は，複数

── コラム⑨ フランク・フィッシャーの政策分析フレームワーク ──

政策研究における「ポスト実証主義」の主要な論者のひとりであるフランク・フィッシャー（Frank Fischer）は，独自の政策分析フレームワークを唱えている（Fischer, 1995）。フィッシャーをはじめ，ポスト実証主義の論者たちは，システム分析や OR，費用便益分析のような従来型の実証的政策分析では，公共政策の重要な側面を見落とすうえ，価値や規範の問題を扱えないと主張してきた。フィッシャーは，そうした実証的政策分析への対案として，次のような政策分析のフレームワークを提示した。まず政策について，現場の文脈レベルにおける評価（ミクロの視点）と，社会全体レベルの評価（マクロの視点）を区別する。また同時に，その政策の妥当性を，政策目標・目的の達成度と，目標・目的そのものの適切さ，という 2 つの側面から検討する。なお，当然のことながら，目標・目的の適切さの検討は規範・価値の観点からなされることになる。それゆえ，この分析フレームワークにおいては，これら 2 つの軸を組み合わせて，4 つの観点から評価がなされることになる。すなわち，ミクロ／目標達成度（program verification），ミクロ／規範的評価（situational validation），マクロ・目的達成度（societal-level vindication），マクロ・規範的評価（social choice）である。

	目標達成度	規範的評価
ミクロ	program verification	situational validation
マクロ	societal-level vindication	social choice

フィッシャーがこのように多元的観点から評価をおこなう理由は以下のとおりである。第一に，政策は一般に具体的な問題に対する具体的な解決策として提案・実施される以上，まず現場の文脈での評価をおこなう必要があるが，同時に，現場から離れて社会全体の観点からの評価も必要である，と考えたからである。そして第二に，現場において，あるいは社会全体のなかで，政策の目標・目的に照らしてどのように機能しているかを実証的に評価することと，価値や規範の観点から評価することもいったんはわけて考えるべきとされたからである。

本章では，このような分析方法については触れられなかったが，本文で述べた分析にくわえて，より詳細な分析をおこなうには，このような方法も参考にされてよいだろう。日本では実際に，このフレームワークを用いて，日本の医療政策に関する分析（小松崎, 2013）やベーシック・インカムに関する分析（齊藤, 2012）がなされている。

の指標を用いることもできる。公平性に関しては多くの指標が知られているが，そのうちのひとつだけでは不十分と考えられるのであれば，複数の指標を用いることも可能だろう。また，どうしても数値で示すことが難しい場合は，質的な基準を用いた大まかなランキングで示すことも考えられる。たとえば，ABC などの評語を用いて，その実現度を示すようなやり方である。

4　政策との関連づけ

ロジック・モデル

　政策提案の根拠となる価値を明確にし，さらにその指標化ができたら，それが実際の政策手段（事業や予算，法律や条例）とどのように関係するのか，その関連性を明確にする必要がある。近年，政策立案や評価においてロジック・モデルが重視されるようになっているが，そこに価値や規範を含めることが必要である。そもそもロジック・モデルは，政府活動とその効果のあいだに存在する因果関係のつながりを把握・確認するための分析手法であり，近年はビジネスの世界でも用いられるようになっている。基本的な方法は以下のとおりである。

　まず，何らかのインプット（予算など）にもとづいて具体的な活動がおこなわれ，その結果としてどのような効果が生じるかを，「インプット→活動→アウトプット→アウトカム（短期・中期・長期）」のようなかたちで示す。たとえば，一定の予算を確保して，失業者に対する新たな職業訓練制度を導入すると，受講した失業者の職業スキルが向上し，中期的に失業率が低下するとともに，長期的には産業構造の転換を促し，さらなる経済成長を可能にする，といったものである。一般に表 9-1 のように図示されることが多い。

　こうした「シナリオ」を作成したうえで，それぞれの項目に数字を書き込むことで，どれだけの予算を使ってどのような政策を実施することで，どれだけの効果がもたらされるかを明確に理解できるようになる，というわけである。

　ここでのポイントは，こうした従来型のロジック・モデルに価値や規範の観

表 9-1　ロジック・モデル

インプット	➡	活　動	➡	アウトプット	➡	アウトカム（短期）	➡	アウトカム（中期）	➡	アウトカム（長期）
予　算		新たな職業訓練制度		失業者の受講		専門スキルの向上		失業率の低下		産業構造転換の促進

点を取り入れるような方向に拡張することで，さらに説得的な議論が可能になるということである。上の例に示されるように，ほとんどの場合ロジック・モデルにおいて示されるアウトカムは「一般的に社会的に好ましいとされていること」があげられるにすぎない。上記の例でいえば，失業率の低下や経済成長といったことである。だが，こうした「社会的に好ましいとされていること」と，本書で論じてきた価値や規範のあいだにはギャップがあることが多い。そこで，たとえば経済成長や失業率の低下そのものに価値があると考えるのではなく，経済成長や失業率の低下によってどのような価値が実現されるのかにも触れたモデルを作成する必要がある。

システム分析

　さらに，このような分析をより総合的かつ精緻にしたものがシステム分析である。システム分析においては，ロジック・モデルのような一直線の因果関係だけを考えるのではなく，関連のありそうな要素を網羅的に因果関係によって結びつけるものだが，ここに価値や規範の要素も書き込むのである。これによりたとえば図 9-3 のような因果関係図が描けるだろう。

　図中，丸で囲ったものが事実に関すること，四角で囲ったものが価値・規範である。矢印は因果関係を示す。このように価値や規範の観点を取り入れたロジック・モデルあるいは因果関係図を作成すると，当初は見えていなかった側面がみえてくる可能性がある。たとえば，新たな職業訓練制度は人々の幸福度を増大させる可能性が高いだけでなく，ケイパビリティを増加させ，各人の自己実現を促進させるとともに，さらに所得格差を縮小する可能性もある。その一方で経済成長は環境負荷を増大させる可能性がある（なお環境負荷がどのよう

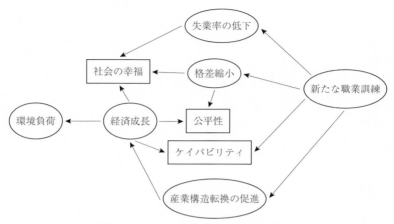

図9-3　システム分析における因果関係図

な価値を毀損することになるかについては煩雑になるため図示していない)。なお，①「考慮すべき価値の列挙」のステップでは，政策を根拠づける価値や規範を明らかにすることが重要だったが，ここでは副作用なども含めて考えるため，複数の価値・規範が関わってくることに注意する必要がある。当然のことながら，関係するすべての価値や規範について，②「価値の定義と指標化」のステップでおこなったような作業が必要となる。

　このようにロジック・モデルあるいは因果関係図のなかに価値・規範との関連づけを組み込むことで，より根本的かつ総合的に政策について考えることができるようになるし，他の政策案との比較もより多面的におこなえるようになることが期待される。実のところ政策の現場ではそのときどきの社会の雰囲気のなかで「漠然と社会的に好ましいとされていること」を前提に政策が立案されたり評価されたりすることが少なくない。だが，こうした分析をおこなうことで，そもそも何を実現したいのか，なにがもっとも大事なことなのかが「見える化」できるようになる。また，ある政策をめぐって賛否がわかれている場合には，どの部分で議論が対立しているのか，事実に関する部分なのか価値に関する部分なのかもより理解しやすくなるだろう。

表 9-2　諸価値の「星取表」

	公平性	幸福度	環　境
政策案A	○	△	×
政策案B	×	○	○
政策案C	△	△	△

5　諸価値間の重みづけ

諸価値間の関係

　一般に公共政策はただひとつの価値に関わることはめったになく，複数の価値に関連している。もちろん功利主義のように，効用のみが重要な価値であり，そのほかに価値は存在しないと考えるのであれば話は簡単である。だが第Ⅱ部でもみたとおり実際には，多くの人々は，複数の価値が存在し，いずれもそれなりに重要であると考えている。それゆえ，ひとつの政策が複数の価値に関わる場合，どの政策案を採用するか，あるいはどの価値を重視するか，という難しい問題に直面することになる。とりわけ，ある政策によって正の効果と負の効果の両方が予想される場合，複数の価値のあいだで優先順位をつけるか，バランスをとる必要が生じる。

　これまでしばしばおこなわれてきたのは，単純に，複数の政策案について，それぞれいかなる価値をどの程度実現するかを表 9-2 のような「星取表」で示すことであった。

　このような表を作成してみることは，もちろん政策立案や評価に際して，意味のあることである。とはいえ，こうした表を作成するだけでは，結局，どの政策案を選べばよいか，という問いに答えることは難しい。たとえば，このように 3 つの価値を並列すると，○がふたつついている政策案Bを採用すべきか，あるいは，ひとつも×のないCを選ぶべきか，ということになりがちである。だが，そもそもこの政策は公平性の実現を最大の目的としているということであれば，Aを選択すべきかもしれない。

　こうした混乱が生じるのは，そもそも政策と価値の関係をあらかじめ十分に考えていないからということもありうるが，同時に，複数の価値が関わる場合の優先順位づけはそもそも難しい問題だからでもある。

　では，このように複数の価値が関わる場合，どうすればいいのだろうか。ひとつの方法は，複数の価値のあいだに辞書的序列（レキシカル・オーダー）をつけることである。辞書的序列とは，辞書においてアルファベット順に単語が並んでいるように，さまざまな価値の優先順位を明確につけることを意味する。たとえば公平性は絶対的に幸福度に優先する，とか，環境の価値は公平性に絶対的に優先する，というようなことである。もし仮にこうした絶対的な順位づけが可能であれば，政策選択は容易になるだろう。

　しかしながら実際には，そのような明確な順位づけをおこなうことは通常困難である。確かに特殊な状況やケースであれば，絶対的に優先されるべき価値はありえよう。たとえば，テロ対策のためとはいえ子どもに対して拷問をおこなうことには，ほとんどの人が反対するだろう。「拷問されない権利」は他の価値に対して絶対的に優先すると考えられているからである。だが，実際には，このような絶対的な優先順位づけが可能なことは少ない。公平性が改善されるならば人々が不幸になってもよい，とか，自由を保障するためなら環境に深刻なダメージがあってもよい，とは，多くの人は考えないからである。

　そうすると，わたしたちは，複数の価値のあいだでバランスをとったり，重みづけを与えたりせざるをえない。たとえば深刻な感染症の拡大を防ぐために人々の自由を制限することは，少々であれば許されるかもしれないが，あまりに強い制限は認められない，といった具合である。

費用便益分析

　では，そうしたバランシングや重みづけは，どのようにおこなえばよいだろうか。なかには，こうした判断は直観や決断によってのみ可能であり，だれもが納得する合理的な方法はないと考える人もある。しかしながら，まったく方法がないわけではない。たとえばそのひとつが費用便益分析である。一般に費

用便益分析は，第Ⅱ部で紹介したように，功利主義にもとづくものと考えられているが，必ずしもそうとは言えない。たとえば個人の尊厳や文化的価値なども含んだ分析をおこなうことも，ある程度は可能である。順をおって説明しよう。

　そもそも費用便益分析は，各人がなににどれだけ支出したいと思っているか（あるいは現に支出しているか）に着目し，そこからさまざまなモノやサービスの価値の大きさを測定しようとするものである。たとえば，川に橋を架けるべきかどうかが問題になったとして，では，その橋にどれだけの価値があるかは，その橋を作るために住民がどれだけの金額を払いたいと思っているかに着目すれば測定できる，ということである。橋があれば便利だと思っている人はたくさん払ってもよいと考えるだろうし，橋があってもほとんど使わない人は少ししか払いたくないだろう。こうした人々の「意向（支払意思額と呼ばれる）」を足し合わせたものが，いわば橋の社会的価値であると考えるわけである。そのうえで，その橋の価値を，橋を架けるために必要なコストと比較すれば，橋を架けるべきかどうか答えが出そうである。たとえば，100万円払ってもいいから橋が欲しいという人が10人いるとすれば，その橋の価値は1,000万円と見積もられる。それに対して橋を架ける費用が500万円なのであれば，他の条件を考えなくてよければ，架けたほうがよさそうである。しかし，費用が2,000万円かかるのであれば，やめたほうがよいだろう。このような分析は，もちろん橋だけでなく他のさまざまなモノやサービスにも応用可能である。近年では，たとえば景観とか生態系の保護といった分野でもこうした分析手法が用いられている。

　このように費用便益分析は（原理的には）世の中に存在するありとあらゆる価値を金銭評価し，そのうえで便益と費用の差に注目するものであるため，一般的には，功利主義の発想にもとづくと考えられている。だが，その一方で単純に功利主義とは呼べない側面も有している。上に見たとおり，費用便益分析では，貴重な生態系や文化財，ときに人間の生命といったものの価値も評価されるが，そうした評価は功利主義にもとづいているというよりも，社会全体と

してなにをどれだけ大事にしたいと考えているかを示す「指標」ないし「目安」として捉えることもできるからである。たとえば，わたしたちの多くは仕事も家族も友人も趣味も大事だと考えているが，それぞれの「大事さの度合い」は，それぞれに費やされる時間や金額に示されている，と考えるのはそれほど奇妙なことではないだろう。同様に社会全体としてなににお金を使っているのか（使いたいと思っているのか）に注目すれば，社会全体としてなにをどの程度大事と考えているかが推測できそうである。ここでのポイントは，こうした推測は，功利主義のように効用や幸福のみを重視する考え方を採用しなくても意味がある，ということである。しばしば費用便益分析はそれ自体がひとつの価値基準ないし政策規範として理解されるが，そうではなく，あくまで意思決定支援のための分析ツールにすぎない，ということである（Adler and Posner, 1999）。

費用便益分析の意義

　たとえば，キャス・R・サンスティーン（Cass R. Sunstein）は，人命の価値を費用便益分析によって評価することは，個人の自律や自己決定の観点からも正当化可能であると指摘している（サンスティーン，2014＝2017）。大気汚染によって10万分の1だけガンで死亡する確率が上昇するとして，それを避けるために多くの人は実際にどれくらいのお金を払っているかを算出し，それにもとづいて政策を決めることは，彼らの判断を尊重することにほかならず，したがって自律の価値にかなうというのである。同様に，自然や文化を金銭評価する場合も，すべてを貨幣換算することにポイントがあるのではなく，自然や文化がそれ自体として価値を有しているとしても，それらの保護のために無限の資源を投入するわけにはいかない以上，どこかで「見切りをつける」必要があり，その「見切り金額」を推定するために金銭評価がおこなわれる，と考えることもできるのである。したがって，第5章でみた分配的正義や，第6章でみた非個人主義的価値も，費用便益分析によってその大きさを「測定」することができる。そして，こうしたかたちで測定することが可能になれば，複数の価

値の大きさを相互に比較することもできるようになるだろう。実際に権利の侵害を費用としてカウントし，費用便益分析に含めるべきとする議論もなされている（Zamir and Medina, 2008）。実のところ，いかなる権利の保護・実現にも費用がかかる以上，あらゆる権利が常に絶対的な価値をもつと考えることは難しく，費用便益分析のような方法が適切かどうかは別として，何らかのかたちで費用を考慮せざるをえないのは確かである。

　ただし，このようにあらゆるものを金銭評価することには批判も多く，また一般の人々の抵抗感も大きいだろう。そこでローズマリー・ローリー（Rose-mary Lowry）とマーチン・ピーターソン（Martin Peterson）は，ロバート・グッディン（Robert E. Goodin）の議論に依拠しつつ，費用便益分析は決して功利主義とのみ結びつくものではなく，たとえば権利を侵害するようなオプションははじめから除いたうえで費用便益分析を用いるとか，不適切な選好は費用や便益にカウントしないようにするといった方法を提案している。このようにすれば費用便益分析は功利主義以外の価値とも両立可能であり，有用であるというのである（Lowry and Peterson, 2011）。

　くわえて近年では，費用便益分析のなかに公平性の観点を取り入れようとする試みもある。たとえば，帰着便益分析をくわえることで分配の公平性についてチェックすることも提案されている。帰着便益分析とは，ある事業なり施策なりによって生じた便益や費用が，実際にだれにどれだけもたらされるかを把握するためのものである（上田・高木・森杉・小池, 1999）。このような分析によって，全体としてはプラスが大きいものの，特定の人々が大きなマイナスを負担している，とか，おおむね便益と費用のバランスがとれている，とかが確認できるわけである。さらに，こうした分析にもとづいて，たとえばドイツなどでは，特にめぐまれない人々や地域については費用と便益を割り増して計算する，というようなこともおこなわれている（上田・長谷川・森杉・吉田, 1999）。また，社会的割引率を低く設定することで現在世代と将来世代のあいだの公平性がたもたれるように配慮すべき，という議論もある。

多基準分析

費用便益分析とは異なるもうひとつの方法が，多基準分析（multi-criteria analysis）である。費用便益分析のようにあらゆる価値を金銭換算してしまうのではなく，さまざまな異なった価値をそれぞれ点数化し，それに何らかの重みづけをくわえて足し合わせる（あるいは平均をとる）ものである（cf. ネイカンプ／ヴァン・デルフト／リートベルト，1977＝1989；堀江・萩原，2003）。たとえば，どこに橋を架けるべきかが問題となった場合に，個々の提案について複数の基準を用いて評価し，それらをさらに「統合」することで順位をつける，というものである。たとえば，橋を架ける費用，渋滞解消の効果，騒音，景観への影響，防災機能，地元の産業振興などについてそれぞれ点数をつけ，それらをさらに「統合」することができれば，費用便益分析とはちがったかたちで価値の大きさの「測定」が可能になるのである。

実は，こうした分析は，「世界都市ランキング」や「大学ランキング」など，公共政策にかぎらず，さまざまな分野でしばしばおこなわれている。公共政策における事例としては，たとえばかつて首都機能移転が議論された際，国会等移転審議会が，候補地選定にあたって，16の基準（18の項目）について点数をつけ，さらにそれらを統合することで候補地を絞り込む，という作業がおこなわれたことがある。実際に用いられた基準は，「アクセス容易性」や「地形の良好性」，「水供給の安定性」や「景観の魅力」などである。これらの基準について，それぞれに専門家が点数をつけ，さらに基準間の重みづけをおこない，統合し，順位をつけている。結果的に栃木・福島地域の点数がもっとも高く，岐阜・愛知地域がそれに次ぐ評価となり，1999年に出された最終的な答申ではこの2地域が移転先候補地として選ばれることになった（国会等移転審議会，1999）。

なお，重みづけの方法はさまざまであり，たとえば任意のふたつの基準をとりあげ，どちらのほうがどれくらい重要か，専門家集団にアンケートをとる，ということを，すべての基準について総当たりでおこなうことにより，全体としての重みづけの度合いを決める，というような方法が提案されている（一対

評価法)。

多基準分析の課題

ただし，もちろん，そもそもどのような基準が取りあげられるべきか，また基準間の関係をどう考えるべきか，ということについては検討の余地が大きい。第一に，実際におこなわれている分析をみてみると，カテゴリーわけが適切になされていないと感じることも少なくない。たとえば，先に紹介した首都機能の移転先の評価においては，基準のひとつとして「社会的受容可能性」があげられていたが，そうしたものをたとえば「安全性」などと同じレベルで点数化して足してしまってよいのか，という疑問がありえよう。そのほかにも，挙げられている基準が相互に排他的になっておらず，部分的に内容が重なってしまったり，ある基準が別の基準を包摂するようなものになっていたり，ということもありうる。

また第二に，そもそもどのような基準を挙げるべきか，重みづけをどの程度にするかについて，専門家の意見にもとづいて決めてしまってよいのかという問題もある。費用便益分析では，実際に人々が払ってもよいと思っている金額（ないし実際に払っている金額）が用いられるため，専門家の判断は混入しにくい。ところが，これに対して多基準分析では専門家の判断の果たす役割が非常に大きくなってしまうのである。

こうした問題に対しては以下のような対応が考えられるだろう。まず前者の問題については，先に見たロジック・モデルなどを活用することで，複数の基準間の関係がどうなっているかを論理的に整理したり，見落としている基準がないかをチェックしたり，といったことが考えられる。また，後者の問題，すなわち専門家の意見に偏ってしまう恐れに対しては，一般市民の声を取り入れた方法を考えることも一案である。たとえば，近年，市民間の討議にもとづいて，基準の列挙から重みづけの度合いまで決定する，という取り組みが実際におこなわれるようになっている。熟議型多基準評価（deliberative multi-criteria evaluation）と呼ばれるものであり，一般の市民や利害関係者がワークショップ

形式で参加し，なにを大事な価値とするのか，また，それらをどう重みづけをするのか，自分たち自身で答えを出すものである（Proctor and Drechsler, 2006）。このような手法は，関係者間の紛争調整・合意形成を支援する方法としても注目されている（Giuseppe, 2017）。

注

(1)　さらにトゥールミンは，数学の証明などとは異なり，現実の社会においては，いかなる主張についても常に反論可能性が残るとする。たとえば適切な失業対策をおこなうための資源や能力が政府に備わっていないのであれば，「政府による対策が必要である」という主張を導き出すことは不適切だろう。それゆえ，上記の議論に対して，「政府が十分な対応能力や資源をもっているかぎりで」という留保条件をつける必要がある。こうした留保条件，すなわち反論可能性のことを，トゥールミンは「反駁（rebuttal）」と呼んでいる。また，このような「反駁」の強さによって，導き出される「主張」の確からしさの程度が違ってくると指摘する。たとえば政府の対応能力に特に問題がなさそうであれば，その「主張」は「ほぼ確実に」確かであるといえるだろう。だが，政府の能力にやや疑問符がつくような状況であれば，その主張は「おそらく」正しい，ということになりそうである。トゥールミンは，こうした主張の「確からしさ」を示す「ほぼ確実に」とか「おそらく」ということばのことを「限定詞（qualifier）」と呼んでいる（トゥールミン，1958＝2011）。

参考文献

足立幸男（1984）『議論の論理──民主主義と議論』木鐸社。

上田孝行・高木朗善・森杉壽芳・小池淳司（1999）「便益帰着構成表アプローチの現状と発展方向について」『運輸政策研究』2（2），2-12。

上田孝行・長谷川専・森杉壽芳・吉田哲生（1999）「地域修正係数を導入した費用便益分析」『土木計画学研究・論文集』16，139-145。

国会等移転審議会（1999）「国会等移転審議会答申」。

小松崎俊作（2013）「多元的政策分析の実践──新医師臨床研修制度を例に」『公共政策研究』(13)，46-64。

齊藤拓（2012）「政策目的としてのベーシックインカム──ありがちな BI 論を然るべく終わらせる」『Core Ethics』8，149-159。

サンスティーン，キャス・R.（2017［2014］）『命の価値——規制国家に人間味を』山形浩生訳，勁草書房。

トゥールミン，スティーヴン（2011［1958］）『議論の技法』戸田山和久・福澤一吉訳，東京図書。

ネイカンプ，ペーター，A・ヴァン・デルフト，パイエット・リートヴェルト（1989［1977］）『多基準分析と地域的意思決定』金沢哲雄・藤岡明房訳，勁草書房。

野上裕生（2013）『すぐに役立つ開発指標のはなし』アジア経済研究所。

堀江典子・萩原清（2003）「多基準分析の今日的意義と課題」『総合都市研究』（82），93-103。

松田憲忠（2012）「トゥールミンの「議論の技法——トゥールミン・モデル」」岩崎正洋編著『政策過程の理論分析』三和書籍，149-165。

Adler, M. D. and Posner, E. A., (1999), "Rethinking Cost-Benefit Analysis," *Yale Law Journal*, 109, pp. 165-247.

Dunn, W. N., (2012), *Public Policy Analysis*, 5th ed., Boston : Pearson.

Fischer, F., (1995), *Evaluating Public Policy*, Chicago : Nelson-Hall.

Munda, G., (2017), *Dealing with fairness in public policy analysis : a methodological framework*, EUR 28751 EN, Publications Office of the European Union, Luxembourg.

Lowry, R. and Peterson, Martin., (2011), "Cost-benefit analysis and non-utilitarian ethics," *Politics, Philosophy & Economics*, 11(3), 258-279.

Proctor, W. and Drechsler, M., (2006), "Deliberative multicriteria evaluation," *Environment and Planning C : Government and Policy*, 24, 169-190.

Stone, D., (2012), *Policy Paradox : The Art of Political Decision Making*, 3rd ed., New York : W. W. Norton.

Zamir, E. and Medina, B., (2008), "Law, economics, and morality : Integrating moral constraints with economic analysis of law," *California Law Review*, 96, 323-392.

■　　■　　■

読書案内

ノーマン・ダニエルズ，ブルース・ケネディ，イチロー・カワチ（2008）『健康格差と正義——公衆衛生に挑むロールズ哲学』児玉聡監訳，勁草書房

　社会全体の健康度に関わる実証的な分析と，社会経済格差に関する規範的分析を組み合わせた論文と，それへの他の論者からのコメント，さらに著者たちによる応答が載せられている。具体的な社会問題に対する規範理論にもとづく分析の事例としてすぐれている。

足立幸男（1984）『議論の論理——民主主義と議論』木鐸社
　トゥールミンの議論分析の枠組みを修正し，より洗練された方法を提示したうえで，人工妊娠中絶を事例に分析をおこなっている。いまなお読み継がれる名著。

キャス・R・サンスティーン（2017）『命の価値——規制国家に人間味を』山形浩生訳，勁草書房
　実際にオバマ政権で規制の評価に関わった著名な法学者が，生命というもっとも金銭評価しづらい対象をいかにして扱ったか，具体的なケースを挙げながらわかりやすく説明している。

練習問題
①　第Ⅱ部で紹介されているさまざまな価値や規範のなかからひとつを選んで，どのようにすれば適切に指標化できるか，考えてみよう。
②　興味のある政策について，価値や規範を含んだ，ロジック・モデルあるいは因果関係図をつくってみよう。

（佐野　亘）

第Ⅳ部
規範適用の現場

第10章

理想と現実の距離

── この章で学ぶこと ──

　理想は社会においてなかなか実現されないが，それは克服されるべき問題なのだろうか，それとも受け入れられるべき現実なのだろうか。本章が扱うのは，このことに関する議論である。一般的に，哲学者は理想的な社会を説き，その追求に熱心な人々だと思われることが多い。哲学者が社会を支配して理想を実現することを論じたプラトンなどはよく知られている。しかし，フランス革命の混乱や共産主義圏の政治など，哲学的な理想の政治的追求が悲劇を生むことが学ばれてから，より慎重な立場も数多く生まれている。本章では，理想を直ちに社会において実現しようとする立場とは異なる議論を紹介する。そもそも，善意によって社会を改善しようという試みには，どんな問題があるのだろうか。また，哲学的理念は社会を改革するうえで，本当に有効なのだろうか。社会の合理的計画による改善への批判や保守主義の思想などがこれらの疑問に答える。これを踏まえたうえで，本章ではさらに，漸進主義などの社会の現状をある程度受け入れて社会改革を目指す考えを紹介する。

1　理想と現実の距離への認識

残り続ける社会問題

　政策の規範は多くの場合，何らかの社会に関する理想を含んでいる。たとえば，貧富の格差が小さな社会は，政治的立場を問わず，多くの人が経済政策において掲げる理想である。他方で，理想からかけ離れた社会的事実も存在する。わたしたちはこれを，社会の現実であると考える。そして，政策はこの社会の現実を理想に近づける道具である，と考えられることも少なくない。もしあなたが，貧富の格差が人間の尊厳を傷付けることを理由に，富裕層への増税に

よって格差を解決する政策を訴える政治家を支持したとしよう。その際あなた
の支持理由は，この増税政策が，尊厳が実現される社会という道徳的理想に向
けて社会の現実を変革しようとする動きへの最良の道具に思えるから，という
ものであろう。しかし，現実を理想に向けて変革する政策の力は，それほど大
きなものではないというのが，正直な感想かもしれない。貧富の格差をはじめ，
多くの社会問題がこれまで論じられてきたし，また理想を実現しようとする
人々によって，多くの政策が提言され，実行されてきた。だが，数多くの社会
問題は完全な解決をみることなく，いまも存在している。このような状況を考
えれば，社会の現実を政策を通じて理想に近づけようとすることに，はたして
どんな意味があるのかと思うとしても不思議ではない。

政策による夢の世界の実現は難しい

　本章が扱うのは，まさにこのような理想と現実の隔たり，つまり距離の問題
である。このような距離があることを非常に腹立たしく思う人も多いだろう。
それは社会的問題に苦しむ人の救済に失敗することを意味していると思われる
からだ。しかし，もし社会が理想を完全に実現するようにはそもそもできてい
ないとすればどうだろうか。わたしたちは，人間の作っている社会は人間に
よって完全にその構造を解明できるとか，またそのような知識によってコント
ロールできると考えがちだ。しかし，たとえば近年の経済政策にみるように，
なぜ物価の上昇がおきるかということひとつに関しても，経済システムに詳し
い学者の意見は一致しないし，物価を政策によってあげることにも大きな困難
がある。多くの社会事象や自然現象は複雑であり，社会科学や自然科学の知識
を基に，政策的にコントロールすることはそうそう簡単ではない。そうであれ
ば，社会が政策によって理想に完全に一致することは非常に難しい。理想を放
棄すべきだというのではない。しかし，複雑な現実を前にすれば，政策による
社会改善の目的が，理想による夢のような世界の実現であるということは難し
くなる。では，そのようなことを承知したうえで，それでもなお社会を改善し
ようとするのであれば，どのような立場が必要になるのだろうか。この問いを

念頭に置きつつ，まずは理想と現実の距離を政策的に乗り越えようとする発想
の問題をより詳しくみていこう。

2　合理的計画による社会改善への疑問

計画的社会改善の問題

　政策と規範の関係の研究において日本のパイオニアというべき足立幸男は，
社会を合理的計画に基づいて改善するという発想について，批判的に検討をく
わえている（足立，1994：27-37）。足立によれば，ジェレミー・ベンサム（Jere-
my Bentham）やオーギュスト・コント（Auguste Comte）などに歴史的な起源
のある，社会を合理的計画によって改善しようという発想は，次のような特徴
をもつという。それは，科学やテクノロジーの力への信頼に基づいて，社会運
営のための大きな計画をつくり，その実行を徹底することで，よりよい社会の
実現を目指すというものである（足立，1994：27-29）。このような発想は一見
もっともらしいが，これまでにも多くの批判にさらされてきたことを足立は指
摘する（足立，1994：30-35）。たとえばカール・ポパー（Karl Popper）は，社会
がいかにあるべきかについての理想像を描き，現実をそれに合わせるべく，強
権的な支配も辞さずに社会を変えようとする試みを，「ユートピア工学」と呼
んで批判している（ポパー，1950＝1980：第9章）。

計画や管理の徹底を批判する

　これらを踏まえて，足立は社会を合理的かつ計画的に改善するという発想に
対して，2つの批判をくわえる。第一は，計画の徹底が生み出す問題である
（足立，1994：35-36）。計画はそもそも社会の改善のために作られるから，社会
がよくならなければその計画は見直され，別の計画に置き換わるべきであろう。
ところが，計画の実行を徹底しようとすれば，計画をおこなうことそのものが
目的に代わってしまう恐れがある。こうなると，たとえその計画が社会の改善
に役立たないとわかったとしても，それをさらに実行しようとするかもしれな

い。そのようなことは社会にとって大きな害をもたらすことになりうるのである。

　第二は，エリート集団による管理の徹底である（足立，1994：36-37）。一般的に考えて，社会を改善するための計画を策定するのは，専門家集団であったり，専門的知識に長けた官僚であったりする。さてこのような集団はまさに専門的知識において他の追随を許さないエリート集団であるから，彼らの立てた計画は，ほぼ間違いのないものとして実行されるだろう。しかし，専門家集団であってもその判断は誤りうる。そもそも専門的知識自体が誤りを含みうるし，だからこそ学術研究が継続されていることもまた事実なのである。だが，ひとたび専門家集団の権威が確立してしまうと，それに逆らうことは難しい。むしろエリート集団は異論や反論を抑え込もうとして，計画の実行を貫徹すべく人々や組織の管理を徹底しようとするだろう。こうなれば大きな害がもたらされる。

計画は常に誤りうる

　もちろん，計画がない行政ということはありえないし，これらの批判がそれをすすめているわけではない。しかし，足立が指摘するように，合理的計画によって社会を改善するということそのものに大きな問題が伴いうるのである。これは，理想と現実の距離を考える際にはとりわけ重要である。というのも，理想と現実を近づけようとすれば，その努力は多くの場合，合理的に計画を作って社会を改善するという形をとると思われるからだ。もしあなたが貧富の格差を小さくしたいという理想をもち，それを実現しようすれば，その具体的な努力は専門家とともによい計画を作り，それを大規模に実施することになるだろう。しかし，ここに落とし穴があるのだ。この努力は規範的によいもの，つまり道徳的なものだから，そもそも批判しにくい。さらには専門家の知識に支えられているから，これも計画の批判を難しくする。だが，どんなに善意に満ちていても，専門家の支えがあったとしても，計画は常に誤りうる。そしてその可能性を無視して批判を抑え込もうとすれば，悲劇が生まれるだろう。理

想と現実の距離を縮めようとする際には，このことへの注意が必要である。

3　社会的規律への批判

人間性の改造の発想

　関連した論点として，ミシェル・フーコー（Michel Foucault）による社会の合理的運営への批判をみておこう。フーコーは，わたしたちの日々の生活を支えている近代の諸制度が，人々に特定のふるまい方や行動の仕方を教え込むために機能していることを指摘した（フーコー，1975＝1977）。それが端的に表れているのは，罪を犯した囚人をまっとうな市民に変えるための施設となった刑務所である。囚人は刑罰によって滅ぼされるべき者ではなく，正しい生活をおくることによって矯正され，経済活動に貢献し，良心をももった存在へと生まれ変わるために，刑務所に送られるのである（フーコー，1975＝1977：第2部2章）。さらには，犯罪のような社会的問題を抑え込むための矯正だけではなく，その社会の成員の力を引き出すための規律と訓練が社会において一般化する（フーコー，1975＝1977：第3部3章，esp. 211-212）。学校や企業など，社会の集団が運営され，その目的を果たすためにまず必要なものは，その成員の規律と訓練であることに異論はないだろう。つまり，人々はみな，社会にとって都合のよい存在へと鍛えあげられているということである。

　フーコーの規律や訓練を中心とする社会運営の分析は，先の合理的計画による社会改善への努力が持ちうる問題を明らかにする。もし，合理的計画を徹底的に行おうとするならば，そのような計画を十分に理解し，またそれに柔順に従ってくれる人々が好ましい。だが，実際の社会はそのような人だけから成り立っているわけではない。人々の能力も信念もさまざまであり，合理的計画を貫徹するという目的にとって問題となるような人物も多くいるかもしれない。そうであれば，社会は人間そのものを，都合のよい能力や信念をもつように，訓練によって変えようとする可能性もある。このような人間性の改造の発想は，国家権力に従順な歯車を作るという方向に振れやすいであろう。特にインター

ネットを介して人々がつながり，情報が大企業や公的機関に蓄積され，その便利さから私生活までもがスマートフォンのアプリケーションによって管理されている現代において，人間そのものを作り変えるという政策は十分に現実味を帯びている。

「善意」が生じる問題

　理想と現実の距離という観点から，これは重要な意味をもつ。もし理想に向けて社会を改革しようとする者が，実際の人々のあり様に失望したらどうだろうか。理念やそれに向けた計画をあまり理解しようとせず，場合によっては異議を唱え，また理解したとしてもそれに協力的であることに不十分な人々に出会えば，彼らを教化したいと思うことは十分にありえる。特に理想への信念が強固であればあるほど，悪いのは理想やそれに基づく計画ではなく，理想と計画に適合できない人々であると強く思いこむかもしれない。そうなれば，まさにフーコーが指摘したように，規律と訓練によって人々を変えることこそが理想の達成に必要であるということになるだろう。しかし，もし計画のための規律と訓練が自己目的化すれば，足立が指摘したような計画の崇拝が発生しているといえる。さらに，規律と訓練の崇拝とでも言うべき本末転倒した状況を呼ぶことも考えられる。これは政治的立場によらない。あらゆる政治的立場にとって，人々が多様であることから生じる改革の困難さは同じだからである。理想と現実の距離を近づけようという努力は善意に満ちているが，その結末が悲劇にならないためには，善意によって現実を変革する努力に潜む問題点について熟知することが必要である。

4　保守主義

現実世界に根をもつ理念への注目

　これまでにみてきた問題は，現実と折合いをつけながら社会を運営するべきでないか，という観点を示唆する。計画の絶対視や管理の徹底，さらには規律

── コラム⑩　「再発防止」の理想と現実？ ──

　企業や役所で不祥事が起きたり，また事故があったりすると，必ず再発防止策がおこなわれる。これ自体は，将来予見される同様の不祥事や事故を防ぐ効果をもつから，道徳的にも大いに望ましい。しかし，不祥事や事故を起こさないということが組織的な理想として掲げられた場合はやっかいである。つまり，不祥事や事故の防止が組織を縛る絶対的道徳になってしまう場合だ。

　考えてみれば，人間は完全ではないから，多くの人を抱える企業や役所では，年間ある一定の割合で不祥事や事故が起きてしまうだろう。これは社会一般の特徴だ。それを想定していないのであれば，警察も消防もそもそもいらないから，これは否定しがたい。ということは，不祥事や事故の再発防止は，不祥事も事故も一定程度発生するものと想定して，そのリスクを管理するという態度で臨むのが適当だろう。再発防止策はある程度の効果が見込めればそれで十分であるということだ。

　だが，もし不祥事や事故の再発防止自体が社会や組織の理想として掲げられれば，そうはいかなくなる。再発防止自体が優先事項になり，なかなか譲れないものになってしまうからだ。その結果，企業や役所は，とにかく不祥事や事故を起こさないことに全力をあげるようになる。ある程度までこれは正常だが，やりすぎれば通常業務の妨げになる。不祥事や事故の防止マニュアルの作成やその学習，さらに報告書の作成などに多くの時間と資源が使われてしまうだろう。結果として，不祥事や事故を起こさないことそれ自体が目的になり，他の業務ができないという本末転倒した結果を生じる。それがさらなる不祥事や事故を呼ぶかもしれない。

　しかし，先にも指摘したように，どんなに不祥事や事故を起こさないようにしても，それは一定の割合で起こるのである。そもそも現実が理想を受け入れるようにはできていないのだ。もし，この状況を根本的に変えてしまおうとすれば，まさに本章で見たように，無理な計画の実行や過剰な管理，さらには規律と訓練の徹底のような問題が生じるおそれがある。そうなってしまえば，その組織はもはや闊達さや魅力を失う。組織から離れる人が増えたり，新しい人員を確保したりすることが難しくなるなら，重大な問題を生む。他方で，不祥事や事故は当然，リスク管理を通じて減らさなければならない。ここで，理想と現実の距離はどのように縮められるべきだろうか。

　本章を参考に考えるのであれば，人間の実際のあり方や，すでにある組織の制度を前提として，実行可能なレベルでのみ改善を図る，ということが思い浮かぶ。あるいは，事故や不祥事の程度によって扱いを変えることもありえるかもしれない。道徳的にセンシティブだからこそ，今後，社会的コンセンサスをめざすべき課題だろう。

と訓練による人間改造が始まってしまう理由のひとつには，合理性や計画性，また道徳的な理念を完全には受け入れることができない社会と人々の現状がある。もし，これを変えることができないというなら，わたしたちはそのような現実と折り合いをつけなくてはならない。この点で，ロールズが，思想の多様性こそは民主主義社会の根本的特徴であると言ったことは意義深い。つまり，ロールズによれば，自由が認められた社会では，人々は自由に思考できるので，理想がひとつに収斂することはありえないというのである（Rawls, 2005：xxiv-xxv）。そうであれば，社会をひとつの理想や計画に合わせて無理に動員しようとする努力は，いかなる政治的立場に基づくとしても，民主主義と根本的に相いれないということになる。もちろん，政府がひとつである以上，理想や計画もひとつにするしかないが，強制や無理な教化活動を極力排除すべきだということである。

　では，現実と折り合いをつけることを前提とした場合，理想と現実の距離を縮めようとする努力はどのようにおこなわれるべきなのだろうか。ここで注目されるのが「保守主義」である。イギリスの思想家，エドマンド・バーク（Edmund Burke）に代表される保守主義は，現実離れした理念に理想を基礎づけることを批判し，むしろ現実世界と格闘するなかで人々が歴史的に得てきた理念にこそ，理想のもっとも適切な基礎があると考える（バーク，1790＝1978）。理想と現実の距離は，現実からかけ離れた理想を掲げればとてつもなく大きく開くから，先に指摘したような計画の徹底や人間改造などの問題が発生しやすいが，現実と接点の多い理想を掲げるならば，このようなことを避けられる，ということだと理解できよう。わかりやすい例として，バークの自由や権利に関する考えをみてみよう。

「保守主義」の内実

　バークの保守主義はフランス革命に対する評価を通じて確立されたが，ここに表明されている態度は基本的に次のようなものである（バーク，1790＝1978；cf. 宇野，2016：51-62）。すなわち，自由や権利は歴史を通じて発生したある種

の相続財産であり，それが重要であることは言うまでもない（バーク，1790＝
1978：40-45）。しかし，自由や権利を現実の政治的な遺産，つまり自由や権利
を生んできた諸制度から切り離して哲学的なものとして掲げ，その哲学的理念
としての自由や権利を徹底するために社会を改造しようとすれば，それは悲劇
をもたらすと，いうのである（バーク，1790＝1978：12-16）。周知のとおり，フ
ランス革命は自由や平等といった哲学的理念に先導され，王政やフランス・カ
トリック教会などの廃絶を行ったが，その後の経過は混乱をきわめ，独裁的な
政治や大規模粛清がおこなわれるなど，掲げられた理念を裏切る経過をたどっ
た。他方で，イギリスは王政と国教会制度を残しつつも，名誉革命以来拡充さ
れてきた人々の自由や権利がそれなりに尊重され，安定した統治がおこなわれ
ていた。これを観察してバークはこのような結論に至ったのである。特にバー
クは，人間の諸権利には政治的起源をもつ権利と，哲学にしか基礎がない権利
の2つがあることを指摘し，前者こそが真の権利であるとしている（バーク，
1790＝1978：75-80）。現実に根差した権利の理念を掲げたほうが，思考のなかに
しかない権利の理念を掲げるよりも安全で確実な改善を得られる，という意味
だとも考えられるだろう。

　このような保守主義の考え方に基づけば，現実に人々が政治的実践を通じて
作り上げてきたある種の文化や，その中で多様に発展してきた思想のなかにこ
そ，合理的計画の徹底や，人間改造といった問題に結びつきにくい，より適切
な理想があることになる。このような発想は，政治的な立場としての保守を支
持していなくても，多くの人が共感しうるだろう。たとえば，リベラルな政治
哲学の中心人物であるロールズは，彼の正義の議論の基盤を自由民主主義的社
会が歴史的に作り上げてきた政治文化と制度のなかに見出している（Rawls,
2005：13-14）。その意味では，現状を前提とした理想とその役割を考えるとい
うあり方は，政治的立場を問うことなく共有されうる重要な遺産である。では
政策の実践において，このあり方はどういった理想と現実の距離の縮め方を示
唆するのだろうか。以下ではその試みとして，漸進主義と反対しにくい政策を
あげる。

5　漸進主義と反対しにくい政策

漸進主義

　チャールズ・E. リンドブロム（Charles Edward Lindblom）によって提唱された「漸進主義（インクレメンタリズム）」は，政策形成のあり方についての見解である。リンドブロムは，次のような包括的な政策形成のあり方が不可能であることを述べる。それは，政府が社会的な問題を解決する際に，①政策を導くべき価値や目的を調べその順位を決めておく，②価値や目標の実現に必要な方法をすべて調べる，③さまざまな方法がもたらす結果をあらかじめすべて調べる，④政策を導く価値を最大に達成する政策を選ぶ，という特徴からなる方法である（Lindblom, 1965：137-138）。これらはきわめて望ましく思われるかもしれないが，実際には行われない。それには欠点が多いからだ。

　リンドブロムはこの方法の欠点として，①人間の知的な能力を超えていること，②そもそも得られない情報があるかもしれないこと，③莫大な費用がかかること，④人々の価値観は多様であり収斂しないこと，⑤価値と実践的知識は結びついているため，現実に手を染める前に価値の順序を決められないこと，⑥考慮すべき要素が多すぎること，⑦社会問題への取り組みは，現状のやりくりで終わるケースがあることなどをあげている（Lindblom, 1965：138-143）。つまり，あらゆることを調べつくしたり，問題に取り組む前に関係する価値の順番をつけたりと，実際には不可能なことを要求しているし，さらには現実の政策のあり方を見過ごしているというわけだ。

　包括的な方法への代わりとして，新たに提案されたのが漸進主義である。そのベースとなるのは以下のような考え方だ（Lindblom, 1965：144-145）。漸進主義においては，現実にすでに存在する政策を基本として，そこからの変化をどうつけていくかを考えることが，政策を担う者のするべきことであるとされる。現実からの変化分だけを考えればいいわけだから，政策担当者の負担は相当減る。つまり，すべてのありうる政策とそれらがもたらす結果について，あらか

じめ調べつくす，というようなことをする必要がないのだ。また，価値の対立についても，その優先順序を決めるという大きな問題を扱う必要がなくなり，政策によって発生する価値に関する差し引きだけを考えればよくなる。たとえば，健康を増進させる禁煙政策は，人々が自由に生きることに対して何らかの抑制になる。しかし，漸進主義によれば，健康と自由のどちらが重要か，という大きな価値の順序づけの問題を解決する必要はない。というのも，政策形成で問題となるのは，禁煙促進によって実現される健康上のメリットと，それによって人々が被る不便さのどちらを優先するかという，より小さな価値の差し引きのあり方にすぎないからである。

　このような漸進主義の考え方は，保守主義の発想とも近い。現実にある政策を基準として，そこからの変更を中心に政策を決定していくのであれば，合理的計画の徹底や人間改造のようなことは必要ない。漸進主義では，理想は現実からの変化分のなかに求められ，現実との距離はそれを政策的に実現することで縮まっていく。ここで注意すべきは，リンドブロムが政策形成を補う政治の役割を軽視していないことである。つまり，専門家や社会活動家も含め，さまざまな人々がそれぞれの観点から意見や理念をぶつけ合う民主主義は，現状の政策によって無視されてしまう重要な利益や論点を知らせてくれるので，漸進主義的なあり方を補完し，よりよい政策の形成に重要な貢献をしてくれるというのである（リンドブロム，1993＝2004：第3章）。このことを考えれば，漸進主義は現状の政策を基準にするものの，それへのこだわりによってより大きな変化への道を閉ざし，弱者を取り残すことを意味するものではないことが理解されよう。

反対しにくい政策

　現状を前提に政策を通じて社会を改善するための他の試みとして，ジョナサン・ウルフ（Jonathan Wolff）による，政治哲学からの提言を紹介しよう（ウルフ，2011＝2016；cf. 大澤，2013，2016，2018a：188-191；原田，2016）。政治哲学は，社会とはいかなるものであるべきかを問い，自由や平等の社会的実現のあり方

を探究するから，政策を導く大きな役割を期待される。しかしウルフによれば，このような期待は実現されないという。というのも，政治哲学の実践と政策の世界には大きな開きがあるからである（ウルフ，2011＝2016）。政治哲学の研究の世界では，それぞれの理論の一貫性や新しさが重要視される。また，互いに交わされる議論も，一般的には問われることがない奇抜なアイデアまでカバーする。このようなことは政治哲学の世界では必要があるから行われているが，政策の世界には当てはまらない（ウルフ，2011＝2016：260-261，265-266）。たとえば，政策の世界では政策の一貫性などはそれほど気にされない。ドラッグと同じようにアルコールは危険だが，ドラッグは所持さえ取り締まられてもお酒は売られている（ウルフ，2011＝2016：第3章）。またとにかく合意を得ることが必要だから，その場その場での政治的解決の連続が，政策の全体像を形作っているというのが実情である（ウルフ，2011＝2016：6，265-266）。ここに政治哲学が重視する論争の価値や一貫性の美徳を持ち込んでも，それは政策に真剣に取り組む人々の興味をひくものにはならない（ウルフ，2011＝2016：260-262）。このような状況を見れば，政治哲学が政策形成に直ちに役に立つものではないことがわかるだろう。政治哲学的な理論は新奇な視点ではあっても，人々の具体的政策決定を導く能力に関しては大きな限界をもっているからだ。

　これらのウルフの主張のなかでもっとも重要なものは，政策の世界で真理を主張することの限界への自覚である。ウルフは，現代の社会が価値観において非常に多元化している事実を重く受けとめる。つまり，人々の抱く価値観や道徳的規範が多様化し，すべての人が納得し一同に受け入れるような理想がないという状況を軽く見ない，ということである（ウルフ，2011＝2016：6，263-264）。この結果，ウルフは哲学者が政策の議論で権威をもつことを否定する。つまり，多元的な社会において，哲学者の提案する理念もまた，多様な道徳的立場のひとつにすぎないのであり，それが直ちに権威をもつような状況にはないのである。これを思い違いし，哲学者が自分たちの権威を過信して真理の発見を叫んだところで，人々は哲学者を無視して自分たちのあいだで議論を続けるだろうとウルフは考える（ウルフ，2011＝2016：6，262）。このような厳しい見通しの下，

哲学者は自らの信じる理論を唱えることに終始せず，議論の分析や作法に通じているという特性を活かして，社会で複雑にもつれてしまった議論の整理役という役割をもっと演じるべきだとウルフは提言している（ウルフ，2011＝2016：271）。そして，どのような人からも望むものを奪いすぎない政策を作り上げていく努力が必要であるという（ウルフ，2011＝2016：273-274）。

　このようなウルフの立場は，理想と現実の距離について考える際にも示唆的である。ウルフの議論にみるように，現実の政策決定では，一貫性の追求や立場の差異の強調は，どこかで止める必要がある。政策が求められるときに，ずっと議論を続けるわけにはいかないからだ。また現実に人々がすでに受け入れてしまっている政策を完全に変更することはできないし，それらの政策が人々の価値観を作ってしまっている側面もあるから，あまりにも目新しいことは，たとえそれが道徳的により正しいと思えても，現実的な選択肢にならないかもしれない（cf. ウルフ，2011＝2016：6-9，113-114，278-280）。また，権威をめぐる議論を参考にすれば，道徳的正しさの主張は，すべての人を納得させることはできない可能性が高い。道徳的にセンシティブな政策課題においては，対立する者どうしが相手をやり込め，自らの信じる道徳の権威に服させることを意図しがちだが，これは終わりのない闘争を招く。そうするよりも，適切な妥協を通じて，納得の得やすさより反対のしにくさという基準で政策を形成していくこともひとつの方法としてありえるだろう（cf. ウルフ，2011＝2016：46-48）。理想と現実の距離を縮めるというよりも，現実のあり方をあらゆる立場の人にとってよりましな――自分の理想どおりではないが，完全な反対も難しい――ものにするための視点として，理想が活用されうるということである。また同時にウルフは，理想の追求が長期的により直接的に現実を変える可能性も否定していない（ウルフ，2011＝2016：262-263）。その意味では，反対しにくい政策を形成する方法は，より短期に問題を解決する際に役立つものであるといえよう。

6　現行制度から出発する「正義」

「理想」を否定するのではない

　もし，理想がそのまま社会を形成することを望めないのであるなら，理想の
追求の仕方はそもそもどうあるべきなのだろうか。ここで重要なことは，これ
までみてきた漸進主義や反対しにくい政策を求めるアプローチにおいて，理想
が無意味であると考えられていないことである。つまり理想は，現実を前提と
してそこからの部分的変化を目指すものであったり，また現実の政治から出て
くる政策をチェックする観点として機能したりするものであるなら，短期的に
も十分に意味がある（否定されているのは，単一の理想によって合理的な社会改善計
画が立てられ完全な社会が実現される，という発想のみである）。そうであるならば，
そのような理想の役割により敏感な理想の定め方というのもあるかもしれない。
それは，すでに存在する政策や制度を前提としながら，その改善のための理想
を探る，という形で結実するだろう。保守主義とも通じる方法である。

制度から理念を導く

　この点で参考になるのが，ロールズの正義論（本書第5章参照）についての
アーロン・ジェイムズ（Aaron James）の解釈である。詳細は省くが，ジェイ
ムズの主張は次のようなものだ（James, 2005 ; cf. 大澤，2018a : 186-187）。ロー
ルズの正義論は，自由や平等といった理念が，社会的機会や収入などの財の分
配について，いかに適切なあり方を定めるか探究したものである。ジェイムズ
は，ロールズの正義論は自由や平等の理念そのものから理想的な制度を描くの
ではなく，むしろ現在の民主主義社会の制度において理解され実行されている
自由や平等の理念を磨き上げたものであると理解する（James, 2005）。そうで
あるから，ロールズの正義論は，いかに現実に存在する社会を，その制度がす
でに含んでいる理念に従って適切に制約するべきか，という問題に関わってい
るのであり，自由や平等という理念を探究した先にある未知なる理想世界を探

ろうとしたものではまったくない，というのが，ジェームズの理解だと考えられる（James, 2005：293-297）。先にも述べたが，ロールズは正義の構想をリベラルな社会の政治文化から導かれるものと考えており，その意味で彼の正義の原理は「自由の本質は何か」といった哲学的問題から定義されたわけではないのである。

　ロールズの正義論が達した理想，特に社会的不平等を常に社会でもっとも恵まれない立場の人の利益になるよう調整するという原理は，かなり野心的であるから，この解釈は適切でないと思われるかもしれないが，ジェームズの理解が成功しているかという問題はここでは扱わない。ポイントは，現実にある社会の諸制度を前提として，それがすでに含んでいる理念をより磨きあげるという方法にある。わたしたちは古典や歴史を学んだインスピレーションであるとか，自らのよって立つ文化的伝統や政治的立場であるとか，そのようなものから自らの社会に関する理念を形成しがちである。しかし，これまでの議論から，そのような理念に基づいて社会をまるごと作り変えてしまうという試みは——革命ならば話は別かもしれないが——政策のレベルではあまり成功しそうにない。もしそうであれば，いまある制度を前提としながら，それらが謳っている理念を新しく解釈しなおし，制度を徐々に改善していくという方が認められやすいかもしれない。たとえば，所得分配に関していきなりベーシック・インカムを主張するよりも，現在の給付制度をそれらが謳っている理念のより適切な実現を求めて拡充するよう努める方がよいケースもあるかもしれないということだ。このようなあり方は保守的であるかもしれないが，だからと言って社会の改善を否定しているわけではないことに注意が必要である。

7　理想追求への根本的懐疑

理想実現の試み自体を避ける

　ここまで，理想と現実の距離の縮め方に関して，現実を前提としながら漸進的改善を探るアプローチを紹介してきた。重視されていたのは，理想によって

社会を合理的計画に基づいて運営するというやり方の問題点，つまり計画の無理な徹底や人間改造の試みを避けることである。しかし一歩進んで，真の問題は理想を追い求めすぎてしまうことではなく，理想を社会において実現しようとする試みそれ自体ではないか，と考えることもできるだろう。自らの理想をもつのは勝手だが，それを社会に広げようと考えない方がよい，というわけだ。

　この観点から，理想と現実の関わり方について，その結びつき自体をできるかぎり弱くすることを考えた政治哲学者にジェラルド・ガウス（Gerald Gaus）がいる（Gaus, 2016 ; cf. 大澤, 2018b）。ガウスは，単一の理想によって社会を運営しようとする試みに反対する。それは，たとえばスターリン下の旧ソビエトや毛沢東主義の中国のような，ある種の暴政をもたらしかねないという危惧からである（Gaus, 2016 : 86-89）。ガウスはこれに対して，それぞれの理想を追求する者が自らの理想の探究を深める一方，他を尊重しながら互いに学習しあうことによって，徐々に社会全体の道徳が進歩していくというモデルを提案する。その際，社会制度はこのような意図をもった人々が協働して生きていくための枠組みとなるから，単一の理想に基礎をもつ制度は採用されえない。むしろ，すべての理想の観点から受け入れ可能であると判断されたルールのみを残すことになる（Gaus, 2016 : chs. 4-5）。そもそもガウスは，国家は強制力をもつから，それ自体として正当化を要するもの，つまり本来あまり望ましくないものだと考える（Gaus, 2003 : 160-162）。そのうえさらに，彼が構想する上述の望ましい社会は，多様な理想を認め，特定の理想の押し付けを行わないから（Gaus, 2016 : 245-248），国家的理想や目標を追求する官僚機構や政策の束のような分厚い制度は持たないだろう。だが，ガウスによれば，理想における多様性の維持こそが社会の道徳における進歩を可能にするという（Gaus, 2016 : 218, 229）。

根本的懐疑と深い反省

　ガウスの説く最小限の制度しかもたない社会は，それ自体を壮大な理想であるとみなせば，ほぼ現実との接点はない。そのため，現在のわたしたちにとっ

て，政策の指針になるようなものとはならない。しかし，もし政治を通じた単一の理想の追求というものが，それ自体に危険性をもっているのであれば，理想の政治的追求を最小とする社会を知的に探究することにも意味がある。もちろん，ガウスの考えを直ちに政治を通じて実現しようとすれば，それもまた行きすぎた理想の追求になる。だが，わたしたちがいまみているような，国家が何らかのひとつの理念を掲げ，政策を通じて社会を管理運営するというあり方が必ずしもベストではないかもしれない，ということに対して自覚的であることには意味がある。それはわたしたちが政策を通じて理想と現実の距離を縮めようとする試みに対して——ある理想がどんなに素晴らしく思えたとしても——より注意深く，場合によっては根本的に懐疑的になり，深い反省をおこなうための重要なきっかけになるからである。

改善をあきらめない方法

わたしたちが政策を通じて理想と現実の距離を縮めようとすることは，ありふれた政治の一コマである。しかし，この試みは行きすぎれば大きな問題をもたらす可能性がある。善意は必ずしもよい結果を呼ぶとは限らないのだ。この認識から，より慎重な理想の捉え方や追求の仕方が検討された。これらの観点は，現実を変えるうえで政策に対して過度な期待をもたないようにすすめるから，その点では社会をよくしたいと思う人々をがっかりさせるかもしれない。しかし，真剣に現実と取り組めば，これらの観点と共通する認識をもつことがあるに違ない。そのときには，現実の改善に向けてのより慎重なアプローチは，むしろ改善をあきらめない方法を教えてくれるものにもなるだろう。

参考文献

足立幸男（1994）『公共政策学入門——民主主義と政策』有斐閣。

宇野重規（2016）『保守主義とは何か——反フランス革命から現代日本まで』中央公論新社。

ウルフ，ジョナサン（2016［2011］）『「正しい政策」がないならどうすべきか——政

策のための哲学』大澤津・原田健二朗訳，勁草書房。

大澤津（2013）「政治哲学は公共政策にいかに取り組むべきか──Jonathan Wolff, *Ethics and Public Policy : A Philosophical Inquiry*（London : Routledge : 2011）を読む」『政治思想学会会報』（36），7.

大澤津（2016）「訳者解説Ⅰ　ジョナサン・ウルフの政治哲学から何を学ぶか」『「正しい政策」がないならどうすべきか──政策のための哲学』大澤津・原田健二朗訳，勁草書房，286-296.

大澤津（2018a）「正義と正統性はいかに関係すべきか──公共的理性のリベラリズムの批判的考察」『法哲学年報　2017』，160-171。

大澤津（2018b）「正義論と政治・政策はいかに交わりうるのか──正義の理論から正義の議論に至る見取り図」『北九州市立大学法政論集』45(3/4)，179-195。

カント，イマヌエル（2006）『永遠平和のために／啓蒙とは何か　他3篇』中山元訳，光文社。

バーク，エドマンド（1978［1790］）『フランス革命の省察　エドマンド・バーク著作集　3』半沢孝麿訳，みすず書房。

原田健二朗（2016）「訳者解説Ⅱ　現代イギリスにおける政治と哲学」『「正しい政策」がないならどうすべきか──政策のための哲学』大澤津・原田健二朗訳，勁草書房，297-308.

フーコー，ミシェル（1977［1975］）『監獄の誕生──監視と処罰』田村俶訳，新潮社。

ポパー，カール，R.（1980［1950］）『開かれた社会とその敵　第1部　プラトンの呪文』内田詔夫・小河原誠訳，未來社。

リンドブロム，チャールズ・E.／ウッドハウス，エドワード・J.（2004［1993］）『政策形成の過程──民主主義と公共性』藪野祐三・案浦明子訳，東京大学出版会。

Gaus, G. F., (2003), "Liberal Neutrality : A Compelling and Radical Principle," in *Perfectionism and Neutrality : Essays in Liberal Theory*, eds. Steven Wall and George Klosko, Lanham, Rowman & Littlefield Publishers, 137-165.

Gaus, G., (2016), *The Tyranny of the Ideal : Justice in a Diverse Society*, Princeton, Princeton University Press.

James, A., (2005), "Constructing Justice for Existing Practice : Rawls and the Status Quo," *Philosophy and Public Affairs*, 33(3), 281-316.

Lindblom, C. E., (1965), *The Intelligence of Democracy : Decision Making through Mutual Adjustment*, New York, The Free Press.

Rawls, J., (2005), *Political Liberalism*, expanded edn, New York, Columbia University Press.

■　　■　　■

読書案内

エドマンド・バーク（1978）『フランス革命の省察　エドマンド・バーク著作集３』
　半沢孝麿訳，みすず書房

　保守主義の古典とされる基礎文献。フランス革命へのバークの批判は，当時のヨーロッパがこの大事件から受けた衝撃を鮮烈に伝えており，非常に面白く読むことができる。「保守主義」と日本で近年流行した政治的立場としての「保守」の違いもよくわかる。

イマヌエル・カント（2006）『永遠平和のために／啓蒙とは何か　他３篇』中山元訳，
　光文社

　本章で取りあげた保守主義の対極にある哲学者の一人が，カントである。現実を批判する理念を掲げることの意味を考えるうえで重要な議論を提供しており，特に「啓蒙とは何か」は，保守主義を批判する際には必読である。

練習問題

①　政策を通じた社会改善に対して慎重なアプローチをとることと，社会の問題に対してまったく無関心であることの違いは何か，考えてみよう。

②　本章で見た議論とは逆に，政治において現実に妥協しない理想を掲げることに価値があるとすれば，どのようなものか考えよう。

（大澤　津）

第11章

政策決定者と規範

―― **この章で学ぶこと** ――

　本章では，政治家や官僚といった広義の政策決定者が，公共政策の決定・実施にあたって直面する固有の規範的諸問題について取りあげる。政治家の職業倫理を古典的に論じたヴェーバーは，それを決断とその結果を重視する「責任倫理」として特定した。こうした倫理性の由来は，政治に本来的に含まれる暴力性とともに，本人‐代理人関係に根差す行為者相関的道徳にある。責任倫理を担うのが政策決定者としての政治家と官僚であるが，その役割分担は両者でかなり対称的である。くわえて，政治家であれ官僚であれ，政策決定者は通常何らかの組織や集団に属しているため，集団の内部で個人にどのような責任の分配が生じるかも考える必要がある。最後に，結果責任を追求するなかで，政治家はときに悪に訴え，その罪を背負う――手を汚す――決断に迫られる。わたしたちは，公共政策を評価する際に参照すべき第三者的規範とともに，公共政策を決定・実施する際に参照すべき当事者的規範を必要としているのだ。

1　ヴェーバーの責任倫理

手がかりとしての『職業としての政治』

　いかなる職業であれ，それが他人や社会一般と何らかの関わりをもつかぎり，何らかの職業倫理に服している。たとえば，医者が身に着けるべき職業倫理として，自身の患者の健康を最優先にする，秘密を厳守する，等々を宣言した「ヒポクラテスの誓い」はその古典的事例だろう。あるいは，弁護士にとっての職業倫理は，凶悪犯罪の容疑者も含めて，どのような依頼人に対してであれ，その最善の利益を追求することである。政治家や官僚といった政策決定者もまた，公共政策を決定・実施するという固有の社会的役割を担っている以上，そ

の役割に端を発する職業倫理を身に着ける必要がある。

　それでは，政策決定者の職業倫理とは何だろうか。このテーマに関して手がかりとなる古典的著作に，ドイツの宗教社会学者マックス・ヴェーバー（Max Weber）の晩年の著作『職業としての政治』（ヴェーバー，1919＝1980）がある。当時，第一次世界大戦を敗戦で終えたドイツでは，右派・左派運動が入り乱れて政治的に混迷していた。こうしたなかヴェーバーは，学生団体の求めに従って今後のあるべき政治を展望する講演を行い，その内容を下敷きに同書を著した。とりわけ有名なのが，敗戦後の復興を担いうる政治家の資質について論じた後半部である。

心情倫理

　そこでヴェーバーは，政治家の判断や行動を導く職業倫理は，彼が呼ぶところの心情倫理ではなく責任倫理であるべきだと熱を込めて訴えている。心情倫理（「信条」倫理とも訳される）とは，自分の行為の善さを確信し，その結果を省みない態度のことである。行為の善ささえ配慮してさえいれば，そこからどのような結果が生じるかにかかずらう必要はない。こうして，心情倫理家は「善からは善のみが生まれ悪からは悪のみが生まれるという単純な命題」を信じている（ヴェーバー，1919＝1980：93）。

　心情倫理家の第一のタイプは福音の教えに従う絶対平和主義者で，そのモットーは「キリスト者は正しきをおこない，結果を神に委ねる」である。すなわち，善い手段に固執しさえすれば，それがどのような結果を招きうるかに無頓着なのだ。第二のタイプは当時の革命的社会主義者で，彼らは自分たちが糾弾する権力政治家と裏返しの暴力を，最後の手段として用いることさえ厭わない。いわば，善い目的を追求しさえすれば，それがどのような結果を招きうるかに無頓着なのだ。両者は一見すると真逆の立場だが，ヴェーバーによれば，行為とその結果の関連を等閑視している点で同じ穴の狢である。

責任倫理

それに対して，責任倫理とは，自分の行為の結果を考慮し，その責任を引き受ける態度である。行為と結果の善悪が常に合致するとは限らないのが，政治にかぎらず世の真実である。すなわち，「『善い』目的を達成するには，まずたいていは，道徳的にいかがわしい手段，少なくとも危険な手段を用いなければならず，悪い副作用の可能性や蓋然性まで覚悟してかからなければならない」（ヴェーバー，1919＝1980：90-91）。とりわけ政治の世界は，用いられる手段が性質上問題含みであるがゆえに，他の領域とは決定的に異なっている。

それでは，政治に特有の手段とは何か。それは，政治家が国家に付随する権力と暴力を手中にしていることである。ヴェーバーの有名な定義によれば，国家とは「正統な物理的暴力行使の独占」を特徴とする団体であり，「われわれにとって政治とは，……要するに権力の分け前にあずかり，権力の配分関係に影響を及ぼそうとする努力である」（ヴェーバー，1919＝1980：9-10※訳語は変更した）。政治家は，政治権力を通じて自分の決定に他者を従わせる強制力をもっている。もし制定された法律に個人が従わなければ，最終的には逮捕，罰則が待っているだろう。

これは政治倫理に，個人倫理，医療倫理，企業倫理，報道倫理，研究倫理，等々とは決定的に異なる意味を与える。他の社会活動とは異なり，「人間団体に，正統な暴力行使という特殊な手段が握られているという事実，これが政治に関するすべての倫理問題をまさに特殊なものたらしめた条件なのである」（ヴェーバー，1919＝1980：97※訳語は変更した）。政治とは，この特殊な手段を使いこなす特殊な技術である。「政治にタッチする人間，すなわち手段としての権力と暴力性とに関係をもった者は悪魔の力と契約を結ぶものであること。……これが見抜けないような人間は，政治のイロハもわきまえない未熟児である」（ヴェーバー，1919＝1980：94）。

2　責任倫理の性質

支配と正統性

　以上見たように，ヴェーバーにとって責任倫理の源泉は，政治家が権力と暴力という悪魔の力と契約を結んでいる点にある。しかしこれだけでは，「正統な暴力行使の独占」という国家の定義の後半部分しかカバーしていない。政治家が悪魔の力を預かるためには，くわえてその前半部分の正統性が必要である。そうでなければ，国家は大きな盗賊団以外の何者だろうか。同じ権力と暴力を手中にしながらも，マフィアや暴力団のそれが正統と呼べないのに対して，政治家のそれが正統と呼べるのはなぜだろうか。

　ヴェーバーは政治的正統性の源泉として，歴史や血統に依拠する伝統的支配，指導者の超人的資質に依拠するカリスマ的支配，規則との合致に依拠する合法的支配の3つを区別する（ヴェーバー，1919＝1980：11-12）。最初の2つは政治家個人の属性や資質に依存するため，規模が拡大し，業務が煩雑化した近代国家には不向きであり，官僚制に典型的な合法的支配が優勢となる。第二帝政期のドイツでは，議会や政党に対して影響力を行使し，政治家本来の職務を骨抜きにする官僚支配がはびこっており（ヴェーバー，1919＝1980：69-72），ヴェーバーは戦後のドイツで，これに対抗しうるカリスマ的支配の色彩を帯びた指導者民主制を待望した。

本人‐代理人関係

　ただし，合法的支配は官僚制に尽きるわけではない。ふたたび，他の専門家の事例を参照するのが有益である。わたしたちは，困った状況に陥ったとき，自分にない知識と経験を備えた専門家として，医者や弁護士を頼る。同様に，わたしたちが政策決定者を選出し，彼らに政治権力をゆだねるのも，公共政策の決定・実施という，国民にとって負担の重い仕事を引き受けてもらうためである。それゆえ，国民を究極的な主権の源泉とする今日の民主主義社会におい

て，政治過程は一種の本人 – 代理人関係として記述できる（久米他，2011：序章）。

　本人 – 代理人モデルはもともと情報の経済学や組織の経済学のなかで発展してきたが，近年では政治学も含めてさまざまな分野で応用されている。本人に対する代理人の存在意義は何か。医者や弁護士の職務は，自分の患者や依頼人にとっての最善の利益を，医療や法曹の現場で実現することである。同様に，政策決定者の職務は，国民にとっての最善の利益を，政治の現場で実現することである。この職務を果たすことが専門職としての政策決定者の存在理由であり，映画『七人の侍』で浪人侍が農民の用心棒として雇われたように，民主主義社会において，政治家が国民の税金を使って一定期間雇われている根拠である。

　政治家が心情倫理ではなく責任倫理に従うのは，自分に結果を課すことと，他人に結果を課すことが決定的に異なるからである。政策決定者は自分自身のためでなく，主権者である国民のために働いている。自分の心情（信条）に従うならば，自分に忠実である代わりに他人を裏切ることになる。わたしたちは，結果を度外視して自己犠牲を引き受けることはできるが，それを他人に押しつけることはできない。民主主義の仕組みを通じて，主権者である国民と一種の契約関係にあることが，政策決定者における責任倫理のもうひとつの基礎にある。

行為者相関的理由

　このように政治の世界を本人 – 代理人関係として記述すると，責任倫理はともすれば近視眼的に見えるかもしれない。責任の対象が，世界全体よりも，もっぱら自分の有権者にしか向いていないからである。実際近年では，「○○ファースト」を掲げ，自国民と他国民を区別し，保護貿易に走ったり，移民排斥を掲げたりする自国第一主義が目立っている。このように，自国民（＝本人）の利益を遮二無二追求する政策決定者（＝代理人）が支持を集める現状は，ともすれば責任倫理の「倫理性」に対して疑問を投げかけるものではないか。

とはいえ，倫理が常に不偏不党でなければならないというわけではない。たとえば親が子どもに示す配慮や，教師が生徒に示す配慮など，特別の関係性に基づいて生じる義務は日常的に存在する。親がわが子の養育を放棄したり，教師が生徒の危険を放置したりして見知らぬ他人を最優先に考えるならば，それこそ倫理にもとるだろう。政治の世界でも，同様の偏向的配慮が本人 - 代理人関係を通じて生じる。こうした特別義務の基盤にある，扶養・友情・愛情・契約等々の関係性は，行為者中立的理由と対比して行為者相関的理由と呼ばれる（ウィリアムズ，1981＝2019：第1章；ネーゲル，1986＝2009：第9章，1970＝2018：第10章；パーフィット，1984＝1998：第10，57節）。

行為者中立的理由は異なった行為者に同一の目的を与える。たとえば，「社会の幸福を最大化せよ」という功利主義原理（本書第4章参照）は，すべての行為者に対して幸福の総量の最大化という同一の目的を与えるため，行為者中立的である。それに対して，行為者相関的理由は異なった行為者に異なった目的を与える。たとえば，「自分の身内を大事にしなさい」という倫理は行為者相関的である。それは私に対しては私の身内を大事にすることを命じ，あなたに対してはあなたの身内を大事にすることを命じている。政治の世界においても，こうした偏向的配慮が国民同士のあいだで，あるいは政策決定者と国民のあいだで生じる。

ここで，政策決定者に課せられた二重の役割を混同しないように注意しよう（ネーゲル，1979＝1989：第6章）。一方で国内政治においては，政策決定者は自分と自分が代表する国民との関係において厳格に行為者中立的でなければならず，身勝手やえこひいきをする権利をもたない。他方で国際政治においては，自分が代表する国民と他国民との関係において行為者相関的であることを期待されるし，そのように義務づけられてさえいる。そのかぎりで，とりわけ対外政策に関して，政策決定者は世界にとっての善い結果ではなく，自国にとっての善い結果を追求するのだ。

付言すれば，行為者相関的理由それ自体が，ときには政策決定者個人をジレンマの只中に置く。いかなる政策決定者も，公職としての側面と私人としての

側面をもっている。たとえば，公職者は資産や門地，犯罪歴も含め，私生活を
どこまで公開すべきだろうか。公職者として，自らの生命をテロリズムや暗殺
の危険に晒すことは，家族の一員として，自分の家族に対してもつ個人的義務
と矛盾しないだろうか。政策決定者が陥るかもしれない複数の行為者相関的道
徳間の矛盾については，さらに考察を深める余地がある（Schauer，2000；
Thompson，2005：ch. 10）。

3　責任の分配Ⅰ——政治家と官僚

政策決定者間の役割分担

　さて，以上のような職業倫理を期待される政策決定者にとって，実際にどの
ような責任の処し方があるだろうか。政治権力を政治家の持ち場である決定部
門（立法府）と官僚の持ち場である実施部門（行政府）に大別すると，一方で，
立法府の民主的正統性は，定期的な議会選挙を通じて確保される。他方で，行
政府の民主的正統性は，執政部において議院内閣制と大統領制のどちらを採用
するかによって，首班指名あるいは大統領選挙などを通じて間接的に確保され
る。このように，本人‐代理人関係は権力分立の仕組みに沿って連鎖状に続く。
こうした統治構造における役割分担について，『職業としての政治』にさらに
手がかりを求めてみよう。

　ヴェーバーによれば，一方で，「党派性，闘争，激情——つまり憤りと偏
見——は政治家の，そしてとりわけ政治指導者の本領」である（ヴェーバー，
1919＝1980：41）。すなわち政治家は，自分自身で決断を下し，その結果に対し
て責任を負わなければならない。彼らはまさに責任倫理を体現する人物である。
ちなみにヴェーバーは，来るワイマール共和国の政治体制として，人民投票に
よって選出される強力な大統領制を志向し，後に議会の空洞化とナチ党の台頭
につながった大統領緊急措置権を含むワイマール憲法の起草にも参加していた。

　他方で，「生粋の官吏は……その本来の職分からいって政治をなすべきでは
なく，『行政』を——しかも何よりも非党派的に——なすべきである」（ヴェー

バー，1919＝1980：40-41）。すなわち官僚の職務は，あたかも精密機械のように，自己を否定し規則に従って職務を遂行することである。その意味で，官僚に求められる資質は政治家のそれとは真逆であり，「官吏として倫理的にきわめて優れた人間は，政治家に向かない人間，とくに政治的な意味で無責任な人間」だとさえ言える（ヴェーバー，1919＝1980：41）。こうしてヴェーバーは，一方で政治家に対しては強力な指導力を求め，他方で官僚に対しては政治家への厳格な服従を求めている。

政治と行政の関係

　確かに，本人－代理人関係に照らし合わせても，政治家と官僚のあいだに職務上の相違が生じるのはもっともである。行政府の実質的な主体である官僚は，自ら民主的正統性を確保しているわけではない。彼らは，国民の代理人である政治家のさらなる代理人として，本人－代理人関係のなかに位置している。それゆえ，「官吏にとっては，自分の上級官庁が，……自分には間違っていると思われる命令に固執する場合，それを，命令者の責任において誠実かつ正確に……執行できることが名誉である」とさえ言われるのだ（ヴェーバー，1919＝1980：41）。

　とはいえ，政治と行政の関係については別の見方もある。18世紀の市民革命に始まる近代政治は，絶対王政への対抗から議会が権力の中心を握る立法国家として始まった。しかしながら，19世紀の産業革命が進展するにつれて，経済・社会活動が複雑化すると，行政活動においても高度な専門性が要求されるようになる。ウッドロー・ウィルソン（Woodrow Wilson）やフランク・グッドナウ（Frank J. Goodnow）など最初期の行政学者は，政治任用の行きすぎが行政活動の専門性を脅かしているとして，政治と行政の機能分割を重視した（政治行政分断論）。

　その後，20世紀に入ると，行政活動の一層の肥大化に伴い，権力の実質が立法府から行政府に移行する，いわゆる行政国家化が先進諸国で共通して生じるようになる。たとえばアメリカでも，大恐慌時のニューディール政策のように，

大統領主導の行政活動によって経済・社会問題の多くが対処されるようになった。こうした背景のもと，ポール・アップルビー（Paul H. Appleby）らのより若い行政学者によって，前世代の行政学者による二分法的理解の非現実性が批判され，むしろ政治と行政の不可分性を強調する議論が優勢になる（政治行政融合論）。

行政責任のジレンマ

　こうした行政学説の変遷を経るなかで，1930年代から1940年代に官僚の行政責任をめぐり，行政学者のあいだで有名な論争が交わされた。アメリカの政治学者カール・フリードリッヒ（Carl J. Friedrich）は，官僚がその専門知識を生かして政策立案に積極的に携わることを肯定した。一般人の政治知識はそもそも限定的であり，だからこそ専門家である政策決定者を代理人として立てるのである。選挙を通じて表出される国民の意思や利益はしばしば具体的な内容に欠けているため，情報収集・情報交換のもと，官僚が科学的標準を参照しながら主体的判断を下すことが必要になるという（Friedrich, 1935, 1940）。

　これに対して，イギリスの行政学者ハーマン・ファイナー（Herman Finer）は，権力分立の観点から行政はあくまでも政治の統制下になければならないと主張した。フリードリッヒの提案は，専門家と素人の分断に根差しており，官僚の良心に多くを委ね，裁量の幅を与えすぎて民主的統制の基本原則から逸脱してしまう。行政責任としては，個人的義務感覚に従う道徳責任よりも外在的な政治責任の方が相応しい（Finer, 1936, 1941）。両者の意見の違いには，大統領制のもとで厳格な権力分立を志向するアメリカに対して，議会主権の伝統に立脚するイギリスの政治文化が反映されているかもしれない。

　この論争を再考することの意義はなお色褪せていない。確かにわが国でも，国家公務員法98条や地方公務員法32条は，「職員は，……上司の職務上の命令に忠実に従わなければならない」ことを定めている。2014年に内閣人事局が設置され，幹部官僚人事が首相官邸に移されて以降，官僚は一層徹底して，政治の意向を「忖度」することを余儀なくされている。このように政官が一体化す

るなかで，究極的な主権の源泉である国民の意向はどこに行ってしまったのか。官僚が国民自身の利益を目指して国民の代表者の命令に背くことはありうるのか。本人－代理人関係のもとで官僚に課せられる行政責任は，一見するよりもはるかに複雑である。

4　責任の分配Ⅱ——集団と個人

集合的責任

　前節では責任倫理の具体的輪郭として，政策決定者間の役割分担について概観した。ところで，政策決定者は個人としてその責任を果たしているわけではない。たとえば政治家は通常どこかの政党や会派に属しているし，官僚はどこかの省庁や部局に属している。ヴェーバーの描く孤独で英雄的な指導者像とは裏腹に，今日の公共政策の決定・実施は政策決定者の個人名ではなく，一定の組織の枠組みのもとで，集合行為として進められる。すると，所属する集団とその構成員である個人にとって，集合行為とその結果に対してどのような責任の分配が生じるかについても考えてみる必要がある（Thompson, 2005：ch. 1）。

　集合行為の結果に対して生じる責任は，しばしば「集合的責任」という考え方のもとで理解される。集合的責任とは，当該個人が何らかの集団に属しており，集団の構成員であることを理由として，その集団がおこなう行為に対して，個人ではなく構成員として責任を分有するという考えである。個人の行為は集団の行為と見なされ，ひるがえって集団の資質は個人の資質と見なされる。だからこそ，部下の不祥事に対して上司が頭を下げたりするわけだ。何らかの所属と肩書きを背負うことにより，わたしたちは個人ではなく構成員として集合行為の一部を担う。

　集合的責任という観念は必ずしも明確ではない——とりわけ，集団責任との概念的混同が度々みられる。ここでは集合的責任を，個人責任と集団責任のあいだに生じる概念区分であると捉えよう。個人責任とは，個人が個人の行為に対して負う責任であり，集団責任とは，集団が集団の行為に対して負う責任で

── コラム⑪　本人－代理人関係の範囲 ──

　政治・政策現場における本人－代理人関係にもまた，功利主義と同様の範囲設定問題が付きまとう（本書コラム④参照）。たとえば，政治家にとっての本人とは，個々の投票者だろうか，あるいは出身選挙区だろうか，政治献金をおこなう利益団体だろうか，性別や年齢といった社会的属性を同じくする者だろうか。それぞれの利害が対立した場合，そのうちどれを優先すべきか。日本国憲法43条が規定するように，一般に政治家は国民代表として位置づけられる。その一方で，多元主義理論が想定するように，政治家が公共政策を通じて利益誘導をおこなう場合も少なくないし，民主主義の観点からそれが一概に否定されるとも限らない。

　あるいは，外国市民に対してはどうだろうか。国内の外国人参政権の問題は言わずもがな，公共政策の決定・実施はときにその外部効果として，直接の統治下にない世界中の人々にも多大な影響を与えうる。自国産業を優先して保護貿易を推進する政策決定者は，他方でその影響下で仕事や生活を脅かされるかもしれない外国市民に対して何の責任も負っていないのだろうか。これについては，被影響原理の観点から，直接の利害関係者（ステークホルダー）を代表性の観念に組み込むような民主主義のあり方を考える余地があるかもしれない。

　最後に，将来世代の問題がある。原発存否問題が典型的であるように，現在の公共政策は現在と同様かそれ以上に，将来に対して多大な影響を与える。現在世代の政策決定によって影響を受ける将来世代の代理を誰が務められるだろうか。選挙権は現在世代（のさらに一部世代）に限られるため，現在の代表関係から離れた独立機関を設置することが一案である。たとえば，自民党の青年局提言（2016年）では，「政治的に独立した『世代間公平委員会（仮称）』の設置の検討を含め，……世代間公平の実現に資する仕組みを構築すること」が挙げられている。

　もちろん，医療や法曹の世界でもそうであるように，政治の世界における本人－代理人関係は基本的に明示的・黙示的な信託の行為に基づいている。それゆえ，信託主体が拡散し，あるいは不在である場合に，本人－代理人関係が成立しうるかは異論の余地がある。しかし，一般の代表制論でも，有権者の意思に拘束されることと，その利益に拘束されることは区別されるし，場合によってはその意思に反してでも利益を実現せよと考えることにも一理ある。もし本人－代理人関係をこうした側面から考えるのであれば，ある公共政策が生み出す利害の影響下に置かれることが想定される主体に対して，一定の職業倫理上の配慮を政策決定者に求めることもそれほど突飛な話ではないだろう。

表 11 - 1　責任概念の分類

	個人が—	集団が—
個人の行為に対して負う	個人責任	連帯責任
集団の行為に対して負う	集合的責任	集団責任

ある。たとえば，ビジネス倫理学における企業道徳的主体論争は，後者の集団責任の有無について生じている（宮坂，2018）。それに対して集合的責任とは，個人が集団の行為に対して負う責任である。ちなみに概念的には，連帯責任のように，集団が個人の行為に対して負う責任も考えられる（表 11 - 1）。

　行為主体としての集団であるためには幾つかの条件が必要である——たとえば，ターミナル駅で行き交う赤の他人同士が，集団として何らかの行為をしているというのは奇妙に聞こえるだろう。第一に，組織的に意思決定する手続きやルールを備えていること（French, 1984 : ch. 3）。国家や企業は，民主的・位階的な役割体系のなかでこうした意思決定構造を備えているという点で，駅で行き交う群衆とは異なる。あるいは第二に，何らかの目標・信条・利益を共有し，相互の連帯心を備えていること（Feinberg, 1970 : ch. 9）。自発的結社や文化共同体は，この意味での目的意識や利害関心を共有しているという点で，駅で行き交う群衆とはやはり異なる。

自由・因果性・責任

　どのような条件下ならば，個人は集団の行為に対して構成員として責任を負うことになるだろうか。第一に，集団に対する個人の自由が問題となる。一般的に，個人に責任を問うためには，そうしようと思えばそうしたとか，そうしようと思わなければそうしなかったという他行為可能性が必要とされる。それでは，上司 *a* の命令でそうするよりほかに仕方がなかった部下 *b* の場合はどうだろうか。位階制のもとで，個人の意思ではなく組織の理屈で物事が進むならば，それだけ個人の責任は軽減される。ただしその場合，*b* に代わって *a* がその責任を負うべきだということになるだけである。集団の内部で責任の移転は

生じるが，責任それ自体が消滅するわけではない。

　集団全体としてどのような結果を引き起こすかを個人が知りえなかった場合はどうだろうか。確かに，人々は常に全体の見通しを立てて職務に臨んでいるわけではない。核爆弾の開発と使用，その結果の責任を，マンハッタン計画の個々の科学者に問うのは酷だろう。ただし，無知は怠慢とは区別されるべきである。高度に分業化が進んだ職場はともかく，部局内の少数グループから起案が始まる政策立案の現場で，無知を理由に責任を回避するなら，能力不足でなければ単なる怠慢と言われても仕方がない。

　第二に，集合行為と個人のあいだの因果性が問題となる。ある集団が集合的に行った行為が原因となって何らかの結果が生じたのであれば，その集団の構成員はその結果に対して一定の因果的責任を負うことになる。それでは，自分がいなくても別の誰かが同じことをした場合，それは本人の責任を軽減するだろうか。もし部下 b が命令を拒めば，上司 a は別の部下 c に代わりをさせるだろう。組織はこの種の取り替え可能性によって成り立っている。ただしその場合，b に代わって c がその責任を負うことになるだけである。先ほどと同様に，集団の内部で責任の移転は生じるが，責任それ自体が消滅するわけではない。

　構成員一人ひとりの貢献はあまりにも小さいので，それ自体集団全体を動かすには足りないかもしれない。しかし，集団は個人によって形成されるので，集合行為も元を辿れば個人の行為である。組織内において，個人一人ひとりは無力かもしれないが，集団はそうではない。たとえば，部下 b, c, d……が集団で意見形成をして上申すれば，上司 a の判断を覆すことができるかもしれない。ある集合行為によってある結果が生じたのであれば，別の集合行為によってその結果を防ぐこともできたはずである。その場合，別の集合行為を形成する二次的責任が b, c, d……に生まれる。

　重要な点は，集合行為について個人の責任が問われうるとしても，自由の観点からも因果性の観点からも，その軽重は同一ではないということである。一般論として，より高階の人物であれば，より大きな意思決定の自由をもっているし，集団内の影響力がより大きいため，その結果に対してより重い責任が問

われる。その人個人の賛成や反対次第で，集団全体の行為が大きく変化してい
たかもしれない。その意味で，特に何らかの肩書きを背負った政治家やキャリ
ア官僚の場合，位階制のもとで単なる組織の歯車であったとの言い訳は通用し
ない。

5　「汚れた手」の問題

「汚れた手」の倫理

　これまでみてきたように，政策決定者に課せられる責任倫理は，それが権力
と暴力という「悪魔の力」を預かるものであるがゆえに，他の職業倫理とは一
線を画すような，独自の考察を必要としていた。本節では最後に，政治家に託
された責任倫理がもっとも先鋭的に問われる論点，いわゆる「汚れた手」の是
非について考えよう（ウィリアムズ，1981＝2019：第4章；ウォルツァー，2007＝
2012：第17章）。汚れた手とは，政治目的を実現するためには，暴力や欺瞞のよ
うな，一般人には許されない手段に訴えることもときに許されるという教義で
ある。

　たとえば，エイブラハム・リンカーン（Abraham Lincoln）大統領は，奴隷制
を禁止する合衆国憲法修正13条を連邦議会で可決するために，政敵の大規模な
買収工作を行った。フランクリン・ルーズベルト（Franklin Roosevelt）大統領
は，孤立主義的な国民世論を変えるために，アメリカの船がドイツから先制攻
撃を受けたとの話をでっち上げた。買収も嘘も，一般人が行えば道徳的非難を
免れない。「善き法律家は悪しき隣人」という格言になずらえれば，善き政治
家は，他国民はおろか自国民にとってさえ悪しき隣人であるかもしれない。

　ちなみに，「汚れた手」との表現は，もともとジャン＝ポール・サルトル
（Jean-Paul Sartre）が書いた戯曲に由来する。舞台は第二次世界大戦下の架空
の国，社会主義政党を率いるエドレルは，摂政ファシスト政権とともに挙国一
致政権に加わるべく，党内で嘘や騙しの工作をする。「貴方は資本主義経済の
枠内で，各階級の協力政策を実現するため，党を利用しようとしている」と難

詰する理想主義者のユゴーに対して，エドレルは内戦による数十万人の犠牲を回避するためなら，あらゆる手段が正当化されるはずだと応じて次のように主張する。

　　しかしなんてまあ君は，そう純粋さに執着するんだ。なんだってそう手を汚すことを怖れるんだ。そんなら純粋でいるがいい。だがそれが誰の役に立つのか？　それに，君はなぜわれわれのところにきたんだ？　純粋さとは，行者や修道士の思想だ。君たちインテリ，ブルジョアのアナーキストは，純粋さを口実にしてなにもしない。なにもしない，身動きせず，からだに肘をつけ，手袋をはめている。わしは，このわしは汚れた手をしている。肘まで汚れている。わしは両手を糞や血の中につっこんだ。それでどうした，というのか？　では，清浄潔白に政治をすることができるとでも考えているのか？　（サルトル，1948＝1970：95）

悲劇的選択

　汚れた手問題は，近年道徳教材としてもお馴染みになった，モラル・ジレンマの一例としてみられるかもしれない。しかし実は，ここでみている状況は一般的なジレンマよりも奥深い。いわゆるジレンマ状況とは，何かひとつを達成すれば，別の何かが失われるような，最善の選択肢が構造的に阻まれる板挟み状態を意味する。たとえば，前節で取りあげた行政責任のジレンマでは，一方で官僚が主体性を発揮すれば民主的統制から逸脱しうるし，他方で主体性を抑制すればその知識と能力を十分に生かせない。達成したい2つの理想があるが，現実にはどちらかを犠牲にせざるをえないとき，人はジレンマを感じる。

　リンカーンやルーズヴェルトが直面した状況では，買収や嘘に手を染めることはもちろん悪いが，責任倫理から逃れることも同様に悪い。2つの選択肢のどちらを選ぼうとも，政策決定者はその決断によって悪を犯さざるをえず，罪の意識や道徳的非難から逃れられない。悲劇的選択は，わが子のどちらかを犠牲にすることを迫られる，小説『ソフィーの選択』のような私的状況にもみら

れるが，権力と暴力という悪魔の力を預かる政治の世界においては，より一層避けがたく生じる（イグナティエフ，2004＝2011；モーゲンソー，1946＝2018）。

「汚れた手」の統制

しかしこうなると，悪魔の力との契約はいよいよ悪魔による統治と何が違うのか。ヴェーバーは，問題の解決を政治家個人の内面的資質に求めた。すなわち，真の政治家とは，「一切の行為，わけても政治行為を現にそのなかに巻き込んでいる悲劇性」を直視し，そのことで自らの魂の救済が危うくなっているとの葛藤を心中に抱え続け，にもかかわらず悲壮な覚悟から職業としての政治を志す。それゆえ，ヴェーバーが理想とする政治家は，実は責任倫理一辺倒でもない。「心情倫理と責任倫理は絶対的な対立ではなく，むしろ両々相俟って『政治への天職』をもちうる真の人間をつくり出すのである」（ヴェーバー，1919＝1980：81，103）。

しかし，これは問題の解決をあまりにも政治家個人に求めてしまっている。別の方策は，政治のシステムに解決の糸を探ることである（ウィリアムズ，1981＝2019：第4章）。たとえば，情報公開制度により情報アクセスを保障すること，定期的な政権交代・人事異動をおこなうこと，公文書管理を徹底して説明責任を強化することなどが考えられる。さらなる方策は，手を汚した政治家に対して制裁を準備することである（ウォルツァー，2007＝2012：第17章）。たとえば，緊急事態における私権の制限に踏み切った政治家に対して，事後的に議会や第三者委員会を通じてその妥当性を検証したり，本人が政治責任をとって辞職したりすることなどが考えられる。

職業政治家を父親にもち，ときに自分自身も政治の実務に携わったヴェーバーは，公共政策を決定・実施するにあたって当事者が参照すべき現場の倫理を語ることに心を砕いた。確かに，現場にしか答えがないような困難な状況は，どの職場にもあるだろう。問題は，そこにどのような倫理性を求めるかである。とりわけ，政策決定者が預かる権力と暴力は，ひとつ間違えれば大げさでなく人命や社会の存続に直結する，取扱い要注意の劇薬である。いくら専門家だか

らといって，代理人の現場感覚や実践知に安直にゆだねることなく，その取扱いを不断に監視していくことが，本人であるわたしたちにも求められよう。

参考文献

イグナティエフ，マイケル（2011［2004］）『許される悪はあるのか？——テロの時代の政治と倫理』添谷育志・金田耕一訳，風行社。

ウィリアムズ，バーナード（2019［1981］）『道徳的な運——哲学論集 1973〜1980』伊勢田哲治監訳，勁草書房。

ヴェーバー，マックス（1980［1919］）『職業としての政治』脇圭平訳，岩波書店。

ウォルツァー，マイケル（2012［2007］）『政治的に考える——マイケル・ウォルツァー論集』萩原能久・齋藤純一監訳，風行社。

久米郁男・川出良枝・古城佳子・田中愛治・真渕勝（2011）『政治学　補訂版』有斐閣。

サルトル（1970［1948］）『汚れた手 改訂版』白井浩司・鈴木力衛訳，人文書院。

ネーゲル，トマス（1989［1979］）『コウモリであるとはどのようなことか』永井均訳，勁草書房。

ネーゲル，トマス（2009［1986］）『どこでもないところからの眺め』中村昇・山田雅大・岡山敬二・齋藤宜之・新海太郎・鈴木保早訳，春秋社。

ネーゲル，トマス（2018［1970］）「『利他主義の可能性』（第9〜10章）」桜井直文訳，『明治大学教養論集』（534），1-38。

パーフィット，デレク（1998［1984］）『理由と人格——非人格性の倫理へ』森村進訳，勁草書房。

宮坂純一（2018）『なぜ企業に倫理を問えるのか——企業道徳的主体論争を読み解く』萌書房。

モーゲンソー，ハンス・J.（2018［1946］）『科学的人間と権力政治』星野昭吉・高木有訳，作品社。

Feinberg, J., (1970), *Doing and Deserving : Essays in the Theory of Responsibility*, Princeton, Princeton University Press.

Finer, H., (1936), "Better Government Personnel," *Political Science Quarterly*, 51(4), 569-599.

Finer, H., (1941), "Administrative Responsibility in Democratic Government," *Public*

Administration Review, 1(4), 335-350.

French, P. A., (1984), *Collective and Corporate Responsibility*, New York, Columbia University Press.

Friedrich, C. J., (1935), "Responsible Government Service under the American Constitution," *Problems of the American Public Service : Five Monographs on Specific Aspects of Personnel Administration*, Carl J. Friedrich et al., New York, McGraw-Hill, 1-74.

Friedrich, C. J., (1940), "Public Policy and the Nature of Administrative Responsibility," *Public Policy : A Yearbook of the Graduate School of Public Administration, Harvard University*, eds. Carl J. Friedrich and Edward S. Mason, Cambridge, M. A., Harvard University Press, 3-24.

Schauer, F., (2000), "Can Public Figures Have Private Lives?" *Social Philosophy and Policy*, 17(2), 293-309.

Thompson, D. F., (2005), *Restoring Responsibility : Ethics in Government, Business, and Healthcare*, New York, Cambridge University Press.

■　■　■

読書案内

マックス・ヴェーバー（1980）『職業としての政治』脇圭平訳，岩波書店

　政治・政策現場に携わる人間の職業倫理に関する言わずもがなの古典的著作。講演に基づいているからか，特に有名な終盤部分では当時のドイツの緊迫した政治情勢がひしひしと伝わってくる。

ジョセフ・L・バダラッコ（2004）『「決定的瞬間」の思考法——キャリアとリーダーシップを磨くために』金井寿宏監訳・福嶋俊造訳，東洋経済新報社

　ハーバード大学のビジネス倫理学の大家が，汚れた手問題を含む規範理論の観点からリーダーシップを論じる。本書をきっかけにビジネス分野に視野を広げてみるのも面白い。

ジョセフ・S・ナイ（2008）『リーダー・パワー——21世紀型組織の主導者のために』北沢格訳，日本経済新聞出版社

　政府内で実際に外交・防衛分野の要職も担当してきたアメリカの国際政治学者によるリーダーシップ論。「現場の倫理」もよく知る稀代の学者がそのエッセンスを解説している。

練習問題

① 　ヴェーバーが唱えた心情倫理と責任倫理はどのように異なるだろうか。政策課題の具体例を挙げつつ考察してみよう。

② 　アイヒマン裁判について調べ，親衛隊将校アドルフ・アイヒマン（Adolf Eichmann）がナチスの犯罪行為に対してどのような責任を負っていたか，あるいは負っていなかったかを考察してみよう。

（松元雅和）

第12章

政策実施者と規範

―― この章で学ぶこと ――――――――――――――――――

　本章では，政策実施者としての公務員と規範の関係について，公務員のもつ行政上の力の道徳的本質や，その力の民主主義との関係などの観点から学ぶ。行政上，公務員は人々に命令する力をもち，場合によっては人々に不利益を与えることも許される。これは法に基づくならば正当だとされる。しかしそもそもなぜ，公務員がそのような力をもつことがよいこととされ，許されているのかを問えば，それは法を超えた規範の問題になる。また，公務員の存在がいかにして民主主義にとってよいものとなるのか，という規範的問題もある。民主主義の社会で，選挙されずに権力の一端を担う公務員は，議会との関係でどのような役割を果たすとき，道徳的に適切な仕事をしたことになるのだろうか。

　本章では，これらの問題を「権威の担い手としての公務員」と「民主主義の担い手としての公務員」という観点から考えるための議論を紹介し，公務員の仕事が規範的に適切となる条件を提示する。またこれらの条件が含意する，適切な公務員制度を構築するためのポイントについても検討する。

―――――――――――――――――――――――――――――――

1　公務員と規範をめぐるアプローチ

公務員の仕事の政治道徳的適切さ

　一般的に，公務員と規範の関係といえば，公務員倫理の問題が思い浮かびやすい。それは，主に行政的ルールの遵守の問題である。公金の使われ方や人事のあり方，行政文書の扱いなどがその主要なテーマとなる。これは行政組織全体への信頼に関する問題だから，非常に重要であり，裏づけとなる法と制度が必要だと考えられている。関連する重要な研究も非常に多い（e. g. 阿久澤，

243

2013；西尾，2018；原田，2007；平田，2004；真淵，2010；吉藤，2008）。

　他方で，もう少し目立たない問題に，公務員の地位やその職務（仕事）の政治道徳上の性質や役割といったものがある。行政を含む一連の政治現象のなかでは，命令する力としての権力の行使がみられるが，その一翼を担うのが公務員である。多くの人にとって命令されることは好ましいことではないし，民主主義社会の根本にある自由などの道徳的価値を不当に侵害するならば，それはまさに道徳的問題にもなる。しかし，政治を通じて，わたしたちは権力を秩序の維持に必要なものとして再認識し，その道徳的に認められるようなあり方を模索する。公務員の地位や役割もまた，同じ観点から問うことができる。つまり，民主主義の社会において，権力を担う公務員の仕事が適切となるための条件はどのようなものなのだろうか，という問題だ。本章ではこの問題に焦点を当てる。

2つの公務員像

　この問題を考察する前提になる公務員像と，それに基づく公務員と規範の関係を考察するためのアプローチを簡単に解説しておこう（cf. Richardson, 2002：99）。公務員と規範の関係を考える際には，前提となる公務員像によって，異なった問いを扱う2つのアプローチが行われうる。まず，公務員をあらかじめ定められた道徳的ルールの執行者や，すでにできあがった利害関係調整のシステムの運営者のように考えて出てくるのが，第一のアプローチである。たとえば，正義原理があらかじめ人々の利益分配に関する利害関係調整の仕組みを決めていて，人々もそれに合意しており，そのうえで公務員はその利害関係調整の仕組みを運営するだけ，と考える公務員像がありえる（cf. ロールズ，1999＝2010）。道徳や利害の対立がない，つまり政治が必要ない状態を前提とする公務員像だ（cf. Williams, 2005）。この公務員像では，公務員は自ら積極的に道徳的な価値について考えたり，利害調整に乗り出したりすることは考えられていない。これを基にしたアプローチで問われるのは，公務員による適切な正義原理の執行の段取りや，その際に必要な行政の制度はどのようなものか，といっ

た実務的なことである。このアプローチがあまり現実的でないことは簡単にわかるだろう。現実の社会では道徳的立場や利害関係の対立は当たり前のことであり，それゆえに公務員はこれらの調整が重要となる仕事に多く関わっているからだ。

　そこで本章で重要になるのは，第二の公務員像に基づくアプローチである。それは，社会にある道徳や利害の対立を前提として，公務員が主体的に社会問題の道徳的側面に関わったり，利害関係を調整しようとしたりすることに着目し，その適切なあり方を考えるアプローチだ。この考察を深めることが本章全体を通じての重要なテーマになる。より具体的には，次のような問いを考える。公務員が行政の一部として積極的に道徳や利害の対立に関わり，その調整のために権力を担うとき，その仕事が適切なものとなるには，どのような規範的条件を満たす必要があるのだろうか。また，公務員が主体性を発揮するなら，当然，議会との関係が問題になる。民主主義社会では，議会は公務員を超える地位にある。そこで，もし公務員に主体的な役割を認めるならば，公務員の仕事が，議会との関係でどう適切なものとなりえるかが問われるだろう。たとえば，議会の決定を無視した仕事が適切であるとはとてもいえない。議会と公務員の双方を含んだ民主主義の体制のなかで，公務員の主体性がどのように発揮されるべきかを教えてくれる，規範的条件の議論が必要になるということだ。これらの問いを，以下ではそれぞれ，公務員が担うべき権威の問題と民主主義的機能の問題として捉え，それらを考えるための議論をみていくことにする。

2　権威の担い手としての公務員

公務員の「命じる力」を問う

　まず，権威から考えよう。公務員は，公権力を担う存在である。行政サービスの担い手であるイメージが浸透しているが，たとえば警察官などを見ればよくわかるように，公務員は人々に対して，行政のうえで必要なことを命じる力をもっている。この力はどのようにして規範的に適切なものとなるのだろうか。

　公務員のこのような力は，まさに国家や地方公共団体の権力の一部であるから，それだけで適切なのだ，という考えもありえる。公務員の仕事は国や地方公共団体の仕事を人の側面で具体的に遂行しているだけだから，少なくとも国民や市民はそれに従うのが当然であり，この意味で公務員のすることは何であれ直ちに適切だ，というのである。しかし，この考えは適切ではない。公務員の業務であっても，それが法的観点から不適切であれば訴訟の対象になる。また国民や市民が，公務員がその業務にあたっている政策に不満であれば，選挙を通じて議員や首長が交替し政策が変わるかもしれない。そうすれば不満の種であった公務員の業務は消えてしまう。これは公務員の仕事が合法ではあったが，別の——たとえば道徳的——基準で適切とは思われていなかったことを，事後的に明らかにする。つまり，公務員の仕事には，それを適切なものとする，法や道徳などの重層的な基盤があるから，公務員が行政上おこなう仕事は何であれ直ちに適切であるとは言えない。このような観点から，以下では公務員の仕事がいかに規範との関係から適切なものとなるのか，考えたい。

権威の議論

　ここで，国や地方公共団体がもつ命令する力の適切なあり方，そしてそれに基づく公務員の仕事の適切さについて，規範という観点から明瞭な見通しを与えてくれるのが，以下に紹介する，クリストファー・マクマハン（Christopher McMahon）による「権威」の議論（McMahon, 1994, 2012）である。これからみるように，マクマハンの議論では，社会において重視されている道徳的価値（公正さ）や政治的価値（民主主義）が，命令する力に関係する規範を形作る。

　マクマハンは，国家権力のもつ命令の力を権威の問題として理論化した。ここで権威とは，人々に何かさせる権利を意味する（McMahon, 1994 : 26）。そして，マクマハンは規範的に適切な権威——つまり正当な権威——とは，人々が自らの考えを差し置いてでも，それを受け入れるに十分な理由をもつものであるとする（McMahon, 1994 : ch. 2, esp. 27-32）。マクマハンはこのような考えを基に，権威を専門性による権威，約束による権威，協働のための権威の3つに

分類する（McMahon, 1994：ch. 4）。それぞれをみていこう。

専門性による権威

専門性による権威は，特定分野の専門家の過去の履歴から，わたしたちがその人物の判断や指示を受け入れるべきだと考えることを理由として発生する（McMahon, 1994：86-92）。たとえば，食品安全の研究をしているある学者が過去において十分な業績を残しており，その知見を信用するに足るとわれわれが考える場合，その学者は権威ある存在になる。そして，わたしたちは食品の安全基準に関して，自分たちの考えよりもその学者の考えを採用するだろう。ただし，道徳的な事柄に関しては人々の考えがあまりに多様なので，この権威は成立しない（McMahon, 1994：92-95）。

約束による権威

約束による権威は，わたしたちが何らかの約束を行ったことを理由として，自分がおこなう理由をすでにもつ他の行為ではなく，あえて約束した行為をおこなう際に発生している（McMahon, 1994：96-98）。たとえば，疲れているという理由によって導かれる家で休むという行為は，子供と出かける約束をしたという理由があれば，別の行為——外出する——に切り替わるべきだろう。ただし，重要な道徳的理由があれば約束は反故にできるから，その意味では約束の権威は絶対ではない（McMahon, 1994：98-102）。たとえば，外出すると感染症の広がりを助長するというなら，この約束は守られるべきではない。

協働のための権威

協働のための権威は，人々が社会的に協働して皆の利益を実現するための合理的判断から導かれる権威である（McMahon, 1994：102-121）。人々が社会で互いに協力することが大きな利益を生むことに異論はないだろう。政治も経済も，協働を通じて動いている。だが，協働が適切に成立するには，何よりも人々が確実にそれに参加してくれる必要がある。自分が協働から利益を得られるかど

247

うか，ということは，他人がどう動くかによるからである。また協働といって
もそのあり方にはいろいろなものがあり，さらには人々の考えもまちまちだか
ら，特定のあり方の協働を皆で支えるという状況を作らなくては，長期にわ
たって安定的な協働は行えない。そこで，これらの問題を乗り越え，人々の協
働への参加を確実にし，さらにさまざまな考えをもつ人たちが，特定の協働の
あり方を維持するようにすることが人々の合理的利益となることを理由として，
協働のための権威が成立する。

政府の権威

　マクマハンの考えでは，政府の権威とは協働のための権威である（McMa-
hon, 1994：123）。協働は望ましいが，必ずしもすべての人が協力したいと直ち
に思うわけではない。協力した方がよいとわかっていてもできないのが，一般
的な人間だろう。また，人々の多種多様な利害関係や考え方の違いを前提とす
れば，協働のあり方についても，なかなかまとまりが見込めなさそうである。
政府はこのような状況で，協働への協力を確実にし，また協働のあり方をひと
つにまとめることで，人々が合理的な利益を得られるようにしてくれるという
のである。

　しかし，政府の権威にもいろいろなものがある。マクマハンは抑圧的体制で
も協働がないよりはましだというが（McMahon, 1994：122），多くの人にとっ
てそれは受け入れがたいだろう。ここで導入されるのが，いろいろな政府の権
威のあり方のなかから，適切なものを選び出すための道徳的考慮である。つま
り，道徳的観点においても支持できる協働のための権威のあり方があれば，そ
れが選ばれることになるというわけだ。そうして選ばれるのが民主主義である。
それは政府が実現する協働のあり方に関して，公正さと福利の最大化という，
特別な道徳的価値をくわえることで，政府の権威をいっそう強化する（McMa-
hon, 1994：128-131）。

　道徳的価値をみていこう。まず，公正さとは，自らの目標追求を他人の犠牲
のもとで行わないことを意味し，またすべての人に対して平等な配慮をおこな

うことを意味する（McMahon, 1994：70, 73）。公正さは協働のあり方の成果，つまりだれがどのような利益を得るかに関するものでもありえるが，実際に成果に適用するのは難しい。というのも，政府が対象とする協働があまりにも大規模なため，利益の配分をめぐって数多くの人々の意見を集約し，納得いくものとすることが困難であるからだ（McMahon, 1994：137-138）。

　そこで，公正さのもうひとつの方途として，成果のあり方を決めるための方法を適切にする，というものがありえる。たとえば，成果のあり方を決める独裁者をクジ引きで決める，ということも，平等な配慮がなされる方法だ（McMahon, 1994：138）。だが，これでは多くの人にとって満足のいかない結果が出かねないことを考えると，クジを適切だと思う人は少ないだろう。つまり，わたしたちは人々の福利を最大化するということも重視しているわけである（McMahon, 1994：138）。そこで，公正さと福利の最大化のどちらにも配慮できる方法として，いわゆる一人一票の民主主義が最適なあり方と考えられる。それはあらゆる人の協働の成果に対する考え方に等しく配慮しながら，同時に多くの人に満足を与え，福利を最大化できるからだ（McMahon, 1994：139）。これを前提に，公正さにはさらなる配慮が可能である。つまり，投票において常に少数に立たされ続けるような利益や信念の持ち主がいることにも配慮して，いくつかの重要な権利を憲法によって守るならば，本来の意味での公正さの度合いは上がる（McMahon, 1994：142-143）。結論として，権利を守る憲法と民主主義のある政府の権威は，公正さと福利の最大化への配慮を通じて，道徳的な支えをもったより強力な協働のための権威となるのである。

公務員の任務の本質

　政府の権威の性格がわかれば，公務員の仕事の適切さの根拠も導くことができそうだ。マクマハンの議論の中心は協働のための権威の一部とされる企業経営者にあるため，公務員の仕事についての議論は断片的だが，企業経営者と公務員は協働のための権威において類似の役割を担うという（McMahon, 1994：10, 2012：20-27, ch. 3, 153）。そこで，ここではマクマハンの議論を敷衍する

形で公務員についても考え，彼らの仕事を適切にする条件を考えよう。

　まず，政府の権威の一翼である以上，公務員の任務とは公正さに配慮しつつ，人々の利益を最大にすることである。つまり，公共的な利益の増進だ（cf. McMahon, 2012：25-26）。公務員は議会が抽象的に定めた公共的な利益を，より文脈に即し具体的なものにしていく必要がある（McMahon, 2012：99-101, 105-106）。公務員は，この作業を通じて，多様な利害関係や信念をもつ人々のあいだで政府がもつ協働のための権威を行使し，公正さに配慮した福利の増進をおこなうと考えられる。

　この作業において，公務員が公正さという規範を破ってもよいとされる場合を考えることができる。マクマハンは，先にも述べた他者の犠牲の禁止という公正さのほかに，道徳には安全保障や共同体・文化の維持，社会的繁栄といった，人々の人生が健全に営まれ発展してゆくための重要な社会的価値も含まれるという（McMahon, 1994：74-78, 174-175）。マクマハンの考えでは，公正さとこれらの社会的価値は互いにトレード・オフされることがありえる（McMahon, 1994：175）。そうであれば，公正さより他の社会的価値を優先することも考えられるだろう。つまり，公正さをあえて破ってでも，他の社会的価値を達成するということだ。ここで重要なことは，公正さの道徳を無効にできるのは，同じく道徳の一部である社会的重要価値のみだ，ということである。公務員が個人的利益の追求を目指して公正さを破ることは職権の濫用だから許されない（cf. McMahon, 2012：130）。さらに，当然ながら公正さを破る場合，それは必要最低限でなくてはならない（McMahon, 1994：177）。

公務員の仕事が適切となる規範的根拠

　結論として，公務員はその仕事において，社会的利益のためであれば公正さをある程度譲ることも許されるということになる（McMahon, 2012：128-130）。たとえば，一般的に好まれない施設の建設などにおいて，最終的に設置場所の住民に不利益を与える結果になることはよくある話である。このことは社会の利益追求のために特定の人に犠牲を強いる行為ともいいうるから，公正さは毀

損される。しかし，もしこれが他の道徳上重要な社会的価値の達成に必要なのであれば，必要最低限度で許されることもある，ということだ。

　また，協働のための権威を政府が行使する際には，より包括的なレベルで公正さに注意が払われていることも思いだそう（cf. McMahon, 1994：255）。つまり，協働のための権威は民主主義的な権威であるから，人々は投票行動を通じて公正な決定に参与することができ，また人々の最低限の利益が守られるよう，基本的な利益は憲法によって保護されているのだ。これらの点を考えるなら，協働のための権威を行使し社会的重要価値を目指すという点で，公務員による公正さに対する違反はそもそも大きな問題になるものではなく，むしろ道徳的に必要なものであると考えられるだろう。

　以上から，公務員の仕事が適切と言えるための規範的条件が明らかとなる。

　　公務員は，協働のための権威の一翼として，民主主義的政治決定の下，公
　　正さに配慮して人々の福利を増進するべきである。

　　市民へ不利益をもたらすことは，道徳的に重要な何らかの社会的価値のた
　　めに許されることもあるが，それは基本的権利を保護する憲法と健全に機
　　能する民主主義があることを前提とする。

　民主主義社会において，これらを満たすことが，公務員の仕事が適切となる——法的根拠とは区別された——規範的根拠である。このことは，公務員の実際の仕事からも納得できる。彼らは社会の秩序を維持し，その利益を確実にし，またその過程で，政府や自治体の規則に従って，人々に必要な不利益を与えることもある。マクマハンの議論を参考にすれば，公務員の仕事の背後にあるのは，協働のための権威であると理解できる。

　以上で公務員の仕事の適切さを決める規範の大枠は理解される。ここからさらに進んで，公務員は議会との関係において，どのように主体性を発揮して仕事をすればよいのだろうかを考えよう。この観点から重要な論点を提供してく

れるのが，ヘンリー・リチャードソン（Henry Richardson）の議論（Richardson,
2002, cf. Muñiz-Fraticell：2008）である。必要な部分を以下に概説しよう。

3　民主主義の担い手としての公務員

公務員と議会の関係のあり方

リチャードソンの理解を基にすれば，議会との関係で政策に関与する公務員
には，次の3つのあり方を考えることができる（cf. Richardson, 2002：99）。

【素朴な代理人】

　第一に，公務員を議会の代理人としてだけとらえるものである（Ri-
chardson, 2002：ch. 8）。これは議会が与える目的を，行政は端的に実行す
るだけである，という考え方であり，その意味で代理人は与えられた仕事
を非創造的に遂行する以上の存在ではない。かなり素朴な理解ではあるが，
議会との関係でいえば，もっとも基本的なものであろう。

【費用便益分析の担い手】

　第二に，費用便益分析を行政の業務の中核と考えるものである（Ri-
chardson, 2002：ch. 9）。これは，議会が決めた諸政策の目的がすでに与え
られていて，そのうえでその目的の達成にもっとも適切な方法を，行政が
費用便益分析の観点から選び出すというものである。公務員は単なる代理
人以上のより主体的な取り組みをおこなうと考えられている点で，第一の
ものとは異なっている。

【民主的熟慮の担い手】

　第三は，政策目的の決定それ自体に公務員が参画するものと考え，行政
により大きな主体的役割を認めるものである（Richardson, 2002：chs. 10,
16）。このモデルでは，議会が行っている政策に関する熟慮を，行政もま

── コラム⑫　協働のための権威を担うには？ ──

　協働のための権威の重要さは，新型コロナウイルスのパンデミックでも見られた。つまり，感染の拡大を抑えるために外出を控えたり，企業が積極的に在宅勤務の態勢を整えたりすることが重要であるが，人々が協力するかどうかは未知数である。実際に協力をしない者も世界各地で散見され，メディアなどで苦言が呈されたことは記憶に新しい。さて，このような状況で人々の協力を確保するためには，協働のための権威が欠かせない。そして，パンデミックのような状況では，この権威は十分に強力でなくては機能しない。多くの国では，政府が強制力を行使できる状態を作り，協働のための権威を一時的に大いに高めた。

　このように，協働のための権威は，十分に協働の利益を確保するのであればそれなりに強いものである必要があるが，日本では過去の軍部政府への反省から，政府の力を進展させることには非常に警戒心が強い。他方で，安全保障や健康管理上の危機においては，この点がマイナスになることもあるかもしれない。この問題に対して，わたしたちはどう向き合うべきだろうか。

　解決策には2つある。ひとつは，国民の良識の向上である。危機時に国民の多くが公益を考えることができれば，協働のための権威はそれほど強くなくても十分働く。いまひとつは，政府への信頼の向上である。協働のための権威が十分信用できるならば，それを強化することへの異論は減る。本章との関係では，後者が重要だろう。独裁体制にみるように，協働のための権威＝政府はそれ自体が脅威になる可能性があるからこそ信頼されない。この点での信頼性を高めるには，本章でも指摘されたように，権利を守る憲法と健全に機能する民主主義が大切であることはいうまでもない。

　また，信頼性の向上のためには，人々の主体的努力も重要だ。特に，公務員や議員のあり方に関して，党派的な主張の喧伝や感情的なバッシングではなく，その本質に即した，公平な社会的議論がおこなわれることが必須である。社会的分裂やバッシングは，本来冷静な議論に割かれるべき時間や資源を人々から奪い取ってしまう。そもそも，信頼に足る政府は，人々の広範な合意なくして得られるものではない。大規模災害やパンデミックなどの不測の事態において，迅速かつ強力に作用する政府がないことは人々の大きな不利益を生じるが，このような政府は，かかる不利益への自覚に基づく，協働のための権威を担うに足る政府のあり方への広範な合意によって，徐々に実現されていくものであろう。激変期にある世界において，人々が冷静さを保ち質の高い議論をおこなうことが，ますます重要であると言えるのではないだろうか。

た引き継ぐものであるとする（Richardson, 2002 : chs. 10, 16）。より具体的にいえば，議会と行政はともに，社会的問題や課題について「何をなすべきなのか」という規範的な問いに取り組むという点で，同じ立場で政策に関わるものとされる（Richardson, 2002 : 132）。

行政と議会のパートナー関係

リチャードソンによれば，第一番目のもっとも素朴なモデルは適切ではない（Richardson, 2002 : ch. 8）。立法による政策形成には限界があるからである。まず，立法にはあいまいさがつきものであり，それは政策の目的に関してもいえる。さらに，目的達成の手段についても，それが一義的に決定されることを期待することは難しく，複数の選択肢が発生しうる（Richardson, 2002 : 116）。つまり公務員は，具体的に何がなされるべきなのかに関して解釈の余地が大きい目的をもつ政策に直面しつつ，さまざまな可能性を模索しながら，行政実務に関わるのである。そのため，立法された政策を，ほとんど主体性を発揮しないで単に実施するだけ，という公務員のあり方は現実には存在しないのである。

さらに，第二の費用便益分析にのみ注目する公務員の業務のイメージも適切ではない（Richardson, 2002 : ch. 9）。その理由は，すでに与えられた目的に応じた費用便益分析は，目的の絞り込みや考え直しといった公務員が行いうる貢献を含まないからである（Richardson, 2002 : 121-122）。公務員の仕事は費用便益分析だけではない。そこで，公務員の主体的貢献に十分な注意を払った，次の第三のモデルがもっとも適切である。

第三のモデルにおける行政の主体性についてみていこう（Richardson, 2002 : ch. 10）。「何をなすべきか」という問いに対する公務員の判断を適切なものにしてくれるのは，その問い自体を発する基になっている，民主主義への支持である。それは，自由や平等，自律といった道徳的価値や，正義や反差別などの民主主義を特徴づける考え方をひとつの基準として熟慮を重ねることを意味する（Richardson, 2002 : 135-141）。つまり，公務員は民主主義的な政治と行政の枠組み内部で「何をなすべきか」を考えているわけだから，これらの基準がま

ずは参照され，またそこから外れることはないということである。この熟慮の
あり方は，そもそも議会が議論を重ねる際に行っているものであり，それを通
じて議会は何らかの決定を下す。そして，この決定を前提として，公務員もま
た同じ方法によって「何をなすべきか」についての熟慮を重ねていくのである
（Richardson, 2002：141-142）。

　重要なことは，行政は，単に議会が決めたから，という理由ではなく，同じ
正しさの探求を理由として，政策への熟慮を主体的に行っていく機関だ，とい
う点である。もちろん，熟慮を通じて政策の目的設定にも関わっていく。こう
することで，議会を尊重しつつ，行政はその任務を自主的に果たすことができ
る。行政は議会をパートナーとする民主主義の担い手なのである（Richardson,
2002：141-142）。

行政の望ましいあり方

　以上の理解から，リチャードソンは行政の望ましいあり方を以下のように論
じる（Richardson, 2002：ch. 16）。まず，法の支配，法への忠実さ，適正な手続
きの三点を，行政の守るべき姿勢としてあげる（Richardson, 2002：217）。これ
らのうち，法の側面に関しては，ドイツを例にあげつつ，そもそも立法の段階
で，その目標や法の施行上できることの限界などを明確に定めることが重要で
あるとする（Richardson, 2002：218）。そして，行政の実際のルールを定める手
続きに関しては，広範な利害関係者を含めて討議を設けることを提案している
（Richardson, 2002：219-222）。また，複雑な問題を行政の手にゆだねる際には，
彼らの地位が立法によって根拠づけられていることが必要である（Richardson,
2002：224）。さらに，行政への信頼がなくてはならない。この信頼は，まず彼
らの専門的知識や仕事の誠実さへの信頼を基礎とする。他方で，行政は立法の
熟慮を引き継ぐわけだから，専門的知識への信頼だけで話が済むわけではない。
行政への信頼は，彼らが熟慮の作業をおこなうにふさわしいか否かにもかかっ
ている。この信頼を確立するために，リチャードソンは，行政の重要人事への
政治的コントロール，公務員の誠実さの向上，行政業務の公開性の向上などを

提案している（Richardson, 2002 : 224-230）。本章に必要なリチャードソンの議論の骨組みは以上のとおりである。

4　現実の行政への含意

行政の道徳的責任

　マクマハンとリチャードソンの議論を全体的にまとめておこう。まず，マクマハンによれば，政府のもつ権威として協働のための権威がある。公務員はこの権威を担うが，それによって，公務員は社会的重要価値のために働くことになる。公務員はこのような業務を行っているので，公正さの道徳をあえて破ることを許されることが注目される。他方で，社会的な利益のためにこのように大きな力をふるうことを許される公務員は，民主主義的な支配に服するのでなければ，単なる恣意的支配をおこなうだけの存在になってしまうかもしれない。この点で，民主主義と公務員の業務の関係が問われてくる。ここで，リチャードソンの議論が役立つ。まず，一般的な立法機関の下請けというイメージは，現実にそぐわない。さらに，行政は単に政策の費用便益分析をおこなう機関でもない。リチャードソンの考察では，それは主体的に政策の目的を設定するという重要な任務を負っている。特に，自由，平等，自律，正義といった理念を議会と共有しつつ，行政は政治においてそれ独自の貢献をする存在であるとされる。その際，行政が議会と法の枠組みのなかにおかれ，かつ適切に民意に対して配慮をおこなうことで，民主主義との調和が可能になると考えられるのである。

　このように考えれば，行政は実は相当大きな道徳的責任を負う存在でもある。もし，単なる下請け機関にすぎないのであれば，政治上の目的を設定した責任は議会にあるわけだから，行政は政治的な責任までは問われないだろう。しかし，もし行政が議会と同質な権威の担い手であるならば，そうはいかなくなる。もちろん，日本の国政の文脈では国権の最高機関は国会だから，やはり最高の責任は国会が負うべきだが，行政がしていることが立法に似てくればくるほど，

その責任が重くなることには留意が必要である（cf. McMahon, 2012 : 110）。

　もし，わたしたちがこのような理解を受け入れるならば，公務員と規範に関する次のような論点を得ることになる。

人員や資源は足りているか

　第一に，公務員は民主主義国家にとって欠くことができない，権威と主体性をもった一員である，ということの含意である。リチャードソンが言うように，公務員が政策目的を議会とともに定める役割を担うというなら，公務員は代替可能な下請けではない。むしろ，それぞれの職権において日常的になされる判断を通じて，立法を補う機能を果たしており，協働のあり方を定めている。そうであれば，個人としても集団としてもそれに応じた能力が必要なことは当然であり，また彼らの能力の発揮に必要な時間を含めた資源も，十分でなくてはならない。この点で，立法をおこなう議員も，公務員に対して無理な要求を課すようなことは慎まねばならない。特に国家公務員の過重労働は問題とされるが，それぞれの部門において，協働のための権威を担うにふさわしいだけの人員が配置され，時間を含めた資源が与えられているのかどうか，常に点検されなくてはならないだろうし，パートナーである議会はそのことに敏感であるべきである。

何のための批判か

　第二に，公務員は協働のための権威の担い手である，ということの含意だ。公務員は個々の行政上のプロジェクトだけではなく，協働全体への寄与を通じて，政府の権威を担っている。行政上のプロジェクトには，さまざまな性質や難易度のものがあり，ときには適切な政策の施行に行政が失敗することもある。このようなケースでは，担当していた公務員個人や，それを担当していた部局などに批判が集中しやすく，過剰ともいえるバッシングにさらされる（cf. 中野, 2013）。しかし，公務員はすでに議会で細部まで定められ，完成した政策プログラムの執行者ではなく，彼ら自身がその目的について熟慮し，いかなる手段

257

が適切であるかについて悩む立場にある。これは専門知識があってもかわらない。そうであるから，エラーは当然発生するし，ミスもおきる。しかし，これは直ちに彼らの権威を損なうべきものではない。彼らの媒介がなければそもそも社会は正当なあり方で民主的に統治されることはできないのだから，個々のプロジェクトの成否にかかわらず，彼らがリチャードソンのいう民主主義の目的の枠内で正当に行動しているのであれば，彼らの協働のための権威それ自体は毀損されるべきではない。もちろん，ミスについて何らかのペナルティは必要であろうが，その目的は公務員の業務をできるかぎり正常に保つことで権威そのものを保つことであり，それを破壊することではない。公務員への行きすぎた批判が権威全体への過剰な不信感につながるならば，彼らの通常業務に支障をきたし，本来は行政によって可能であった社会全体の合理的利益自体が得られなくなる恐れもある。また，議会が行政に極端な不信感をもって，彼らの専門性や現場の経験を無視した指示を連発するような事態も同様の結果を招きうるから，最終的には議会も含めた政府の権威自体が長期的に毀損される。その不利益は非常に大きいだろう。

立法や議会への含意

　第三に，立法や議会のあり方への含意だ。リチャードソンの議論にあるように，公務員が政策の目的を，法を前提として定めていくと考えるならば，法はそもそもそのような公務員の任務からみても使用しやすいものでなくてはならない。あまりにも漠然とした政策目的や目標，プログラムしか読み取れない法では，公務員が立法を尊重して仕事をすることがそもそも困難となる。また，法の内容の確定のしやすさは，公務員が自らの権威を越えて恣意的にその力を行使することを防ぐ役割もあるから，民主主義を守るためにも必要である。ただし，法は行政の計画書である必要はないので，あくまで解釈に必要な程度の明確さでよい。

　また，立法に関して，日本においては議員立法よりも官僚がイニシアチブをとる立法（閣法）が多いことに留意するべきであろう。閣法の実質的な作成者

が官僚であるという点で，民主主義の適切な運営に関して議会と行政は事実上も密接なパートナーシップにあるわけだから，官僚は専門性に基づいて業務を遂行するのみならず，自らの行使する権威が国民全体の協働の利益を実現するという目的に向けられているかを常に考える必要がある。政治主導的発想の強化によって，いわゆる官僚の政治家への「忖度」が働きかねないことが指摘されているが，官僚は国民全体に対して奉仕する，という原則を捨てないのであれば，特にこの点には注意が必要である。

　さらに，協働のための権威を担う一連の流れに公務員を位置づけるならば，議会が行政の専門的知識や経験に極端に頼り，政策の実現可能性を公務員に丸投げするようなことをすべきでもないだろう。特に，実務を現場で担う公務員や，中級クラスの公務員にとって，その目標があまりにも現実離れしていたり，適切な手段が見つからなかったりするような政策は作られるべきではない。これは当然のごとく失敗を招き，協働のための権威を損ねてしまうからである。議員は選挙に勝つために，人々に受けのよい，しかし実現性の乏しい政策を打ち出すことがあるが，これは長期的には行政への不信感を招来し，政府の権威と民主主義を危険にさらすことになりかねない。

公務員の人事制度への含意

　第四に，公務員の人事制度に関しての含意である。近年，いわゆる非正規雇用者に近い形態の公務員が増えているが，これが適切であるのかは熟慮される余地がある（cf. 上林，2015）。行政は議会の下請けではなく，政策の目的と手段をともに考え，民主主義を担うわけだから，それなりの専門性や資質が必要になる。このような専門性や資質には度重なる研修や訓練などを必要とするもの，また長期の熟練が必要となるものもあるだろう。そうであれば，あらゆる公務員のレベルにおいて，人材の長期的・計画的育成が重要であり，安定した雇用環境が必要となるだろう。この点から，公務員の人事には，経済的合理性とは別の，道徳的価値の側面があることをよく認識することが必要である。もし，公務員が経済合理性のみの採用や人事になじむというなら，たとえば人工

知能の発展にともなって，行政判断をつぎつぎにコストのかからない機械に任せてもよいかもしれない。しかしそう思う者は少ないのではないか。それは，公務員制度が統治の根幹にあるからであり，国民が自らの意志で自らを支配するという，民主主義の不可欠な一部だからである。公務員の人事制度の設計において，経済的合理性や効率性を超える観点は不可欠である。

公務員イメージの正常化へ

　本章では，公務員と規範の関係を，彼らの権威，また議会に対する位置づけの観点から概説した。公務員制度はどの国にも必須な統治の制度であるが，本章で明らかにしたように，民主主義国家での地位はその独自性をもっている。近年，公務員制度は数々の批判にさらされてきたため，公務員と規範の関係を考えるにあたっては，彼らのネガティブな行為の側面に焦点が当たりがちである。しかし，公務員と規範の関係の論点はこれに尽きるものではなく，未だ議論されるべき側面が多く残っている。特に公務員の役割を積極的に評価し，ポジティブな観点から，公務員のあるべき制度像を描き，また権威のあり方を考察していくことも，公務員に対するイメージをリバランスし，正常化させていく観点から必要であろう。

参考文献

阿久澤徹（2013）「公務員倫理問題への新アプローチ」『政策科学』20（2），1-11。

上林陽治（2015）『非正規公務員の現在——深刻化する格差』日本評論社。

原田三朗（2007）『公務員倫理講義——信頼される行政のために』ぎょうせい。

平田丈人（2004）「行政観のパラダイム変換と公務員倫理」『日本経営倫理学会誌』11，57-65。

吉藤正道（2008）「公務員倫理法・倫理規定についての一考察」『慶應法学』（11），243-282。

真淵勝（2010）『官僚』東京大学出版会。

中野雅志（2013）『公務員バッシングの研究——Sacrifice〈生け贄〉としての官』明石書店。

西尾隆（2018）『公務員制』東京大学出版会。

野口雅弘（2011）『官僚制批判の論理と心理──デモクラシーの友と敵』中央公論新社。

ラズ，ジョセフ（1996）『自由と権利──政治哲学論集』森際康友編，勁草書房。

ロールズ，ジョン（2010［1999］）『正義論 改訂版』川本隆史・福間聡・神島裕子訳，紀伊国屋書店。

McMahon, C., (1994), *Authority and Democracy : A General Theory of Government and Management*, Princeton, Princeton University Press.

McMahon, C., (2012), *Public Capitalism : The Political Authority of Corporate Executives*, Philadelphia, University of Pennsylvania Press.

Muñiz-Fraticelli, V. M., (2008), Review of *Democratic Autonomy*, by H. Richardson, *Ethics* 118(4), 746-751.

Richardson, H. S., (2002), *Democratic Autonomy : Public Reasoning about the Ends of Policy*, Oxford, Oxford University Press.

Williams, B., (2005), *In the Beginning Was the Deed : Realism and Moralism in Political Argument*, Princeton, Princeton University Press.

■　■　■

読書案内

ジョセフ・ラズ（1996）『自由と権利──政治哲学論集』森際康友編，勁草書房
　政治的権威や権利の本質についての論考集。著者のジョセフ・ラズは権威についての法哲学・政治哲学で知られている。本書で展開されるラズの議論は難解なところもあるが，行政の規範的側面を考える上で重要な視点を提供する。

野口雅弘（2011）『官僚制批判の論理と心理──デモクラシーの友と敵』中央公論新社
　民主主義社会において，官僚はどのような存在であり得るのか。この問題に対して，思想史の観点から考察する必読の一冊。民主主義社会の構成要素でありながら，同時に批判にさらされる「公務員」がおかれる立場の複雑さを理解できる。

練習問題

①　行政が社会的必要から人々に不利益を与えた事案を調べてみよう。その不利益は規範的に適切であったかどうか，考察しよう。

② 　日本における議会と行政との関係はどのように変化してきたか調べ，さらに今後どのように改善が可能か，考えてみよう。

（大澤　津）

索　引

(＊は人名)

《監修者紹介》

佐野　亘（さの・わたる）

　　執筆者紹介欄参照。

山谷清志（やまや・きよし）

　　1954年　青森市生まれ。
　　1988年　中央大学大学院法学研究科博士後期課程単位取得退学。博士（政治学）。
　　現　在　同志社大学政策学部，同大学大学院総合政策科学研究科教授。
　　主　著　『政策評価（BASIC 公共政策学）』ミネルヴァ書房，2012年。
　　　　　　『公共部門の評価と管理』（編著）晃洋書房，2010年。

《執筆者紹介》

佐野　亘（さの・わたる）　はしがき，序章，第1章，第6章，第8章，第9章

　　1998年　京都大学大学院人間・環境学研究科博士後期課程単位取得満期退学，博士（人間・環境
　　　　　　学）。
　　現　在　京都大学大学院人間・環境学研究科教授。
　　主　著　『公共政策規範』（単著）ミネルヴァ書房，2010年。
　　　　　　「道徳的妥協の正当化——予備的考察」『関西大学法学論集』70(2/3)，2020年。
　　　　　　「規範的政策分析の確立に向けて」『公共政策研究』(13)，2013年。
　　　　　　『公共政策学』（共著）ミネルヴァ書房，2018年。

松元雅和（まつもと・まさかず）　第2章，第3章，第4章，第11章

　　2007年　慶應義塾大学大学院法学研究科博士課程修了，博士（法学）。
　　現　在　日本大学法学部政治経済学科教授。
　　主　著　『人口問題の正義論』（共編）世界思想社，2019年。
　　　　　　『社会科学入門』（共著）ミネルヴァ書房，2020年。
　　　　　　『正義論——ベーシックスからフロンティアまで』（共著）法律文化社，2019年。

大澤津（おおさわ・しん）　第5章，第7章，第10章，第12章

　　2010年　University College London, Department of Political Science/School of Public Policy 博士
　　　　　　課程修了，PhD（Political Science）。
　　現　在　北九州市立大学法学部政策科学科准教授。
　　主　著　「財産所有デモクラシーと企業規制——職場民主主義推進の是非をめぐって」『北九州市
　　　　　　立大学法政論集』47(3/4)，2020年。
　　　　　　「正義と正統性はいかに関係すべきか——公共的理性のリベラリズムの批判的考察」『法
　　　　　　哲学年報 2017』2018年。

これからの公共政策学①

政策と規範

2021年5月1日　初版第1刷発行　　　　　　　　〈検印省略〉

定価はカバーに
表示しています

監　修　者　　佐野　亘志
　　　　　　　山谷　清志

著　　　者　　佐野　亘和
　　　　　　　松元　雅津
　　　　　　　大澤

発　行　者　　杉田　啓三

印　刷　者　　坂本　喜杏

発行所　株式会社　ミネルヴァ書房
　　　　607-8494　京都市山科区日ノ岡堤谷町1
　　　　　　　　　電話代表 075-581-5191
　　　　　　　　　振替口座 01020-0-8076

ISBN 978-4-623-08684-9

Printed in Japan

これからの公共政策学

体裁　Ａ５判・上装カバー（＊は既刊）

監修　佐野　亘・山谷清志

―――――――――ミネルヴァ書房―――――――――
https://www.minervashobo.co.jp/